dtv *galleria*

Triest im Hochsommer. Eine Luxusyacht läuft in den frühen Morgenstunden mit voller Fahrt auf die Küste auf. Als sie gefunden wird, ist sie leer, von ihrem Eigner fehlt jede Spur. Kommissar Proteo Laurenti stößt bei den Ermittlungen auf einen alten Widersacher: Bruno de Kopfersberg, der vor langer Zeit unter dem Verdacht stand, seine Frau Elisa umgebracht zu haben – beweisen konnte man es ihm nie. In der mörderischen Hitze des Triester Sommers bekommt es Laurenti mit organisierter Kriminalität, Menschenschmuggel, Geldwäsche und Mord zu tun. Dabei hat er auch privat einiges am Hals: Seine Frau will eine neue Wohnung, der 80. Geburtstag seiner Schwiegermutter steht an, und seine Tochter bewirbt sich zu seinem Entsetzen für die Wahl zur Miss Triest ...

Ein detailgenauer, spannender Kriminalroman über Triest, die einstige k.u.k.-Hafenstadt an der Adria, und eine sympathische Detektivfigur.

»Geschickt zieht Veit Heinichen in seinem Krimi-Debüt die Fäden ... Nicht selten fühlt man sich mit allen Sinnen in die charmante Adria-Stadt hineingezogen und riecht fast das Salz des warmen Meeres. Ein ebenso spannendes wie poetisches Leseerlebnis.« (Karsten Herrmann in der ›Osnabrücker Zeitung‹)

Veit Heinichen, geboren 1957, arbeitete als Buchhändler und für verschiedene Verlage. 1994 war er Mitbegründer des Berlin Verlags und bis 1999 dessen Geschäftsführer. 1980 kam er zum ersten Mal nach Triest, wo er heute lebt. Unter dem Titel ›Grenzgänge‹ berichtet er für die ›Badische Zeitung‹ aus der Hafenstadt an der nördlichen Adria.

Veit Heinichen

Gib jedem seinen eigenen Tod

Roman

Deutscher Taschenbuch Verlag

Von Veit Heinichen
sind im Deutschen Taschenbuch Verlag erschienen:
Die Toten vom Karst (20620)
Tod auf der Warteliste (20756)

Ungekürzte, vom Autor neu durchgesehene Ausgabe
April 2002
7. Auflage Oktober 2004
Deutscher Taschenbuch Verlag GmbH & Co. KG,
München
www.dtv.de
Lizenzausgabe mit Genehmigung des Paul Zsolnay Verlags
© 2001 Paul Zsolnay Verlag Gesellschaft mbH, Wien
Umschlagkonzept: Balk & Brumshagen
Umschlagfoto: © Peter-Andreas Hassiepen
Satz: Fotosatz Reinhard Amann, Aichstetten
Gesetzt aus der Apollo 10/12· (QuarkXPress)
Druck und Bindung: Druckerei C. H. Beck, Nördlingen
Gedruckt auf säurefreiem, chlorfrei gebleichtem Papier
Printed in Germany · ISBN 3-423-20516-4

»Gewiß, ich wußte auch, daß ich ihn zur selben Zeit hatte umbringen wollen. Aber das war nicht wichtig, denn Dinge, von denen niemand etwas weiß und die keine Spuren hinterlassen, existieren nicht.«
Italo Svevo, ›Zeno Cosini‹

Triest, 12. September 1977

Elisa de Kopfersberg hatte nicht mit hinausfahren wollen an diesem Tag. Schon die Vorstellung, mit ihrem Mann auch nur eine Minute auf dem Motorboot verbringen zu müssen, war außerordentlich unangenehm. Sie würde sich in den Schatten setzen und sich auf ihr Buch zu konzentrieren versuchen, während er mit zusammengekniffenen Lippen und sturem Blick zu einem abgelegenen Ankerplatz vor der Steilküste fuhr. Irgendwann, das wußte sie, würde er das Schweigen durchbrechen und ihr erst leise, dann immer lauter Vorwürfe machen.

Elisa traf sich an Sonntagen lieber mit ihren Freundinnen in der »Lanterna«, dem ältesten Adria-Bad Triests, das unter Maria Theresia erbaut worden war und bis heute die Tradition getrennter Abteilungen für Männer und Frauen pflegte. Ihren kleinen Sohn durfte sie noch ins Frauenbad mitnehmen, er war noch nicht ganz sechs Jahre alt. In der »Lanterna« fühlte sie sich geborgen und fand Verständnis bei ihren Begleiterinnen. Natürlich ahnte sie, daß ihr Mann eine Affäre hatte, auch wenn er versuchte, sich nichts anmerken zu lassen. Er steckte in finanziellen Schwierigkeiten und hoffte, daß sie ein weiteres Mal seine Schulden beglich. Doch diesmal blieb Elisa eisern. Diesmal gab es keinen Grund mehr, ihm beizustehen. Als sie ihm seinen Fehltritt auf den Kopf zusagte, hatte er alles abgestritten. »Und wenn es wirklich so wäre«, hatte er geschrien, »dann solltest du dich nicht darüber wundern. Du hilfst mir nicht und interessierst dich einen Dreck für meine Probleme.« Einmal hatte er sie geschlagen, ein anderes Mal versuchte er es mit Blumen und einem Brillantring, mit Zärtlichkeiten, die ihr zuwider waren und vor denen sie sich in ihrem Zimmer einschloß mit dem weinenden Kind.

Nun war sie also doch wieder weich geworden. Spartaco, ihren Sohn, hatte sie mit den Freundinnen in die

»Lanterna« geschickt, weil ihr Mann es so wollte. Sie sollten allein sein, um sich endlich auszusprechen, hatte er gefordert.

Rote Leuchtraketen zogen ihre rauchige Spur in den stahlblauen Mittagshimmel. Ihr Schweif blieb, den Kondensstreifen der Flugzeuge ähnlich, noch lange in der Luft stehen. Der Lärm der Boote der Küstenwache schreckte die Badegäste auf, die sich entlang der Steilküste des Golfes von Triest der Hitze ergeben hatten. Ihre Autos säumten die dreißig Kilometer der Küstenstraße nach Duino, die von Barcola an Miramare vorbeiführte und sich dann durch die Kalkfelsen vor Santa Croce und Aurisina schlängelte.

Es war ein Spätsommertag mit über fünfunddreißig Grad im Schatten, einer sanften Brise der Stärke zwei und einem leicht bewegten Meer. Die Sicht war klar, der Wind hatte seit Tagen alle Wolken vertrieben, und der Dom von Pirano schien am Horizont auf einem glänzenden Lichtstreifen über dem Meer vor der istrischen Halbinsel zu schweben. Im Westen ritten die Inselchen der Lagune von Grado auf von der Sonne gleißenden Wasserschichten. Die Zeitungen sprachen von einem Rekordsommer.

Die Zeit schien angehalten, bis plötzlich in den Badeanstalten die Lautsprecher zu schnarren begannen und mit verzerrtem Klang die Badegäste aufriefen, schnellstmöglich das Wasser zu verlassen. Schwarze Flaggen signalisierten Gefahr. Haialarm.

Den ganzen Sommer über war es ruhig geblieben, im Gegensatz zu den Vorjahren hatte der ›Piccolo‹, die Tageszeitung von Stadt und Region, monatelang nicht von Haien berichtet. Die Tiere verirrten sich in dieser Jahreszeit nur selten in den warmen Golf, sie zogen kältere Gewässer vor.

Für den ›Piccolo‹ waren sie ein gefundenes Fressen in den Sommermonaten. Man berichtete von Haien, die ebenso Thunfische oder Delphine sein konnten, vor allem aber mehr als vierzig Meilen südlich gesichtet wurden, vor Istrien, am Quarnero, der kroatischen Küste bei Fiume, bei Abbazzia und Pola, wo das Meer tiefer und kühler ist. Bevor einer nach Norden durchkam, verfing er sich eher in den Schleppnetzen der Fischkutter, um dort qualvoll zu verenden, oder wurde von den aufgeregten Fischern erlegt, die bereits Ausrüstung und Fang ruiniert sahen. Doch wenn tatsächlich einmal ein richtiger Hai die Ufer der nördlichen Adria unsicher machte, dann war was los. Schiffe der Küstenwache fuhren hinaus, auf denen die Besatzungen am Bug der Boote standen und die Wasseroberfläche nach der verdächtigen Rückenflosse absuchten. Der »Piccolo« aber mußte meist auf Archivfotos zurückgreifen. Zu selten hatte die Jagd Erfolg. Triest war eine beinah haifreie Zone.

Auch an diesem Sonntag im September 1977 liefen die Schiffe der Capitaneria aus. Sie machten sich aber noch nicht auf die Jagd, sondern sollten eilig die Badenden entlang der Küste warnen. Mit den städtischen Seebädern hatte man es leichter, es genügte, die Pächter anzurufen.

Schwieriger war die Situation am westlichen Golf, wo die Triestiner die Costa dei Barbari, die hohen und weißschimmernden Kalksteinfelsen der karg bewachsenen Steilküste, hinuntergeklettert waren, um abseits des Trubels den Nachmittag zu genießen. Bis in die fünfziger Jahre hinein, vor dem Beginn des industrialisierten Fischfangs, fanden Thunfischschwärme den Weg hierher und wurden von kleinen Häfen aus mit einfachen Booten gejagt. Schwarzgekleidete Fischersfrauen trugen den Fang in Körben auf den Köpfen hoch in die weit über dem Meer gelegenen Fischerdörfer auf dem Karst. Der Aufstieg auf über zweihundert Höhenmeter dauerte mehr als eine halbe Stunde, auf steilen Pfaden, die sich zwischen den terrassierten Weinbergen emporschlängelten. Später wichen die Fischer den Freizeitkapitänen, und die Baracken für die Fischereigeräte wurden von den Badenden übernommen.

Am schwierigsten war es, die Menschen auf den Segelschiffen und Motorbooten zu warnen, die bevorzugt in diesem Teil des Golfs ankerten und den Nachmittag bei gemächlichem Schaukeln der Boote und unter aufgespannten Sonnensegeln an sich vorüberziehen ließen. Obwohl es eher unwahrscheinlich war, daß es zu einer Begegnung mit dem Hai kam, mußte ein Schiff der Küstenwache sich auf den Weg zur Costa dei Barbari machen und die Badenden warnen. In den städtischen Badeanstalten und in Grignano war derweil kein Mensch mehr im Wasser. Die Badeleitern im alten Bad »Ausonia« waren längst eingezogen, und die Badegäste spähten gespannt und aufgeregt aufs Meer hinaus, ob sie nicht doch eine Rückenflosse die Wellen durchschneiden oder einen Schatten der Bestie im Wasser sehen könnten, die sie aus ihrem Sonntagnachmittagsvergnügen aufgeschreckt hatte. Sie wollten wenigstens ein bißchen für die Aufregung belohnt werden, doch der Hai tat ihnen diesen Gefallen nicht. Schließlich entvölkerten sich langsam die Strände, Uferpromenaden und Molen. Gegen 19 Uhr wagten sich die Mutigen, die Unbekümmerten, die Kopflosen und die wenigen Touristen wieder ins Wasser, um ein letztes erfrischendes Bad zu nehmen, bevor die Sonne als feuerroter Ball in der Lagune von Grado versank. Weit hinaus schwamm allerdings keiner mehr.

»Tergeste 6« kreuzte im östlichen Teil des Golfes etwa eine viertel Seemeile vor der Stadt. Dort wurde der Hai dreimal kurz hintereinander gesichtet. Es war das neueste Schiff der Capitaneria, eine »Akhir 21 Sport«, mit zwei MAN-Turbinen und insgesamt mehr als tausendzweihundert Pferdestärken. In großen weinroten Lettern zog sich der Schriftzug »Guardia Costiera« an beiden Seiten des Schiffsrumpfs entlang und wurde durch einen breiten weinroten und von weitem erkennbaren Streifen betont, der sich am Bug schräg abfallend bis unter die Wasserlinie zog. Drei Männer standen auf Deck. Zwei hielten Harpunen in ihren Händen, der dritte ein Gewehr.

Als das Heck des Schiffes plötzlich tief ins Meer eintauchte, der Bug sich hob, das aufjaulende Dröhnen der Maschinen den Raum bis zum Ufer erfüllte und eine gewaltige Wolke weißen Gischts von den Schrauben aufgewühlt wurde, blieben selbst diejenigen nochmals an der Mole stehen, die ihre Badesachen schon eingepackt hatten und sich auf den Heimweg machen wollten. Sie stellten ihre Taschen ab und hoben eine Hand vor die Augen, um von der tiefstehenden Sonne, die sich lange auf der Wasseroberfläche brach, nicht geblendet zu werden. Das Schiff beschleunigte mit großer Kraft, der Bug hob sich immer weiter aus dem Wasser. Die drei Männer hielten sich an der Reling fest, ließen mit der freien Hand die Karabinerhaken der Leinen an den Gurten einrasten, die sie über die Oberkörper gekreuzt trugen und die sie mit dem Schiff verbanden, damit sie nicht durch den harten Aufprall des Rumpfes auf einer Welle über Bord geschleudert wurden.

Von Grignano kommend sah man kurz darauf »Tergeste II« mit hoher Bugwelle durch das Wasser pflügen, eine »Hatteras«. Sie war ein älteres und deutlich kleineres Schiff als die fünfzehn Meter lange und schnelle Schwester und stammte noch aus der Beschlagnahme in einem Schmuggelfall. »Tergeste II« war dafür wendiger. Im Abendlicht waren die Silhouetten zweier Männer auf dem Bug auszumachen. Es schien, als liefen die beiden Schiffe auf einen gemeinsamen Punkt zu, der weiter draußen, in der Mitte des Golfes, auszumachen sein mußte und, von der Mole aus gesehen, die Spitze eines Dreiecks bildete, dessen

Schenkel die weißen Gischtspuren im Meer waren. Die Männer standen der Innenseite des Dreiecks zugewandt und hielten die Waffen im Anschlag. Die Schiffe waren nur noch als Punkte zu sehen, und auch der Lärm der Maschinen ebbte allmählich ab. Sie hatten sich weit von der Stadt entfernt und die Positionslichter eingeschaltet. Die Sonne war zu dreiviertel im Meer versunken, lange Schatten warfen sich bereits mächtig über den Golf. Die letzten Schaulustigen hatten sich auf den Heimweg gemacht und sich mit ihren Fahrzeugen in die lange Kolonne eingereiht, die in die Stadt zurückkehrte. Die Uferpromenade gehörte jetzt ganz allein den Anglern.

Morgen würde man im ›Piccolo‹ lesen können, was passiert war. Der Artikel würde der Aufmacher des Lokalteils sein und eine dicke Schlagzeile tragen: »Haialarm. Panik zum Sommerende – Nachforschungen der Capitaneria, mit zwei Einheiten im Einsatz, auf den ganzen Golf ausgeweitet«.

**Vienna International Airport,
12. Juli 1999**

Dr. Otto Wolferer schob den linken Ärmel seines Jacketts mit zwei Fingern zurück und schaute zum wiederholten Mal auf das Zifferblatt seiner Cartier. Sein Besucher müßte jetzt jeden Augenblick eintreffen. Der Airbus 320 der Swissair mit der Flugnummer SR 10 aus Zürich war pünktlich gelandet, das hatte er gesehen, als er kurz vor 17 Uhr das Flughafengebäude auf der Ankunftsebene betrat, nachdem er seinen Wagen mit dem Behördenkennzeichen im Parkhaus auf einem reservierten Platz abgestellt hatte.

Wolferer war ein Mann von noch nicht fünfzig Jahren und mittlerer Statur. Er trug graue Hosen aus feinem Kammgarn, einen marineblauen Zweireiher mit goldenen Knöpfen, ein weißes Hemd mit rotblaugold gestreifter Krawatte und glänzende braune Halbschuhe. Leicht gebräunter Teint. Randlose Brille mit goldenen Bügeln, kurzgeschnittenes dunkelblondes Haar, das an den Schläfen in Grau überging. Ein Siegelring an der linken Hand. Man sah Wolferer an, daß er es in seinem Leben zu einigem Wohlstand gebracht hatte. Ein Mann der internationalen Flughäfen.

Er wartete wie verabredet im Restaurant »Schanigarten«, an einem Tisch etwas abseits der anderen Gäste. Vor sich hatte er ein aufgeschlagenes Nachrichtenmagazin, in dem er lustlos blätterte, daneben stand ein Glas Bier auf der rotweißkarierten Tischdecke, und neben ihm auf dem Stuhl lag ein dunkelbrauner lederner Aktenkoffer mit Zahlenschloß. Bisweilen hob Wolferer den Blick und schaute suchend in die Menge der ankommenden Reisenden und ihrer Abholer.

Das Geschäft, das er hier abzuschließen hatte, eignete sich nicht für sein Büro am Kärntner Ring. Manche Dinge verlangten Diskretion. Als ehemaliger SPÖ-Politiker und

Ex-Staatssekretär wollte er sich nicht in der Stadt verabreden. Zu viele hätten ihn dort erkannt, und außerdem mußte sein Geschäftspartner wenig später weiter. Sie hatten es schon öfter so gemacht. Es war der zuverlässigste Weg. Man besiegelte ein bereits im Detail besprochenes Geschäft mit Handschlag und übergab die notwendigen Unterlagen, indem man einfach die Aktenkoffer austauschte, die identisch waren bis hin zum Code des Zahlenschlosses. Nur einem sehr genauen Beobachter hätte auffallen können, daß sie die Besitzer wechselten. Dann würde man über ein neues Projekt sprechen und das weitere Vorgehen vereinbaren. Nach höchstens einer Stunde wären beide wieder unterwegs, er, Wolferer, mit dem Wagen zurück in die Wiener Innenstadt, wo er erst in seiner Wohnung den Koffer öffnen würde. Sein Geschäftspartner würde die Rolltreppe hinauf zur Abflugebene nehmen und durch den Schalter verschwinden.

»Entschuldigen Sie, daß Sie warten mußten, aber an der Paßkontrolle war viel los.« Wolferer kannte diese harte Stimme mit dem Akzent der Südosteuropäer gut. Er mußte sich umdrehen. Der Mann im schwarzen Anzug mit dunkelblauem Hemd und graublauer Krawatte war ganz offensichtlich aus einer anderen Richtung gekomen. Er gab Wolferer die Hand, stellte seinen Aktenkoffer unter den Tisch und setzte sich ihm gegenüber.

»Ich hoffe, Sie hatten einen guten Flug, Herr Drakič«, antwortete Wolferer. »Was trinken Sie?«

»Ein Bier«, sagte Drakič und wies mit der Hand auf das Glas, das vor seinem Gegenüber auf dem Tisch stand. Wolferer winkte der Bedienung und gab die Bestellung auf.

»Wir sollten über die Kontingente sprechen«, begann Drakič ohne Vorrede. »Bis jetzt sind es fünfundsechzig Prozent, die Sie uns zugesagt haben. Wir wollen auch den Rest.«

Wolferer runzelte die Stirn. »Das geht kaum«, sagte er,

»die Richtlinien lassen nicht mehr als zwei Drittel zu.« Er drehte den Stiel des Bierglases zwischen Daumen und Mittelfinger und wich Drakičs Blick aus.

»Vergessen Sie die Richtlinien«, Drakič machte eine abfällige Handbewegung. »Durch das Erdbeben fällt ein Großteil des türkischen Exports erst einmal aus, die Kais sind fast leer, und alles, was jetzt kommt, wird sofort weitergeleitet. Die Öffentlichkeit erwartet von Ihnen schnelles Handeln. Das wird man mehr würdigen als die pedantische Einhaltung von Richtlinien. Sogar die Presse wird Sie loben.«

»Dazu muß ich den Kreis erweitern. Das wissen Sie!« Eigentlich war Wolferer schon überzeugt. Sie feilschten bereits um den Preis.

»Über die fünf Prozent hinaus kann ich nichts tun!« Drakič schaute ihm mit eisigem Blick in die Augen.

»Acht!« sagte Wolferer und hielt dem Blick stand.

»Ausgeschlossen! Die Margen sind knapp. Sie haben die Grundarbeit schon geleistet, was jetzt noch kommt, ist doch ausschließlich Ihr Gewinn! Es bleibt bei fünf Prozent. Das ist schon sehr viel. Sie wissen das.«

»Acht«, wiederholte Wolferer.

»Ich würde Ihnen eher raten, das publizistisch zu nutzen. Und lassen Sie sich in die Kommission wählen. Diesmal schaffen Sie es. Dann wird es noch viel mehr.« Drakičs Gesicht zeigte keine Regung. Er schaute auf seine Armbanduhr, um Eile zu signalisieren. »Kommen Sie nächste Woche nach Triest. Wir geben eine kleine Party mit ausgesuchten Gästen und angenehmer Begleitung. Sie finden im Koffer ein Ticket via München. Bis dahin können Sie es sich noch mal überlegen. Aber nutzen Sie die Gelegenheit!« Es klang wie ein Befehl.

Wolferer zögerte. Er spürte, daß er schon halb verloren oder halb zugestimmt hatte. Die fünf Prozent waren verdammt viel Geld.

»Fünf Prozent ist nicht genug«, wiederholte Wolferer, »die Nahrungskette ist lang.«

»Wen brauchen Sie denn noch, außer Leish und Ferenci?« Drakič blieb unerbittlich. Er war schon lange im Geschäft und Wolferer bei weitem nicht sein einziger Kunde. Jack Leish und Dr. Karla Ferenci waren Wolferers Stellvertreter bei der EAUI, und nach den Statuten mußte einer von beiden mit unterzeichnen.

»Nutzen Sie die Sache politisch, rate ich Ihnen. Und medienwirksam! Sprechen Sie von der schnellen Versorgung, nennen Sie die miserable Abwicklung der Kosovo-Hilfe über Bari als Negativbeispiel, und Sie haben sofort alle Sympathien auf Ihrer Seite. Fünfundvierzigtausend Opfer, das ist doch was! Und es werden täglich neue Erdstöße erwartet.«

»Ich überleg es mir«, antwortete Wolferer. »Vielleicht haben Sie recht.«

Drakič schaute wieder auf seine Uhr und bedeutete, daß er aufbrechen müsse. Er nahm Wolferers Koffer mit den Unterlagen für die bereits verabredeten ersten zwei Drittel vom Stuhl neben sich, stand auf und gab Wolferer die Hand.

»Dann sehen wir uns also nächste Woche«, verabschiedete sich Drakič, »es wird Ihnen gefallen, da bin ich mir sicher. Wir haben sehr charmante Begleiterinnen für Sie ausgewählt. Und vielleicht lasse ich mir noch ein besonderes Geschenk einfallen, damit Sie nicht so unglücklich sind. Auf Wiedersehen.«

»Sie hören von mir«, antwortete Wolferer, »ich werde es Kopfersberg in Wien wissen lassen.«

»Melden Sie sich diesmal bei uns, Spartaco macht Urlaub!« Drakič wandte sich zum Gehen.

»Gute Reise!«

Wolferer blieb sitzen und rief die Bedienung. Er bezahlte die beiden Biere, angelte sich den Koffer von Drakič unter dem Tisch hervor und verließ das Lokal. Er sah Drakič am Ende der Rolltreppe zur Abflugebene. Wolferer fragte sich, wohin er fliegen würde. Er schaute auf die Abflugtafel, doch zu viele Flüge waren angezeigt. Der Wiener Flughafen hatte sich seit einiger Zeit zu einem wichtigen Verkehrsknotenpunkt nach Osten entwickelt.

Wolferer holte seinen Wagen aus dem Parkhaus und fuhr nach Hause. Er hatte es eilig. In seiner Wohnung wollte er den Inhalt des Koffers überprüfen und zwei Bündel Banknoten abzählen, die er am nächsten Tag seinen beiden Kollegen in der Behörde übergeben mußte. Sie wußten von dem Treffen und warteten bereits auf das Geld.

Viktor Drakič nahm die 20.05-Uhr-Maschine der Lauda Air nach Verona. Nach Mitternacht würde er mit dem Zug von Verona in Triest eintreffen. Gleich am Mittwoch morgen sollte er mit den Reedern und den Container-Lieferanten die Verhandlungen über die Ausweitung des Frachtaufkommens für die Hilfslieferungen der Europäischen Union an die Erdbebenopfer in der Türkei aufnehmen. Drakič war sich sicher, daß sie das Gesamtkontingent über Triest abwickeln würden. Die politischen Voraussetzungen nach dem Chaos der Kosovo-Hilfe in Bari waren ausgezeichnet, und Wolferer hatte er spätestens nach der Party in der nächsten Woche ganz in der Hand.

Triest, 17. Juli 1999

»Wir müssen umziehen!« Lauras Ellbogen traf ihn unsanft in die Rippen. Proteo stöhnte auf und drehte sich zu ihr um. Auch er hatte nicht geschlafen und war nur zwischendurch in einen leichten Schlummer gefallen, aus dem er stets schnell wieder erwachte. Der Lärm war infernalisch.

»Aber doch nicht heute nacht, verflucht!« Er faßte mit der linken Hand an die Stelle, wo sie ihn getroffen hatte, und schaute sie erschrocken an. Im Halblicht sah er zuerst Lauras dunkle Pupillen, dann die dunklen Ränder unter ihren Augen, die das Resultat mehrerer fast schlafloser Nächte waren. Laura hatte recht. Der Lärm der Ventilatoren im Hof, mit denen das Lokal im Erdgeschoß sich Frischluft verschaffte, war im Sommer nicht zu ertragen.

Die Laurentis, und von ihnen vor allem ihr männlicher Haushaltsvorstand, Proteo Laurenti, befanden sich im Dauerstreit mit der Signora Rosetti, Witwe und sechsundsiebzig Jahre alt, und der Signora De Renzo, ebenfalls Witwe, aber zweiundachtzig Jahre alt, seit diese gegen alle vorherigen Abmachungen der Wohnungseigentümer, die in diesem fünfgeschossigen Haus aus der Jahrhundertwende wohnten, mit dem Wirt des Lokals gestimmt hatten. Aus reiner Geldgier, wie Proteo Laurenti unterstellte. Nur zusammen mit den beiden hatte Cossutta die notwendige Mehrheit erreicht, denn die anderen, davon war Laurenti überzeugt, wären nicht umzustimmen gewesen.

Schon kurz nach der betrüblichen Eigentümerversammlung also, bei der das Erstaunen und der Unmut der anderen Wohnungsbesitzer sich Luft gemacht hatten, begannen die Arbeiten im engen Innenhof des Gebäudes. Zwei riesige Ventilator-Turbinen wurden installiert, die die Nacht mit einem Lärm wie von einem Bataillon Staubsauger erfüllten. Es war noch schlimmer geworden, als Cossutta kurz darauf neben der Trattoria auch noch eine

Bar eröffnete und der Betrieb damit bis in die Morgenstunden weiterging. Wie auch immer er sich die Konzession verschafft haben mochte, es war daran nichts mehr zu ändern.

Proteo Laurenti war fest davon überzeugt, daß die beiden alten Elstern, wie er die Witwen Rosetti und De Renzo bei sich nannte, trotz ihres Wohlstands den Hals nicht voll bekommen konnten und sich mit einem freundlichen Handgeld hatten überzeugen lassen, denn ihr Meinungswechsel kam für alle überraschend. Noch am Tag zuvor hatten sie gegen Cossutta und gegen das »sittenlose Leben der jungen Leute von heute« geeifert.

Mit einem Ächzen richtete sich Proteo Laurenti auf und wollte seine Frau in den Arm nehmen. Sie schüttelte ihn ab.

»Im Herbst suchen wir was«, sagte er, um sie zu beschwichtigen und in der Hoffnung, daß das Thema vergessen wäre, sobald man nachts die Fenster wieder schließen konnte. Der Gedanke an unzählige Wohnungsbesichtigungen, an Maklerprovision und elf Prozent Steuern, an das monotone Verlesen der Akten durch den Notar, der dafür sowie für ein paar Stempel und Steuermarken auch noch Geld verlangte, und die Aussicht auf die Mühen eines neuerlichen Umzugs widerten ihn an. Hatten sie das nicht erst vor einigen Jahren hinter sich gebracht? Und diese Wohnung würden sie unter den gegebenen Umständen wohl nur unter Preis verkaufen oder vermieten können.

»Man hätte diese alten Vetteln einfach vergiften sollen. Oder ihnen rechtzeitig die Treppe hinunterhelfen ...«

»Man hätte, man hätte ...« Laura war nicht mehr gewillt, darüber nachzudenken, was man hätte tun sollen. »Ich gehe morgen früh zu Massotti«, sagte sie kurz angebunden und setzte sich mit einem Ruck kerzengerade im Bett auf. Ihre Pyjamajacke war weit aufgeknöpft, und die dunkelblaue Seide schmiegte sich an ihre gebräunte Haut.

Ihr langes, dickes Haar war im Sommer fast blond, nur die untersten Strähnen blieben dunkel. Sie hatte den Kopf zu ihm gedreht und leicht geneigt. Über der rechten Schulter fiel das Haar weit über ihre Brust. Proteo fühlte einen hellen Stich im Zwerchfell, er liebte diesen Anblick, aber wußte auch, daß sie ihm auf die Finger hauen würde, wenn er diese seinem Blick folgen ließe.

»Massotti?« Er hielt nicht viel von ihm. Proteo konnte Makler nicht leiden. Und auch wenn Massotti der angesehenste seiner Zunft in Triest war und meist als erster Hand auf die wirklich schönen Immobilien legte, änderte dies nichts an Laurentis Einstellung. »Auf Nimmerwiedersehen, du liebes Geld!«

»Ja, Massotti«, antwortete Laura entschieden, »ich habe gestern seine Frau im ›Caffè Piazzagrande‹ getroffen. Sie hat erzählt, daß derzeit ungewöhnlich viele und schöne Wohnungen zu haben sind.«

Laura knipste das Licht an, als wollte sie ihre Absicht bereits jetzt, zwischen drei und vier Uhr morgens, umsetzen.

»Im Sommer sterben die Alten, und die Erben werden glücklich«, knurrte Proteo. Er war müde, und es war noch viel zu früh zum Reden. Und er hatte begriffen, daß Widerstand zwecklos war. Hatte Laura sich einmal zu etwas entschlossen, dann zog sie es durch. Die letzten zwei Jahrzehnte ihres gemeinsamen Lebens waren vor allem deshalb zum Wohl Proteos und Lauras und ihrer drei Kinder verlaufen. Laura hatte mit sanfter und bestimmter Hand die Geschicke der Familie geführt, auf sie war Verlaß. Proteo hatte währenddessen seine Karriere bei der Polizei gemacht. Dank seines Ehrgeizes und vieler Lehrgänge hatte er den langen Weg vom einfachen »Agente« zum »Commissario IV qualifica« erklommen und war Chef der Kriminalpolizei Triests geworden, was mehr Arbeit als Ansehen mit sich brachte. Laura zog die Kinder groß. Die beiden ältesten, Livia und Patrizia Isabella, waren einundzwanzig und neunzehn, und Marco wurde bald siebzehn. Vor vier Jahren hatte Laura sich am ersten Versteigerungshaus am Platz beteiligt, wo sie die Abteilung Kunst verantwortete. Die Leidenschaft für Malerei und alte Bücher teilte ihr Mann mit ihr, und einige Bilder, die sie sich leisten konnten, schmückten die Wände der Wohnung. Ihren alten Beruf hatte sie an den Nagel gehängt, die Welt der Public Relations war ihr zuwider geworden, »zuviel Schaumschlägerei, zuwenig Substanz«. Als Lehrerin wollte sie auch nicht mehr arbeiten, weil sie der Meinung war, daß sie, nach Jahren Erziehungsarbeit mit den eigenen Kindern, in ihrem Leben anderen genug beigebracht hatte. Von Proteo ganz zu schweigen.

In diesem von so viel Weiblichkeit dominierten Haus hatte Proteo, wie er halb scherzhaft sagte, nicht viel zu melden. Aber er war glücklich, liebte Frau und Kinder und war jeden Tag aufs neue dankbar, denn früher hatte er sich gar nicht vorstellen können, jemals ein solches Leben zu führen.

Nur die Sache mit dem Umzug gefiel ihm nicht. Proteo griff nach der Wasserflasche neben dem Bett.

»Da ist ein Haus etwas oberhalb der ›Villa Ada‹ ... Die Massotti schwärmte geradezu davon.« Laura machte eine kurze Pause, als ließe sie die Bilder ihrer Vorstellung an sich vorbeiziehen. »Von da oben hat man einen wunderbaren Blick über Stadt und Hafen. Ganz Triest liegt vor einem, ein Garten ... und Ruhe, vor allem Ruhe!«

»Schwärmt der Makler allzusehr, gibt es Makel mehr und mehr. Wahrscheinlich Renovierungskosten, die doppelt so hoch sind wie der Kaufpreis«, antwortete Proteo und zog Brauen und Stirn hoch.

»Das muß man sehen. Natürlich muß man einiges dran tun. Aber wir sollten es uns ansehen, bevor ...«

Das Klingeln des Telefons unterbrach Laura in ihrer

Schwärmerei. Jetzt war sie es, die die Augen verdrehte, obwohl sie doch wußte, daß dieser Apparat grundsätzlich dann zu klingeln begann, wenn sie angenehmen Phantasien nachhing.

»Pronto!« Ihr Mann hatte bereits den Hörer gegriffen und schnauzte sein Mißbehagen unüberhörbar mit diesem einen Wort ins Ohr des Anrufers.

»Äh, entschuldigen Sie, Commissario«, es mußte irgendeiner der neuen Poliziotti sein, die ihren Dienst erst vor einigen Wochen angetreten hatten und deren Namen und Gesichter Proteo Laurenti noch nicht automatisch ihren Stimmen zuordnen konnte. »Hier ist Greco, Agente Greco. Man hat eine leere Yacht gefunden. Es gibt einige Hinweise...«

»Wie, leere Yacht? Um fünf Uhr morgens sind alle Yachten leer! Was für Hinweise?« Laurenti betonte die Wörter »leer« und »Hinweise« mit Mißfallen. Warum konnte Greco nicht einfach sagen, was Sache war, zumal um diese Zeit. »Das ist doch was für die Guardia Costiera oder die Polizia Marittima. Reden Sie schon, Greco!«

»Na ja, der Assistente Capo Sgubin hat gesagt, ich soll Sie rufen. Wir haben den Hinweis von der Guardia Costiera. Auf der Höhe der Trattoria Costiera, unterhalb Santa Croce, unten am Meer.«

»Ach so, am Meer! Ich dachte, auf dem Karst«, zischte Laurenti ärgerlich und wußte, daß er von Greco kaum einen klaren Satz hören würde, aber wenn Sgubin den Auftrag gegeben hatte, ihn zu rufen, dann war etwas dran. Sgubin kannte er schon lange, er war ein guter Polizist, der sorgfältig arbeitete, manchmal eher zu sorgfältig. Man konnte sich auf ihn verlassen.

Proteo war bereits aufgestanden und auf dem Weg ins Bad. Er hatte vor lauter Unbehagen ein leises Magengrimmen. Um diese Zeit gleich zwei lästige Dinge, die er unausgeschlafen hinnehmen mußte.

»Tut mir leid, Laura, irgendein leeres Boot«, sagte er so beherrscht wie möglich. »Machst du mir einen Kaffee?«

Um halb fünf Uhr morgens hatte sich die Sonne schon ein gutes Stück über den Karst, der sich wie ein Gürtel um die Küste und die Stadt legte, gehoben und tauchte die Dächer in ein goldenes Licht, das hart mit dem Himmel kontrastierte. Das Meer leuchtete stahlblau und lag wie ein feingerippter Stoff auf dem Golf. Die Straßen waren fast leer, nur ein paar vereinzelte Autos waren unterwegs.

Proteo Laurenti lenkte seinen Fiat Tempra aus der Via Diaz ein kurzes Stück gegen die Einbahnrichtung der Via Mercato Vecchio am mächtigen Palazzo des »Lloyd Triestino« vorbei und stieß nach hundert Metern auf die vierspurige Riva del Mandracchio am alten Hafen. Dies war erheblich kürzer als die ordnungsgemäße Umfahrung der Piazza dell'Unità d'Italia und des Borgo Teresiano. Mit Gegenverkehr war um diese Zeit kaum zu rechnen, deshalb erlaubte sich Proteo Laurenti den kleinen Verstoß. Vor dem Bahnhof führte die Straße um die gräßliche Sissi-Statue auf der Piazza della Libertà und danach stadtauswärts auf die Viale Miramare. Er trat das Gaspedal durch und schaltete bereits neben dem Bahngelände in den fünften Gang. Gleich nach den leerstehenden Gebäuden des Porto Vecchio kam er nach Barcola, wo die letzten Gäste des »Machiavelli« erst vor kurzem nach Hause gegangen waren. Eine Stunde früher, wenn die Diskothek ihre Türen schloß, war hier Stau. Jetzt hatte er das Meer direkt zur Linken. Laurenti kurbelte die Seitenscheibe herunter und ließ sich den Fahrtwind ins Gesicht blasen. Wenn die Sache ihn nicht zu lange aufhielte, konnte er vielleicht auf dem Rückweg bei Miramare kurz ins Meer springen, bevor er ins Büro fuhr. Er warf einen Blick hinauf nach Contovello, einem der beiden Fischerdörfer auf dem Karst, dessen weiße Giebel von der Morgensonne in Gold getaucht waren. Dann stieg die Straße zur Steilküste an, er durchfuhr die beiden Tunnel unter dem Park von Schloß Miramare und wurde kurz darauf wieder mit jenem Blick aufs Meer belohnt, der ihn grundsätzlich mit dem Leben versöhnte.

Laurenti mußte nicht lange suchen. Die Strada Costiera war beim Kilometer 142 mit Streifenwagen zugeparkt, den Hubschrauber der Guardia Costiera sah und hörte er schon von weitem in geringer Höhe seine Bahnen über den Golf ziehen. Laurenti parkte den Fiat wenig elegant am Straßenrand. Er hatte erst vor kurzem aus dem Munde des Carabiniere Colonello vernommen, daß der Dienstrang eines hohen Beamten daran zu messen sei, wie sorglos dieser seinen Wagen abstelle. Auch wegen seiner sonstigen Überheblichkeit konnte Laurenti diesen Mann mit seinen auf Hochglanz polierten Stiefeln nicht leiden. Leider hatte er viel zu oft mit ihm zu tun.

Laurenti fragte den Beamten, der an der Straße über den kleinen Fuhrpark wachte und sogleich, als er ihn erkannte, die Zigarette fallen ließ, sie aber nicht austrat, wohin er gehen solle.

»Da, die Treppe runter, es ist steil und weit«, antwortete Greco. »Der Rückweg geht auf die Knochen.«

»Danke«, sagte Laurenti und stieg die ersten Stufen hinunter. Er drehte sich nochmals um und sah, was er sich schon gedacht hatte. »Sie sollten weniger rauchen, Greco«, sagte er zu dem Beamten, der seine Zigarette wieder aufgehoben hatte und sie sogleich ein zweites Mal fallen ließ.

»Jawohl«, Grecos Gesicht war rot geworden wie das eines ertappten Kindes.

Langsam stieg Laurenti den steilen Weg mit den vielen Stufen hinunter, unter gewaltigen Bäumen, deren Stämme bis in die Wipfel von Efeu oder blau blühenden Glyzinien umrankt waren. Der Weg schlängelte sich zwischen den wenigen Villen hindurch, die früher hier gebaut werden durften oder schwarz hingestellt worden waren, mit ihrer Aussicht über den Golf von Triest und mit direktem Zugang zum Strand. »Würden wir hier wohnen«, dachte Laurenti, »wär ich in Form. Jeden Morgen diesen Weg und vor der Arbeit eine halbe Stunde schwimmen, bis Mitte Oktober.«

Nach fünfminütigem Abstieg kam er endlich zu dem steinigen Strand. Noch bevor er aus dem Blätterdach trat und der Geruch des Meeres ihm entgegenschlug, hatte er das ohrenbetäubende Geschrei von Hunderten von Möwen vernommen, die er jetzt übers Meer jagen sah. Ganz in der Nähe mußten sie frische Beute gefunden haben.

Laurenti wurde von Assistente Capo Sgubin begrüßt. Er hatte sich mit einem Kollegen von der Guardia Costiera unterhalten und mit einem Fischer, der immer wieder mit dem Arm fuchtelnd aufgeregt aufs Meer wies. Laurenti gab allen dreien die Hand.

»Das ist Giovanni Merlo aus Monfalcone. Ihm gehört die Muschelzucht dort«, sagte Sgubin und zeigte auf das durch unzählige farbige Tonnen markierte Feld, das bis gestern noch mit dem vorgeschriebenen Abstand zum Ufer vertäut gewesen war. Normalerweise war es genauso streng geometrisch verankert wie die Felder zur Linken und zur Rechten. Zehn Fässer breit und zwanzig lang, verbunden mit Tauen, die sich unter der Wasseroberfläche von Tonne zu Tonne zogen und an denen sich die Miesmuscheln fleißig vermehrten. Täglich wurde abgeerntet. Doch an diesem Morgen, das erkannte Laurenti auf den ersten Blick, war alles rettungslos zerstört, eingerissen von der Gewalt des hochmotorisierten Schiffs, die Taue verheddert und die Tonnen in einem wilden Durcheinander aufgehäuft. Die Möwen jagten laut schreiend in Schwärmen darüber hin und stritten um die Beute, die für sie unerwartet aus dem Meer aufgetaucht war. Laurenti war fasziniert von dem gierigen, eifersüchtigen Spiel dieser Tiere, dem er unter anderen Bedingungen lange zuschauen konnte. Es schien, als hätten sie in ihrer unersättlichen Gier auch noch Freude am Mundraub und am Gesetz des Stärkeren.

»Das ist das Schiff, das meine Muscheln ruiniert hat«, rief Merlo schlechtgelaunt. »Ein unersetzbarer Schaden, ganz abgesehen von der Arbeit, die Zucht wiederaufzubauen. Wer erstattet mir das?«

Merlo, dachte Laurenti, lebte vermutlich wie viele andere nach dem Prinzip, daß sich um so eher jemand um etwas kümmerte, je lauter und länger man lamentierte. »Kaum zu übersehen«, sagte er. Laurenti kannte diesen Kahn. Es war die größte Motoryacht, die an den Rive lag, am Molo Sartorio, direkt vor dem Stadtzentrum. Er erinnerte sich, wie über das Schiff gesprochen wurde, als es neu war, weil es nicht hierher paßte, in die Stadt, die ihr altes Geld kaum nach außen kehrte, sondern in einer Mischung aus Understatement und Geiz lieber versteckt hielt. Die wirklich großen Schiffe, hieß es, lagen in Istrien – wo die Liegeplätze billiger waren und man sich die italienische Steuer sparte. Weit ist es weder nach Capodistria noch nach Portorose. Diese Yacht paßte einfach nicht in den Sporthafen von Triest, in dem neben den Segelschiffen nur wenige Motorboote lagen. Es war zu groß und zu angeberisch. In Portofino oder an der Côte d'Azur hätte es zu den kleineren Schiffen gehört, hier aber wirkte es riesig. Und dann hieß es auch noch »Elisa«. Laurenti hatte sich oft über die Großkotzigkeit des Besitzers geärgert, den er seit langem kannte. Elisa!

»Der Österreicher?« Er sah fragend zum Schiff. »Wo ist er?«

»Wissen wir noch nicht«, der Offizier der Guardia Costiera wies mit einer Kopfbewegung auf zwei Schlauchboote mit Tauchern. »Die Yacht war leer.«

»Und dafür holt ihr mich aus dem Bett?« Laurenti hob zweifelnd die Augenbrauen.

»Aber Sie waren doch schon mal mit ihm beschäftigt«, rechtfertigte sich Sgubin, »außerdem sind Ferien ...«

»Ist schon gut«, sagte Laurenti und faßte ihn versöhnlich am Arm, »ich habe sowieso nicht gut geschlafen. Du hast recht, Sgubin: Eine leere Yacht, die auf die Küste aufläuft, ist etwas ungewöhnlich. Hoffen wir, daß es nur ein Unfall war.«

Nach einer kurzen Lagebesprechung mit den Kollegen machte er sich auf den Rückweg. Die Guardia Costiera würde die »Elisa« in die Capitaneria schleppen und dort untersuchen. Er selbst, so sagte Sgubin, wollte der Villa des Österreichers einen Besuch abstatten, die notwendigen Befragungen durchführen und das Protokoll noch am Vormittag vorbeibringen. Sgubin würde also wieder einmal Überstunden machen, schloß Laurenti. Der Schichtwechsel der Polizeistreifen ist morgens um sechs, und Sgubin war seit gestern abend zehn Uhr unterwegs.

Als Proteo Laurenti wieder oben an der Küstenstraße angekommen war, blieb er, restlos außer Atem, stehen, um Luft zu schnappen. Er beugte sich nach vorne und stützte sich mit beiden Händen auf die Knie. Er spürte das Ziehen seiner Beinmuskulatur. Als er sich wieder aufrichtete, bot ihm Greco, der Neue, mit ausdruckslosem Blick eine Zigarette an.

»Sehr komisch, Greco!« Laurenti lehnte mit einer schroffen Handbewegung ab.

»Wie weit sind die da unten?« Greco langweilte sich. Zwei Stunden stand er bereits allein oben an der Straße. Um ihn herum ein Kranz ausgetretener Kippen. Der Lack des rechten Kotflügels des vordersten Wagens glänzte und verriet, daß Greco daran lehnte, wenn niemand in der Nähe war.

»Jetzt sind die Taucher dran«, antwortete Laurenti, »vielleicht finden sie ja eine Leiche. Dann bin ich wenigstens nicht umsonst so früh raus.«

Kurz vor sieben Uhr bog er an der Kreuzung zum Castello Miramare rechts ab und parkte seinen Wagen nach einigen Metern. Er hatte zwar kein Badezeug dabei, doch um diese Zeit war er an dieser Stelle noch allein. Eine halbe Stunde schwimmen, das wußte er, pendelte seine Seele wieder ein. Laurenti kletterte an den in die Mauer geschlagenen Eisenhaken hinunter zum Wellenbrecher, der als Badeplatz nur Eingeweihten bekannt war, und selbst dann, wenn die gesamte Uferpromenade von Barcola bis Miramare von Menschen überquoll, noch mehr als eine Handtuchbreite Platz ließ. Er zog sich aus, faltete Hemd und Hose ordentlich zusammen, legte sie auf die Steine neben die Schuhe, warf Unterhose und Socken dazu und sprang ins Meer.

Proteo Laurenti drehte sich nach einer guten Strecke, die er mit voller Kraft geschwommen war, auf den Rücken und ließ sich vom Salzwasser tragen. Er dachte an Laura. Er wollte später nochmals mit ihr über den drohenden Umzug reden. Er wußte, daß es ihr verdammt ernst war, aber er fürchtete Streß, Unannehmlichkeiten, Kosten und die schlechte Laune, die ein solcher Akt vorübergehend mit sich brachte. Ein Umzug der fünfköpfigen Familie war teuer. Vielleicht sollte man einen Teil davon besser in einen Fonds einzahlen, aus dem man, wenn auch die anderen Bewohner des Hauses sich beteiligten, die unter den Ventilatoren litten, Cossutta eine Prämie für den Umzug des Lokals anbieten konnte. Es gab für einen Wirt interessantere Lagen als die Via Diaz in der Nähe des Museums Revoltella. Mit den Witwen Rosetti und De Renzo würde natürlich nicht zu rechnen sein. Und gegen alle Prinzipien verstieß es auch, wenn man demjenigen, der einem Böses tut, im Gegenzug belohnte. Mit Vernunft betrachtet, war es aber für alle Beteiligten billiger und weniger aufreibend. Doch ahnte Laurenti bereits, daß ihm mal wieder keiner folgen würde. Er ärgerte sich, daß er nicht einfach abschalten und den frühen Morgen genießen konnte.

Mit einem einzigen kraftvollen Zug tauchte er unter und stieß hinab zum Grund, wo das Wasser deutlich kälter war. Laurenti zog lange durch, bis ihm die Luft knapp wurde. Er tauchte langsam wieder auf und sah, daß er es bis hinter die Bojen geschafft hatte, die den Badenden Sicherheit vor Schiffen boten. Dann ließ er sich auf dem Rücken treiben, bis er wieder zu Atem gekommen war. Er sah die Stadt und die ersten Badenden und erinnerte sich plötzlich an die Zeit, als er neu hier war. Damals war die Wasserqualität wie überall an der Adria in einem bedenklichen Zustand und die einzigartige Verbindung der Stadt mit dem Meer war kaum zu genießen, bis zuerst der alte christdemokratische Bürgermeister, von dem man dies gar nicht erwartet hatte, die Abwasserproblematik anging und schließlich sein Nachfolger entschieden durchgriff. Seither wurde mit eisernen Kontrollen darüber gewacht, daß das Meer sauber blieb. Und Laurenti erinnerte sich an seinen ersten Fall.

Laurenti kam nicht wie üblich schon um halb neun, sondern erst gegen zehn Uhr ins Büro in der Via del Coroneo. Marietta, seine Assistentin, begrüßte ihn wie jeden Morgen mit einem fröhlichen Lächeln. »Guten Morgen, Proteo!« Dann verfinsterte sich ihre Miene, und sie setzte sofort den besorgten Blick auf, den sie grundsätzlich dann annahm, wenn sie sah, daß mit ihrem Chef etwas nicht in Ordnung war. Eine in über zwanzig Jahren entwickelte Symbiose verband die beiden.

»Was ist passiert?« fragte sie, stand auf und ließ für Laurenti eine Tasse Kaffee aus der Maschine, die sie irgendwann einmal gemeinsam angeschafft hatten.

Laurenti fluchte: »Was für ein elender Tag.« Er ging, ohne den Kopf zu wenden, weiter in sein Büro. »Man kann darauf wetten: Fängt ein Tag beschissen an, dann geht er auch beschissen weiter.« Er ließ sich auf seinen Stuhl fallen, Marietta stellte den Kaffee auf seinen Schreibtisch und setzte sich ihm gegenüber.

Er rang sich ein kleines Dankeschön ab und versuchte freundlich zu lächeln.

»Bemüh dich nicht«, sagte Marietta, »erzähl lieber, was los ist.«

Und Laurenti erzählte, daß sie schlecht geschlafen hatten, daß Laura eine neue Wohnung suchen wolle, daß er um halb fünf Uhr bereits an die Costiera gerufen worden war und der Tag schon fast gerettet schien, als er auf dem Rückweg bei Miramare schwimmen gegangen war.

»Gegen acht kam ich nach Hause. Laura war schon weg. Die Kinder schliefen noch. Dachte ich mir. Sie sind ja im Sommer immer die ganze Nacht unterwegs, haben Ferien, und schlafen morgens lang. Ich meine Livia und Marco. Patrizia Isabella ist in Grado bei der ›Julia Felix‹. Also machte ich Kaffee, hörte Radio und las den ›Piccolo‹, um dann ins Büro zu fahren. Doch was muß ich in diesem elenden Blatt sehen? Diese unselige, minderbemittelte Kreatur von Tochter bewirbt sich für die Wahl der ›Miss Triest‹! Meine Tochter! Stell dir vor, Marietta«, er schlug mit der Hand auf den Tisch, daß die Kaffeetasse sprang und klirrte. Marietta schaute ihn erschrocken an. »Stell dir vor, du schlägst die Zeitung auf, siehst einen ganzseitigen Artikel über diese blödsinnige Veranstaltung, und findest in der Liste der Kandidatinnen auch noch den Namen deiner Tochter! Vor Schreck, nein, vor Entsetzen verschütte ich den Kaffee, ruiniere Hemd und Hose, und als ich sie zur Rede stellen will, sehe ich, daß ihr Bett unberührt ist und sie in der Nacht gar nicht zu Hause war.«

Marietta mußte grinsen, was Laurentis Wut nur noch steigerte. »Ich weiß wirklich nicht, was es da zu lachen gibt. Denkst dir wahrscheinlich, was ich für ein verkalktes konservatives Arschloch bin. Nein, Marietta, ich frag mich allen Ernstes, ob die ganze Erziehung eigentlich für die Katz war! Auch Marco war nicht zu Hause. Er ist ja noch nicht mal siebzehn. Dann versuche ich Laura zu erreichen, aber sie hat das Telefonino ausgeschaltet. Die Mutter meiner Kinder ist nicht einmal im Notfall erreichbar! Und umziehen will sie auch schon wieder. Schaut sich wahrscheinlich Wohnungen an, als mache sie sich Sorgen, daß die Makler nichts zu fressen hätten. Kannst du jetzt verstehen, was los ist?«

Marietta schüttelte den Kopf. »Beruhige dich, Proteo. Du redest Unsinn! Du hast schlecht geschlafen und machst mir eine Szene, als wär ich deine Familie. Aber es ist besser, du läßt bei mir Dampf ab als bei Laura oder Livia. Die würden dich auslachen. Livia ist einundzwanzig, Proteo, einundzwanzig! Seit drei Jahren volljährig, hat das beste Abitur der Klasse gemacht, ist so schön, daß man daran zweifeln könnte, ob du wirklich ihr Vater bist. Sie ist eine intelligente junge Frau! Die kann machen, was sie will! Die ganze Zeit prahlst du herum, wie stolz du auf deine Kinder bist, und dann knallst du wegen so was durch? Und Marco? Das ist doch nicht das erste Mal, daß er bei Freunden schläft. Du übertreibst wirklich, und außerdem bist du ganz weiß im Gesicht vor Ärger.«

»Ich weiß auch nicht«, sagte er. »So geht's auf jeden Fall nicht. Aber was soll's auch, nicht einmal du verstehst mich.«

»Da gibt es wahrlich Schlimmeres!«

»Wenigstens auf Patrizia Isabella ist Verlaß«, sagte Laurenti mit einem Seufzen. »Die nutzt ihre Ferien und macht was Ordentliches.«

Marietta kannte Laurenti und seine Launen seit einer kleinen Ewigkeit. Sie wußte, daß Patrizia Isabella, die Zweitgeborene, sein Liebling war.

»Täusch dich mal nicht, Proteo, alle Kinder werden älter, und deine Patrizia tut auch Dinge, die sie dir nicht erzählt.«

Laurenti schrak auf. »Was willst du damit sagen?«

»Es ist doch so! Schlimm, wenn es anders wäre!« Marietta lächelte.

»Wie? Was weißt du, was ich nicht weiß?«

»Nichts, Proteo ...«

»Ach, ich hätte dir das alles gar nicht erzählen sollen! Es hat keinen Sinn, darüber zu reden. Außerdem sind wir nicht zum Plaudern hier, es gibt genug zu tun!«

Marietta grinste spöttisch. »Wenn euch Männern mal was nicht paßt, dann verdrängt ihr es. Da seid ihr alle gleich. Also sag schon, was zu tun ist.«

»Später«, sagte Laurenti und wandte sich seinem Schreibtisch zu. »Oder doch nicht. Ich brauche eine Akte aus dem Archiv: Elisa de Kopfersberg. Ist schon lange her. Die Frau des Österreichers. Mitte der Siebziger, ganz zu Anfang meiner Dienstzeit.«

Vor einigen Tagen war im ›Piccolo‹, der einzigen Tageszeitung Triests von Bedeutung und mit einer Auflage von knapp 60 000 Exemplaren, ein bösartiger Artikel über das Nachtleben und die Prostitution in der Stadt erschienen. Dieser Artikel war Wasser auf die Mühlen einiger rechter Abgeordneter und natürlich auf jene der Lega Nord. Er stellte Triest dar, als wäre die Stadt schlimmer als Mailand, Turin und Neapel zusammen. »Im Borgo Teresiano riecht es nach Urin, und die Anwohner trauen sich nicht mehr auf die Straße. Überall liegen gebrauchte Präservative herum. Dies ist ein bürgerliches Viertel und kein Platz für ausländische Dirnen! Wie lange wollen Stadtverwaltung und Polizei noch untätig bleiben? Wer schützt die Rechte der Bürger?« Zwar war dies seit drei Jahren das beherrschende Sommerthema des Polizeiberichts der Zeitung, doch diesmal hatte es eine ungewohnte Schärfe erhalten.

Auf einer eilig einberufenen Sitzung mit dem Polizeipräsidenten hatten Laurenti und seine Kollegen die Lage analysiert: In Wahrheit, so stellten sie fest, gab es im Borgo Teresiano im Jahresdurchschnitt nicht mehr als fünfzehn Prostituierte. Und dies auch erst seit drei, vier Jahren. Früher standen nur ein paar ältere Frauen, »Damen mit sehr, sehr viel Erfahrung«, wie man sie charmant umschrieb, vorwiegend an der Viale XX Settembre herum. Sie taten sich schwer, Freier zu finden. Die neuen Prostituierten standen ab 23 Uhr im Borgo Teresiano, zwischen Bahnhof und dem Canal Grande. Mädchen aus Kolumbien oder Nigeria, erstaunlich wenig Slawinnen, kaum eine Italienerin. Junge Frauen, die unter falschen Versprechungen nach Westeuropa gelockt und zur Prostitution gezwungen wurden und oft nicht einmal wußten, in welcher Stadt sie sich gerade befanden. Die Zuhälterbanden schleusten sie nach festgelegten Plänen weiter in den nächsten Ort, bevor eines der Mädchen Fuß fassen konnte und möglichst bevor sie in Konflikt mit den Aufenthaltsbehörden gekommen waren.

»Triest ist keine Hauptstadt der Prostitution, noch nicht einmal ein richtiger Nebenschauplatz. Wir haben die Sache im Griff«, hatte Laurenti am runden Tisch im Sitzungszimmer des Polizeipräsidenten gesagt. »Schon in Udine geht es schlimmer zu. Aber wer ist eigentlich dieser Schreiberling?«

Keiner kannte den Namen, und erst später fand Laurenti heraus, daß ein Volontär beim ›Piccolo‹ sein Werk begonnen hatte, der von seinem Vater, dank guter Beziehungen zu den Inhabern des Blattes, eingeschleust worden war. Der fünfunddreißigjährige Sohn, der es noch immer nicht geschafft hatte, auf eigenen Füßen zu stehen, war beim Lokalteil des ›Piccolo‹ gelandet und schrieb Hetzartikel im Stil der allerschlimmsten Saubermänner.

Weil es Sommer war und die Familie Laurenti es vorzog, im Winter in Urlaub zu fahren, und weil wegen der Ferienzeit die Dienststellen knapper besetzt waren, landete der Fall auf Laurentis Schreibtisch. Es gab Druck von ganz oben. Vor allem aber, weil die Lega und die Faschisten wild polemisierten. Dagegen war die Forza Italia noch anständig und forderte lediglich den Rücktritt des Bürgermeisters. Also ordnete man eine Untersuchung an und bestimmte als Leiter einen Beamten, der in seiner Arbeit Ansehen genoß: Proteo Laurenti.

»Zu viele Ausländer?« Laurenti faßte sich an die Stirn. »Hier sind doch fast alle Ausländer. Echte Triestiner gibt es doch gar nicht. Von was lebt diese Stadt eigentlich, und durch wen wurde sie groß und reich? Ausländer, Welthandel, Kosmopolitismus, Freihafen! Wo hat fast jede Religion der Welt ihre eigene Kirche? Sogar den Suezkanal haben sie mitfinanziert. Und von wo kommen eigentlich die Schiffe? Und da fordern diese Schwachsinnigen wegen fünfzehn Nutten, von denen nicht einmal drei illegal auf den Strich gehen, noch härtere Kontrollen. Idioten!«

Laurenti fluchte laut vor sich hin. Er würde für die nächsten Tage also verstärkte Kontrollen anordnen, Einsätze gegen die Autofahrer, die im Schrittempo an den Mädchen vorbeifuhren und im Halteverbot anhielten, um sie einsteigen zu lassen. Noch stärkere Personenkontrollen von Damen und Freiern, um damit lediglich zu erreichen, daß sich das »Problem« vielleicht kurzzeitig an einen anderen Platz verlagerte. Zuvor würde er durch zwei Beamte eine Bestandsaufnahme machen lassen, sie müßten mit Fotos und Berichten das Ausmaß der Prostitution dokumentieren, und wahrscheinlich würde er den Bericht stark dramatisieren. Nach vierzehn Tagen Kontrollterror das gleiche noch mal, dann ein Bericht vor dem Questore, dem Polizeipräsidenten und dem Präfekten, und am Ende ein Vorher-nachher-Lichtbildervortrag vor dem Stadtrat. Und dann warten, daß es Herbst würde, die Bürger wieder bei geschlossenen Fenstern schliefen und das Blut nicht mehr so heftig aufwallte. Nach einigen Wochen wäre die Szene natürlich wieder da, und aus Sicherheitsaspekten war es sowieso besser, sie an diesem überschaubaren Ort zu wissen.

Laurenti wollte aber auch mit Rossana di Matteo, der Chefin des Lokalteils der Zeitung, besprechen, wie man sich des Übels dieser überzogenen Berichte, die der Saubermann aus Padanien schrieb, entledigen konnte. Mit Rossana war er gut befreundet. Laurenti griff zum Telefon, als Marietta hereinkam.

»De Kopfersberg gilt als vermißt. Sgubin hat mit seiner Lebensgefährtin gesprochen. Er hat offensichtlich vor zwei Tagen die Stadt mit dem Schiff verlassen und sich seither nicht mehr gemeldet. Man hat ihn für gestern abend zurückerwartet. Die Hafenkommandantur berichtet, daß er am Montag gegen zehn Uhr ablegte und auslief. Mehr wissen sie noch nicht. Der Bericht von Sgubin kommt gegen Mittag.«

»Hast du die Akte angefordert?« fragte Laurenti.

»Das dauert leider«, sagte Marietta und hob die Schultern. »Frühestens am späten Nachmittag.«

Ettore Orlando reichte mit seiner Stimme knapp an Pavarotti heran und übertraf ihn beinahe in der Statur. Er war über zwei Meter groß und einiges über hundert Kilo schwer. Der dichtgewachsene, schwarze Vollbart gab ihm die Anmutung eines Seebärs. In seiner Laufbahn hatte Orlando schon des öfteren bewiesen, daß er über einen besonderen Instinkt verfügte, und damit kontinuierlich Karriere gemacht. Wie Proteo Laurenti in Salerno aufgewachsen, entschied sich auch Orlando für eine Laufbahn bei den Sicherheitskräften. Vor allem im Süden des Landes war dies ein Beruf mit Zukunft, wenn man überlebte. Die

Familien Laurenti und Orlando gehörten dem unteren Mittelstand Salernos an, und es gab nicht viel zu vererben, außer der Lust an Musik und Kunst. Auch verfügten beide Familien nicht über die notwendigen Beziehungen, allen ihren Kindern eine gute Ausbildung, geschweige denn ein Studium zu ermöglichen. Proteo Laurentis ältester Bruder hatte an der Universität in Neapel studiert und war Anwalt geworden, Ettores älterer Bruder studierte in Bologna Ökonomie und wurde einer der führenden Manager bei Olivetti, die anderen älteren Geschwister machten die verschiedensten Ausbildungen bei Banken, Bäckern und Schneidern, und nur Proteo und Ettore entschieden sich für den Staatsdienst. Ettore leistete seinen Militärdienst bei der Marine und diente sich allmählich hoch. Den Kontakt mit Proteo hatte er über lange Jahre verloren, bis sie sich durch Zufall in Triest wiedertrafen. Proteo und Laura hatten längst ihre drei Kinder, als im ›Piccolo‹ die Umbesetzungen bei der Capitaneria gemeldet wurden: Capitano Ettore Orlando aus Salerno sollte der neue Chef der Guardia Costiera an der Riva III Novembre werden, in dem Gebäude mit den klaren Linien, dem ehemaligen Terminal des Wasserflughafens der Linie Turin–Triest–Zara, der unter Mussolini eingeweiht worden war. Und kaum war Ettore in Triest, da saß er schon bei den Laurentis zum Abendessen, und die beiden Männer versuchten in langen Unterhaltungen, die Lücke von über zwanzig Jahren zu schließen. Und jetzt sollten sie beide die Stadt vom Land und vom Meer aus vor den Verbrechern beschützen. Cincin!

»Ich wollte dich auch schon anrufen«, antwortete Ettore Orlando, nachdem Laurenti mit ihm verbunden wurde. Seine Stimme dröhnte wie üblich im Hörer, so daß Laurenti ihn ein Stück vom Ohr weghielt. »Wie geht's den Kindern und deiner schönen Frau?«

»Ärgern mich alle, erzähl ich dir ein andermal!«

»Porcamiseria«, dröhnte Orlando, »ich hoffe, es ist nichts Schlimmes. Bleib hart, Alter! Wollen wir uns zum Mittagessen treffen?« fragte Orlando. »Um eins bei ›Da Primo‹?«

Ettore Orlando war auch im Berufsleben seiner Liebe zum Meer treu geblieben und immer dann am glücklichsten, wenn er von Zeit zu Zeit an Bord eines der schnellen Schiffe der Guardia Costiera stieg, mit einem sanften Schubs den Offizier vom Steuer drängte und dieses selbst in die Hand nahm. Er drückte dann, kaum daß sie die Hafenzone verlassen hatten, mit seiner rechten Pranke die Gashebel langsam bis zum Anschlag und freute sich, wenn sich der Schiffsrumpf mit zunehmender Geschwindigkeit aus dem Wasser hob und über die Wellen sprang, so heftig, daß er immer wieder hart aufschlug und alle anderen an Bord, die kein Steuer in der Hand hatten, an dem sie sich festhalten konnten, hofften, daß der Boß bald wieder zur Vernunft käme. Das aber konnte durchaus dauern. Orlando gebrach es weder an Selbstbewußtsein noch an Stimme, und er fing alsbald lautstark zu singen an. Je nachdem, welche Arie er gerade erwischte, dauerte sein Glücksgefühl entsprechend lange. Orlando brach dabei alle Gebote und Verbote, doch da er seine Leute mit sanfter, aber bestimmter Hand führte und versuchte, nie ungerecht zu sein, und schließlich von Strafe nicht viel hielt, genoß er hohes Ansehen, und man nahm diese Verrücktheit hin.

Der Seebär Orlando hatte seinem Freund beim Mittagessen einiges von der Untersuchung der Motoryacht zu berichten, die seine Leute von der Küste vor Santa Croce an die Mole der Capitaneria von Triest geschleppt hatten.

Laura hatte einmal gesagt, daß Orlando die tiefste Stimme habe, die sie je gehört habe, sie erinnere sie an die Unterwelt, den Hades, als einer von dessen Eingängen die Mündung des unterirdischen Flusses Timavo ins Meer galt, ein paar Kilometer hinter Duino. Wo Diomedes und die Argonauten gelandet sein sollen auf ihrer Suche nach dem Goldenen Vlies und Antenor nach seiner Verbannung aus Troja, wenn Titus Livius und Vergil die Wahrheit sagten. Ganz in der Nähe hatten Laura und Proteo sich einst durch einen Zufall kennengelernt. Der junge, einzelgängerische Polizist hatte, neu in Triest, auf den vielen labyrinthischen Wegen zwischen der mediterranen Macchia des ehemaligen Parks, der zu Schloß Duino gehörte, seine Spaziergänge gemacht und versucht, seine Lebensperspektiven zu finden. Dreimal war er dabei einer jungen Frau begegnet, die wie er allein über die Pfade zwischen den Steineichen streifte und die ihm sehr gefiel. Ihre leuchtendgrünen Augen, ihre großen Brüste und die üppige Haarpracht waren ihm gleich beim ersten Mal aufgefallen, doch außer einem schüchternen »buongiorno« hatte er kein Wort über die Lippen gebracht. Nach einigen Metern hatte er sich umgedreht, um ihr nachzuschauen, doch war sie längst verschwunden. Es war schließlich Laura gewesen, die irgendwann stehenblieb und zu ihm sagte, was für ein Zufall es doch sei, daß sie sich immer an fast genau derselben Stelle begegneten, sonst träfe sie nie jemanden an diesem Ort. Proteo tat so, als wäre ihm dies nicht aufgefallen, und stimmte ihr verlegen zu. Dann faßte er Mut und fragte, ob sie in Duino wohne.

»Ja«, sagte Laura.

»Ein schöner Platz hier«, sagte Proteo.

»Mein Lieblingsort«, antwortete Laura. »Kennen Sie seine Geschichte?«

Proteo schüttelte den Kopf, und Laura erzählte ihm, während sie ein Stück zusammen gingen, die Legende der

»Cernizza«, nach der einst Hirsche, Wölfe und Menschen friedlich an diesem Ort zusammengelebt haben sollen. Aber Proteo war schon nicht mehr an Hirschen und Wölfen interessiert, sondern fragte sie unvermittelt, ob er sie wiedersehen dürfe.

»Wir werden uns sicher hier wieder begegnen«, sagte Laura und ging ihres Wegs.

Das Mädchen ging ihm nicht mehr aus dem Kopf. Er dachte während des Dienstes an sie und wenn er abends mit Freunden ausging. Doch erst nach vier Wochen traf er sie wieder und lud sie am Ende ihres Spaziergangs auf einen Kaffee ein. Danach begann für Proteo Laurenti sein »Inferno«, wie er es nannte. Sie telefonierten fast täglich miteinander, trafen sich oft, doch Laura hielt ihn an der langen Leine, ging auf seine Avancen nicht weiter ein, sagte, sie könne sich nicht binden, redete sich mit zuviel Arbeit heraus. Aber er konnte nicht von ihr lassen, blieb stur, und nur seiner Beharrlichkeit war es zu verdanken, daß er Laura schließlich doch überzeugen konnte, einen Polizisten zu heiraten, noch dazu einen, der Proteo hieß. Sie hatte zuerst über seinen Namen gelacht, weil es auch der Name der kleinen weißen Tierchen ohne Augen war, die nur in den unterirdischen Wasserläufen des adriatischen Karsts zu Hause sind. Proteos Eltern hatten ganz sicher nicht gewußt, daß es dieses Überbleibsel einer Gattung gab, die vor über achtzig Millionen Jahren die Welt bevölkerte.

Assistente Capo Sgubin betrat nach vorsichtigem Anklopfen das Büro des Commissarios. Er sah abgespannt aus und war blaß, als hätte sich die Müdigkeit wie ein grauer Schleier über die gebräunte Haut gelegt.

»Entschuldigung, Chef«, in seiner Rechten hielt er einen moosgrünen Aktendeckel, den er offensichtlich soeben erst angelegt und mit Sorgfalt beschriftet hatte.

»Ah, Sgubin! Du siehst aus wie ein Leintuch. Wann schläfst du eigentlich? Trink einen Kaffee!« Laurenti zeigte auf einen Stuhl, und Sgubin setzte sich. Marietta kam bereits mit einer Tasse in der Hand herein.

»Danke«, begann Sgubin. »Ich dachte, ich bringe Ihnen die Unterlagen kurz vorbei, den Bericht von heute früh. Viel mehr, als Sie selbst gesehen haben, war nicht zu finden, bis jetzt jedenfalls. Die Spurensicherung wird vielleicht noch etwas bringen und die Guardia Costiera, wenn sie sich das Schiff ordentlich vorgenommen haben. Außerdem wollte ich Ihnen noch berichten, daß ich bei Kopfersberg zu Hause war. Kein Vergnügen. Tatjana Drakič heißt seine Frau oder Lebensgefährtin oder was auch immer. Sie hatte noch geschlafen, als ich kam, und war ziemlich schlecht gelaunt. Kopfersberg hätte letzte Nacht zurückkommen sollen, er wurde gegen Mitternacht erwartet. Aber große Sorgen hat sich die Drakič nicht gerade gemacht. Er sei vor zwei Tagen abgefahren, sie habe nichts von ihm gehört, was normal sei, und meinte, er würde schon wieder auftauchen. Als ich sagte, es käme nur darauf an, in welchem Zustand, wurde sie ziemlich unfreundlich. Was das heißen solle! Ihr Mann habe schließlich keine Feinde, er sei ein ehrenwerter Bürger der Stadt, und wie ich mir überhaupt erlaube, mit solchen Vermutungen zu ihr zu kommen. Wobei sie nicht sagte, was für Vermutungen. Eigenartig. Sie warf mich dann ziemlich schnell raus. Übrigens waren da auch einige sehr junge und hübsche Mädchen. Während ich im Entree warten mußte, bis die Dame im Morgenmantel herunterkam, huschten sie oben über die Galerie und sahen nicht gerade wie Dienstmädchen aus. Schöne Dinger, wenn ich so sagen darf. Meine Uniform hat ihnen offensichtlich nicht gefallen, denn keine hat gegrüßt und keine hat einen Kaffee gebracht. Die Drakič nahm mich dann mit in den Salon, setzte sich und ließ mich stehen. Aber das sind wir ja gewohnt. Sehr schöne Frau übrigens. Auf jeden Fall war sie ziemlich unfreundlich und schien keineswegs besorgt, vordergründig zumindest. Aber irgend etwas stimmte nicht. Ich wär froh, Chef, wenn Sie selbst vorbeigehen und mit ihr sprechen würden. Sie hat mir weder gesagt, welchen Beruf Kopfersberg hat, noch wo sein Büro ist, noch ob er öfters verreist. Sie sagte lediglich, darüber gebe sie erst Auskunft, wenn was Konkretes vorliege. Und das war's dann schon.«

Laurenti hatte aufmerksam zugehört. »Wir wissen doch, daß man die Polizei nicht grundsätzlich liebt, Sgubin. Daß du dich immer noch von so etwas erschrecken läßt! Ist die Drakič von hier?«

Sgubin stellte seine Kaffeetasse zurück und schüttelte den Kopf. »Ihre Personalien hab ich aufgenommen, obgleich sie darüber ziemlich verärgert war. Sie zeterte herum, gab aber schließlich nach und holte ihren Ausweis. Sie ist jung, dreiunddreißig, geboren in Ragusa, Kroatien. Aber ob sie Kroatin, Serbin oder sonstwas ist, weiß ich nicht. Sie finden alles hier in der Akte. In Triest ist sie seit vier Jahren gemeldet, zuerst in San Giacomo, dann aber ziemlich bald bei Kopfersberg. Als Beruf gibt sie Kauffrau an, Arbeitsbewilligung und der Kram ist alles in Ordnung. Aber sie sieht nicht danach aus, als ginge sie jeden Tag arbeiten. Dafür war sie ja auch zu lange im Bett, wie gesagt, sie wurde wegen mir geweckt, und da war es schon halb neun. Ich habe übrigens doch noch herausbekommen, daß Kopfersberg sein Geschäft in der Via Roma an der Kreuzung mit der Via Mazzini hat. Eine Firma TIMOIC srl, Import–Export. Kopfersberg ist alleiniger Inhaber. Steht auch hier.«

»Bravo, Sgubin«, lobte ihn Laurenti und klatschte zweimal trocken in die Hände. »Das ist schon ziemlich viel für die kurze Zeit. Ich schau's mir an. Aber jetzt solltest du wirklich schlafen gehen. Wahrscheinlich bist du schon vierundzwanzig Stunden am Stück auf den Beinen, oder täusche ich mich?«

»Ach, das ist nicht so wild«, winkte Sgubin ab, »noch eine Schicht, und ich habe den Wochendienst hinter mir. Dann habe ich vier Tage frei und kann ausschlafen und baden gehen. Fünfunddreißig Stunden sind schließlich nicht die Hölle.« Er stand auf und gab Laurenti zum Abschied die Hand. Laurenti lächelte. Sgubin überraschte ihn immer wieder, ein Polizist, dem sein Dienst Spaß machte, der sich grundsätzlich sehr bemühte, freundlich und korrekt war, und sich nicht wie viele seiner Kollegen beklagte, wenn seine Schicht nicht pünktlich zu Ende ging. Und dennoch war Sgubin kein Streber oder Kriecher, die Sorte, die Laurenti nicht ausstehen konnte, woraus er auch nie einen Hehl gemacht hatte.

Laurenti beschloß, selbst im Hause des Österreichers vorbeizugehen, so wie Sgubin es vorgeschlagen hatte. Er war neugierig, die schöne Signora Drakič und ihre Freundinnen kennenzulernen, und außerdem wollte er sehen, wie sein ehemaliger Gegenspieler Kopfersberg heute lebte.

10.30 Uhr – Via dei Porta

»Viktor?«

»Ja! Ah, Tatja, was gibt's? Schon wach?«

»Es ist irgend etwas mit Bruno passiert. Die Polizei war gerade hier. Bruno ist heute nacht nicht zurückgekommen, und sie haben die ›Elisa‹ vor Santa Croce gefunden. Ohne ihn. Auf die Küste aufgelaufen. Weißt du was davon?«

Es blieb einen Moment still in der Leitung, dann sagte die Männerstimme: »Nein. Was ist passiert? Wann war das?«

»Was meinst du? Der Polizist ist eben gegangen«, Tatjanas Stimme klang aufgeregt.

»Wann wurde die ›Elisa‹ gefunden?«

»Heute nacht, angeblich von einem Fischer. Der Polizist hat mich alles mögliche gefragt. Wo das Büro ist, wohin Bruno fahren wollte, ob er schon öfters länger als angekündigt weggeblieben ist. Er hat meine Personalien aufgenommen, ich mußte meinen Ausweis holen. Dann habe ich ihn rausgeworfen.«

»Und die Mädchen?« Die Männerstimme klang besorgt.

»Was ist mit denen?«

»Hat er nach ihnen gefragt?«

»Nein. Er hat nichts gemerkt, ausgeschlossen. Zwei waren auf dem Flur, als er kam, das war alles. Er hat weder komisch geschaut noch Fragen gestellt.«

»Was war es für einer?«

»Uniform, nichts Besonderes.«

»Na gut, aber was ist mit Bruno? Hast du wirklich nichts gehört?«

»Nein. Es ist seltsam, der Idiot hat sich seit zwei Tagen nicht gemeldet.«

»Du kennst ihn doch, Tatja! Was regst du dich darüber auf? Ich ruf mal durch, wo er zuletzt war. Ist vielleicht alles nur ein Zufall . . .«

»Wir müssen überlegen, wie wir uns verhalten. Wenn er nicht bald auftaucht, werden die noch mehr Fragen stellen. Kommst du vorbei?«

»In einer Stunde, Tatja«, sagte Viktor. »Übrigens, Wien lief gut. Wir haben den Auftrag. Jetzt läuft die ganze Türkeihilfe über uns. Wolferer war zahm wie ein Lamm.«

»Wer?«

»Wolferer. Der Chef der Behörde. Muckte nur am Anfang ein bißchen auf. Er kommt auch zur Party. Dann haben wir ihn endgültig. Du mußt dir was Besonderes einfallen lassen.«

»Kein Problem, Viktor. Und ruf mich an, wenn du was von Bruno hörst.«

»Mach ich, bis später.« Drakič legte auf.

12.55 Uhr

Kurz vor 13 Uhr verließ Proteo Laurenti das Kommissariat. Er trat aus dem Schatten und den dunklen Fluren des Gebäudes mit den stumpfen Steinböden hinaus in die gleißende Mittagssonne. Es waren fünfunddreißig Grad im Schatten, und die Hitze traf ihn wegen der hohen Luftfeuchtigkeit wie ein dumpfer Schlag. Dennoch entschied sich Laurenti gegen den Wagen. Er ließ ihn meistens stehen, wenn er im Zentrum zu tun hatte. Die ewige Parkplatzsuche kostete unnötig Zeit und die fast überall fällige Parkgebühr war ihm lästig. Er ging lieber zu Fuß, dann wußte er, daß er pünktlich ankam. Andere fuhren mit dem Motorroller, was noch schneller war. Doch noch ein weiteres Fahrzeug und noch ein Schlüssel mehr hätten ihn restlos überfordert. Er vergaß schon jetzt oft genug, wo er den Wagen geparkt hatte, und hatte er ihn endlich gefunden, stand er häufig ohne Schlüssel davor. Außerdem regte er sich ständig über die Zweiräder auf, wenn sie sich an den Ampeln in Horden links und rechts an ihm vorbei nach vorne drängten. Die Stadt war voll von diesen Dingern, und es wurden ständig mehr. Widerlich! Gelegentlich kam es sogar vor, daß sich die Fahrer an seinem Auto abstützten. Reiner Anarchismus. Bereits Vierzehnjährige schossen wie geschulte Kamikaze-Piloten zwischen den Autos durch, von den alten Zauseln gar nicht zu reden. Alte Säcke auf Motorrollern, Greise auf dem Weg zur Grube. Selbst wenn er die Sirene seines Dienstwagens einmal kurz aufheulen ließ, hatte das wenig Wirkung. Ohne die verschriebene Brille ist wohl auch das Hörgerät nicht zu finden.

Laurenti fuhr nicht gern. Das war für ihn verschwendete Zeit, in der er nichts anderes tun konnte, als sich auf den Verkehr zu konzentrieren. Manchmal blieb sein Wagen mehrere Tage unbenutzt auf dem reservierten Parkplatz oder sonstwo stehen, und wenn er ihn endlich wiedergefunden hatte, war er von einer dicken Staubschicht bedeckt, die auf einer Staubschicht lag, die wiederum ... Er hatte den Wagen noch nie waschen lassen. Laurenti spielte oft mit dem Gedanken, den Dienstwagen gegen die Fahrbereitschaft einzutauschen. Aber auch das paßte ihm nicht, weil ihm grundsätzlich jede Minute des Wartens zu lang vorkam. Seine Assistentin zu bitten, sie möge einen Wagen anfordern, war ihm schon zuviel. Außerdem war er ein miserabler Beifahrer, was Laura manchmal zur Weißglut treiben konnte.

Sein Mobiltelefon klingelte, als er hinter San Antonio die Via della Torre hinunterging, wo die Schwarzen standen und Gürtel, abenteuerlich aussehende Uhren, Feuerzeuge und Sonnenbrillen mit grünen oder roten Gläsern verkauften. Gab es ein Leben vor dem Mobiltelefon? Er meldete sich und sah gleichzeitig auf die Armbanduhr. Es war 13 Uhr, und es waren nur noch wenige Schritte zu »Da Primo«.

»Proteo, ich bin's, Laura!« Endlich meldete sie sich. »Wo bist du?«

»Ich bin mit Ettore zum Mittagessen verabredet. Hör mal, ich habe mehrfach versucht, dich zu erreichen. Weißt du eigentlich, daß deine Tochter sich zur Miss Triest bewirbt?«

»Und warum regt dich das auf?« Laura kannte den Tonfall ihres Mannes gut.

»Weil ich nicht will, daß meine Tochter aller Welt ihre Titten zeigt und ihren Arsch. Deswegen!«

Laura wußte es also und hatte ihm nichts gesagt. »Ist es

zuviel verlangt, daß man so etwas zuerst zusammen bespricht? Normalerweise redet die Familie Laurenti über solche Dinge«, maulte Proteo, »und verheimlicht nichts. Auch wenn es nicht auf Beifall stößt.«

»Livia ist einundzwanzig, Proteo! Sie kann machen, was sie will! Du übertreibst wirklich.«

»Überhaupt nicht! Ich habe nicht die geringste Lust, sie in den nächsten Wochen im ›Piccolo‹ oder wo auch immer ganzseitig halbnackt zu sehen. Hobby: ›Lesen und Sonnenbaden‹. Und dann im August schwingt sie vor all den Molchen im Scheinwerferlicht die Hüften, und die halbe Stadt holt sich einen runter!«

»Proteo, bist du restlos übergeschnappt?«

»Außerdem war sie letzte Nacht genausowenig zu Hause wie dein Sohn!«

»Proteo! Hör auf!« Jetzt hatte er wenigstens erreicht, daß auch Laura schlechte Laune hatte, geteiltes Leid, halbes Leid.

»Du spinnst, und du bist bösartig«, fügte sie hinzu. »Wir sprechen heute abend darüber. Laß Ettore nicht länger warten.«

Sie hatte eingehängt, bevor er protestieren konnte.

Laurenti sah auf die Uhr und bemerkte, daß er wegen des Telefonats schon spät dran war. Aber er stand bereits in der Via Santa Caterina da Siena, nur wenige Meter vor dem Eingang zu »Da Primo«. Er steckte das Telefon in die Hosentasche und trat ein. Die Klimaanlage lief auf Hochtouren, so daß es mindestens fünfzehn Grad kühler war als draußen. Er schaute sich um, aber auch Ettore hatte sich offensichtlich verspätet. Laurenti entschied, einen Tisch im Freien zu suchen. So bliebe er wenigstens von diesem schrecklichen Apparat verschont, der einem ohnehin nur eine verstopfte Nase bescherte. Er konnte Klimaanlagen nicht ertragen. In Hotelzimmern hatte er sie schon mit dem Taschenmesser außer Betrieb gesetzt, wenn er sie partout nicht ausschalten konnte. Lieber schwitzte er sich große Flecken ins Hemd, auch wenn sie, nachdem sie getrocknet waren, weiße Salzränder im blauen Stoff hinterließen.

Er traf sich mit Ettore öfters bei »Da Primo«, einem der guten Buffets, in dem die Triestiner zu Mittag aßen. Es war ein für die Stadt typisches Restaurant, in dem man darauf eingestellt war, die Gäste schnell zu bedienen, auf daß sie wieder pünktlich zur Arbeit zurückkehrten.

Laurenti setzte sich, bestellte Wasser und einen halben Liter Tocai. Weil »Da Primo« so zentral lag, mußte er einigen bekannten Gesichtern zuwinken, die eine oder andere Hand drücken und ein paar freundliche Worte wechseln – so freundlich, wie er nach dem Telefonat mit Laura eben sein konnte. Er war froh, daß ihn niemand auf seine Tochter Livia ansprach. Er hatte das Gefühl, die ganze Stadt wisse von ihrem Vorhaben und zeige mit Fingern auf ihn. Dabei war es doch nur eine Zeile in der Mitte eines langen Artikels, in der ihr Name neben neunundvierzig anderen zu finden war. Wer las das schon? Aber er hatte es ja schließlich auch gesehen, auf den ersten Blick ...

Endlich traf Ettore Orlando ein. »Tut mir leid, Proteo, du weißt ja, wie es manchmal zugeht!« Er goß sich von dem Wasser ein und leerte das Glas in einem Zug. Auch Orlandos Hemd war von großen Schweißflecken gezeichnet. Ein Bär wie er mußte bei solchen Temperaturen noch mehr leiden.

»War was los?« fragte Laurenti. In Triest kommt man pünktlich zu Verabredungen, meist auf die Minute – und wenn der Capitano der Küstenwache zu spät kommt, muß was passiert sein.

»Wir mußten wieder einmal einen Frachter an die Kette legen. Wie damals die ›Captain Smirnow‹. Erinnerst du dich? Hoffen wir, daß es diesmal nicht so lange dauert.«

»Was für eine Flagge?«
»Ein Ukrainer.«

Laurenti erinnerte sich gut an die drei Schiffe, die von 1995 bis 1998 vor der Stadt festsaßen und sich an ihren Ankerketten nach der Strömung oder dem Wind richteten. Neben der »Captain Smirnow« waren es noch zwei weitere russische Frachter gewesen, die »Katija« und die »Ingenieur Yermoskin«, deren Eigner die Reparaturrechnungen nicht mehr bezahlen konnten, so daß die Schiffe beschlagnahmt wurden. Man hatte sie zuerst vor der Werft und später eine viertel Seemeile vor der Riva Traiana verankert. Drei Jahre lang lagen die Schiffe dort, mit ihren Besatzungen, die kein Geld für die Heimreise und kein Visum für den Landgang hatten. Jeder in Triest erinnerte sich an das Bild dieser vor sich hin rostenden Kolosse, die so einsam und traurig anmuteten. Als der letzte Treibstoff zu Ende ging und damit auch keine Generatoren für Elektrizität oder Heizung mehr betrieben werden konnten, gab es immer wieder Sammlungen in der Stadt, um die Seeleute in ihrem unfreiwilligen Gefängnis mit dem Nötigsten zu versorgen. Niemand löste sie aus. Erst im Sommer 1998 änderte sich die Situation. Amerikanische Unternehmen, die eng mit der US Navy zusammenarbeiteten, kauften die Schiffe und setzten sie, in Vorbereitung des Krieges im Kosovo und in Mazedonien, zum Transport von Waffen und Panzern zwischen den Vereinigten Staaten und Griechenland ein. Zwei von ihnen fuhren unter der Flagge von Grenada. Die »Captain Smirnow« hatte Pech. Sie wurde nach Fiume beordert und erneut ins Reparaturdock gebracht. Dort lag sie wieder fest, weil nun die Amerikaner die Begleichung der Rechnungen schuldig blieben, und die Matrosen warteten vergeblich auf die versprochene Heuer in Dollar. Nichts geschah. Die Besatzung befand sich im fünften Jahr der Gefangenschaft, und das Schiff verrottete immer mehr. Forderungen der Werften und vieler Handwerker, insgesamt mehr als fünfzig Millionen Dollar, blieben unbezahlt.

»Es gibt Neuigkeiten zu Kopfersberg«, begann Ettore. »Wir haben festgestellt, daß auf 44°32´05´´ nördlicher Breite und 12°43´20´´ östlicher Länge der Autopilot angestellt wurde. Ab dort zeichnete der Computer die Fahrt auf, die mit konstant niedriger Geschwindigkeit von zehn Knoten vonstatten ging, bis die Yacht nach sechs Stunden und dreiundvierzig Minuten vor Santa Croce in die Muschelzucht fuhr. Sie hatte knapp 70 Seemeilen zurückgelegt.«

Laurenti hatte ihm neugierig zugehört, konnte sich aber unter diesen Angaben nichts Rechtes vorstellen. Doch der Capitano war nicht zu bremsen.

»Er hat vor der Abfahrt Treibstoff gefaßt, das haben wir bereits erfahren. Im Tank fehlten sechzehnhundertvier Liter Diesel, viertausend passen rein. Bei der geringen Fahrt braucht die Ferretti nicht so wahnsinnig viel, sagen wir mal, mit vierhundert Litern wäre sie ausgekommen. Es bleibt also eine ungeklärte Differenz von zwölfhundert Litern Diesel, mit denen man bei ökonomischer Fahrweise eine schöne Reise machen kann. So zweihundert Seemeilen sind drin oder, für Landratten wie dich, etwa dreihundertundsiebzig Kilometer. Jetzt brauchst du nur einen Zirkel zu nehmen, ihn auf der Karte dort einzustechen, wo der Autopilot eingeschaltet wurde, und dann innerhalb dieses Kreises zu suchen. Falls er nicht unterwegs gebunkert hat.«

Orlando schob sich zwei Sardinen »al savor« in den Mund. Das war Laurentis Chance. »Wo, sagtest du, wurde der Autopilot eingeschaltet?«

»Auf vierundvierzig Grad zweiunddreißig Minuten und fünf Sekunden nördlicher Breite und ...«

Laurenti hob hilflos die Schultern. »Sag's noch mal einfach für seefahrerische Nieten, bitte!«

»Vor den Lidi Ferraresi, Podelta, fast zehn Meilen auf hoher See, also etwa achtzehn Kilometer vom Land weg. Übrigens um zweiundzwanzig Uhr elf.«

»Ah ja?« Laurenti hatte verzweifelt die Augenbrauen gehoben. Orlando begriff, daß dieser Fußgänger von seinen Angaben überfordert war, und zog mit dem Nagel des rechten Daumens die Kontur der Adria, die Pomündung, Ferrara, Venedig und Triest vor Laurenti in den Stoff der weißen Tischdecke und stieß mit seinem riesigen, mit dunklen Haaren bewachsenen Zeigefinger auf den Punkt, den er beschrieb.

»Hier!«

Laurenti verstand. »Italienisches Hoheitsgebiet?«

»Absolut! Die internationalen Gewässer beginnen erst zwölf Seemeilen vom Land weg.«

»Ich hatte ihn viel weiter südöstlich vermutet.«

»Na ja«, Orlando zog die Augenbrauen hoch ob soviel nautischen Unverstands, »wie ich schon sagte, Kraftstoff fehlte viel mehr, aber es gibt keinen direkten Kurs von Südosten nach Triest. Da wäre er vor Istrien aufgelaufen, zwischen Pola und Rovigno.« Er vervollständigte seine Daumenskizze auf dem Tischtuch, indem er die Kontur der istrischen Halbinsel anfügte.

»Verstehe.« Laurenti legte die Stirn in Falten, wie nur er es konnte. »In italienischem Hoheitsgebiet, sagtest du. Werden die Schiffe von der Küstenwache registriert?«

»Nur wenn sie von außerhalb kommen oder im Hafen bleiben, als Gäste«, antwortete Orlando.

»Achtzehn Kilometer vom Land weg«, folgerte Laurenti weiter, »wurde der Autopilot eingestellt?«

Orlando nickte.

»Das würde bedeuten, der Österreicher müßte sich zwischen dort und Triest irgendwie davongemacht haben.«

»Oder er wurde davongemacht, von jemand, der mit ihm auf dem Schiff war und der es mit einem anderen verließ. Oder er ist zufällig über Bord gegangen, hat den Kahn nicht mehr erwischt und soff dann irgendwann ab, oder ein Fischlein hat ihn verschlungen. Aber noch etwas ist auffällig. Das Tau von der Heckwinde war restlos abgewickelt, die ganzen einhundertfünfzig Fuß zog die ›Elisa‹ hinter sich her. Am Ende war eine Schlinge. Die Spurensicherung arbeitet noch. Und die Fender auf Steuerbord waren ausgelegt, nur die, die auf Backbord dagegen nicht. Es hat vermutlich jemand angelegt, so fährt man sonst nicht auf See. In einem der Fender hatte sich der Bootshaken verfangen. Wird auch untersucht. Und, was dich ebenfalls interessieren wird: an einigen Stellen sind keine Fingerabdrücke zu finden. Eindeutig abgewischt.«

»Verdammte Scheiße«, Laurenti war nicht sehr glücklich über diese Auskunft. »Das riecht nach Arbeit. Jetzt kann ich den Sommer abschreiben.«

»Allerdings«, stimmte Ettore Orlando zu, »ich fürchte, du hast zu tun!«

Vor einem Palazzo aus der Mussolini-Ära an der Kreuzung der Via Roma mit der Via Mazzini, in dem sich die Filiale der Deutschen Bank befand, hatten Orlando und Laurenti noch eine Weile geplaudert, bevor sie sich voneinander verabschiedeten. Sie erregten sich über die Häßlichkeit der zwei Bronze-Skulpturen vor dem Gebäude, das so anders war als die üppigen Paläste in seiner Nachbarschaft, die vom einstigen immensen Reichtum Triests zeugten. Im Baustil ein bißchen Wien und ein bißchen Italien, ein bißchen Neoklassik, Byzanz und Jugendstil: eben Triest. Hohe schwere Gebäude aus der Zeit Maria Theresias, die dieses Stadtviertel streng geometrisch anlegen ließ. Im Canal Grande hatten noch bis in die zwanziger Jahre kleinere Handelsschiffe festgemacht, vorwiegend zwei- oder dreimastige Segler. Der nahegelegene Markt auf der Piazza Ponterosso muß einmal groß und üppig gewesen sein.

Nach Meinung Orlandos war es bezeichnend, daß die Deutsche Bank sich ausgerechnet dieses Haus ausgesucht hatte, als hätte es in Triest nicht genug andere freie Flächen gegeben.

»Macht zeigt Macht«, sagte er und hieb mit seiner Pranke gegen die Bronzestatue, die mit dumpfem metallenem Klang antwortete. Zwei Passanten drehten sich erschrocken um. »Sie werden uns das Land noch unterm Hintern wegkaufen.«

Im Haus Via Roma 7 hatte auch die Firma des Österreichers ihren Sitz. Von »Da Primo« aus waren es nur einige Schritte, und Laurenti wollte einen Blick in Kopfersbergs Büro werfen und mit den Angestellten sprechen. Vielleicht war von ihnen etwas zu erfahren, was bei der Suche nach dem Vermißten half.

Das Firmenschild der TIMOIC war nicht zu übersehen, eine große gravierte Messingplatte mit breiten Lettern. Gleich daneben die Leiste mit den Klingeln, die TIMOIC belegte zwei Felder. Es mußte sich um ein ziemlich großes Büro handeln, denn die Geschosse in diesen Häusern waren immens. Laurenti blickte auf und sah in das Auge der Videokamera über dem Eingang, die sicher wegen der Bank installiert worden war. In Triest gab es diese Apparate selten – zuwenig Kriminalität, als daß sich der Aufwand lohnte. Laurenti wußte nicht, ob er zuerst über die Kamera begutachtet wurde und hielt seinen Dienstausweis in ihre Richtung. Nach einem kurzen Summen des Türöffners stemmte er die eisenbeschlagene Eichentür auf. Er befand sich am Fuße eines riesigen Treppenhauses, dessen erster Abschnitt von einem Geländer aus schwerem Stein begrenzt und etwa fünf Meter breit war. Ein roter Teppich führte nach oben. Laurenti schaute an den stuckverzierten Wänden, deren Kassetten mit Marmormaserung auf hellem Grund ausgemalt waren, ob es einen Hinweis darauf gab, in welchem Stockwerk die Büros der TIMOIC zu finden waren. Er ging die erste Treppe hinauf. Nach einem halben Stockwerk sah er die Aufzugtür. Laurenti drückte den Knopf und wartete, bis die Kabine mit leisem Poltern angekommen war. Aber auch im Aufzug befand sich kein Hinweis auf die Etage. Also ging Laurenti zu Fuß, vorbei an eichenfurnierten, unbeschrifteten Eingangstüren mit Messingklinken, bis er im dritten Stockwerk endlich das ersehnte Schild entdeckte. Er klingelte, es summte nochmals. Er trat ein und befand sich in einem Entree erstaunlichen Ausmaßes, in dem kein Mensch zu sehen war. »De Kopfersberg hat es weit gebracht«, dachte Laurenti, »das Büro, die Yacht, die Villa ...« Er ging bis zur Ecke und blickte in einen menschenleeren Flur. »Buongiorno, permesso«, rief er und ging ein paar Meter weiter, bis er hinter sich eine weibliche Stimme hörte.

»Prego!«

Laurenti drehte sich um und sah einen weiteren Flur vom Entree wegführen. Dort stand vor einer der Bürotüren eine junge Frau von vielleicht fünfundzwanzig Jahren. Weite schwarze Bluse, unter der ein weißer Büstenhalter schimmerte, kurzer, sehr kurzer schwarzer Rock, schulterlange rotgefärbte Haare, die von einem Haarreif zurückgehalten wurden, sonnengebräunter Teint und nicht sehr hübsch.

»Was wünschen Sie?« fragte sie.
»Ich möchte zu Signor de Kopfersberg.«
»Der ist nicht da.«
»Wann kommt er?«
»Ich weiß es nicht. Wer sind Sie?«
»Polizia Statale.« Laurenti hielt ihr kurz den Ausweis hin. »Wer vertritt ihn?«
»Was ist mit Signor de Kopfersberg?« fragte die junge Frau zurück.

»Sie wissen also nichts?« Laurenti versuchte ihren Blick zu erforschen. »Ihr Chef, ich nehme an, es ist Ihr Chef, wird vermißt.«

»Vermißt?« Sie machte große Augen.

»Na ja, vielleicht ist er sogar tot.«

»Das ist ja schrecklich!« Die junge Frau schien ernstlich erschrocken zu sein.

»Nicht wahr, schrecklich! Und wer sind Sie, wenn ich fragen darf.«

»Renata Benussi. Ich bin die Sekretärin.«

»Die Sekretärin von Signor de Kopfersberg?«

»Nein, am Empfang.«

»Wann haben Sie ihn zum letzten Mal gesehen?«

»Am Montag morgen, vor seiner Abreise kam er kurz ins Büro.«

»Wann war das?«

»Wie üblich gegen neun Uhr dreißig.«

»Und wohin wollte er?«

»Geschäftsreise.«

»Nicht weshalb, sondern wohin, wollte ich wissen.« Entweder war die junge Dame nicht besonders klug, oder sie wußte nicht besonders viel.

»Ich weiß es nicht. Ich bin nicht über seine Termine informiert.«

»Wie viele Leute arbeiten hier?«

»Vier. Mit mir fünf.«

»Und welches Geschäft betreibt die TIMOIC?«

»Import–Export.«

»Mit wem kann ich sprechen? Wer vertritt Kopfersberg?«

»Das ist Doktor Drakič.«

»Ist wenigstens der hier?«

»Es tut mir leid. Leider nicht.«

»Drakič, sagten Sie?« Laurenti hörte den Namen heute zum zweiten Mal. »Heißt so nicht auch ...?«

»Ja, ja. Tatjana. Es ist ihr Bruder.«
»Tatjana wer?«
»Die Verlobte vom Chef.«
»Ach ja, die Verlobte ...« Laurenti schaute sich im Flur um. »Arbeitet sie auch hier?«
»Tatjana arbeitet nicht! Aber was ist eigentlich passiert?« Ihr erster Schreck war der Neugier gewichen. »Hoffentlich nichts Schlimmes?«
»Machen Sie sich keine Sorgen! Ich habe nur gesagt, daß er höchstens tot ist.«
Dieses Geschöpf blieb unergiebig. Das hatte Laurenti längst begriffen und verhehlte es nicht.
»Man macht darüber keine Scherze.« Sie bekreuzigte sich tatsächlich. »Ich muß es gleich den Kollegen erzählen.«
»Nicht so eilig, Signorina.« Laurenti wurde streng. »Wann kommt Doktor Drakič zurück?«
»Das hat er leider nicht gesagt.«
»Eine andere Frage: Sie sagten, sie arbeiten zu fünft hier. Wozu brauchen Sie eine so große Fläche?«
»Das habe ich mich auch schon gefragt«, gab Renata Benussi unumwunden zu.
»Renata!« Die Stimme einer Frau ertönte streng. Die Sekretärin drehte sich um, offensichtlich mit einer gehörigen Portion Respekt.
»Ja?«
»Was reden Sie da? Und mit wem?« Eine sehr gepflegte Frau von etwa Mitte Fünfzig, die noch immer auffallend attraktiv war, kam energischen Schrittes auf die beiden zu. »Renata, gehen Sie bitte in Ihr Büro.«
»Aber der Mann sagt, daß dem Chef etwas passiert sein soll«, protestierte sie.
»Ich habe gesagt, Sie sollen in Ihr Büro gehen«, wiederholte die Frau streng, und die verschüchterte Renata Benussi gehorchte. Laurenti war neugierig geworden.

»Guten Tag, ich bin Eva Zurbano. Ich leite das Büro. Und wer sind Sie?«

Laurenti stellte sich vor.

»Tatjana Drakič hat uns bereits informiert«, erklärte Signora Zurbano distanziert. »Signor de Kopfersberg fuhr am Montag für einige Tage weg und wollte gestern abend zurückkommen. Wir machen uns Sorgen. Wissen Sie etwas über seinen Verbleib?«

Laurenti schüttelte den Kopf. »Nein, leider nicht. Wohin wollte er fahren?«

»Er wollte einige Tage ausspannen. Er nimmt normalerweise seine Yacht, die ›Elisa‹, und fährt einfach los.« Eva Zurbano wandte sich um und schaute offensichtlich nach, ob Renata noch im Flur stand. Diese war in ein Büro auf der linken Seite gegangen, hatte die Tür jedoch offengelassen.

»Ich muß Ihnen einige Fragen stellen, wir schließen ein Gewaltverbrechen nicht aus. Hatte Kopfersberg irgendwelche Feinde?«

»Nein. Nicht daß ich wüßte.«

»In welchem Metier arbeiten Sie?«

»Spielt das eine Rolle?« Signora Zurbanos Blick verfinsterte sich. »Import–Export, wie Sie schon von Renata erfahren haben.«

»Welche Waren?« Laurenti hatte nicht vor, sich so leicht abspeisen zu lassen. Vor zweiundzwanzig Jahren hatte er bei seiner Untersuchung genausowenig von diesem Geschäft begriffen wie heute.

»Alles mögliche! Frachtkontingente, Container und Handelswaren aller Art. Maschinen, Fahrzeuge und so weiter.«

»Von wo und nach wo?«

Die Zurbano zuckte mit den Schultern. »Von wo es von Triest aus günstig ist. Von Südost nach Nordwest und umgekehrt.«

»Was meinen Sie damit?«

»Israel, Türkei, Griechenland, Balkan, Frankreich, Belgien, Holland, Österreich, Deutschland, Schweiz. Aber was hat das mit dem Verschwinden von Signor de Kopfersberg zu tun?«

Laurenti war klar, daß Eva Zurbano über die Geschäfte nicht weiter mit ihm reden wollte. Mit der Zeit würde er es schon erfahren.

»Hat de Kopfersberg Angehörige?«

»Er lebt mit Tatjana Drakič in seiner Villa in der Via dei Porta. Sein Sohn arbeitet in Wien. Spartaco de Kopfersberg. Aber soweit ich weiß, können Sie ihn zur Zeit nicht erreichen. Bruno sagte, er sei in die Ferien gefahren.«

Laurenti hörte sehr genau, wie Eva Zurbano ihren Chef vertraulich beim Vornamen nannte, und erinnerte sich an den eigenartigen Namen des Sohnes.

»Wie lange arbeiten Sie schon hier?«

»Eine Ewigkeit! Am zwölften September werden es fünfundzwanzig Jahre.«

Laurenti rechnete zurück, also seit 1974. Das bedeutete, daß er sie 1977 schon verhört haben mußte, doch erinnerte er sich nicht an Eva Zurbano und sie sich ganz offensichtlich nicht an ihn. »Sie leiten das Büro, sagten Sie. Ihre Sekretärin sagte aber, daß ein Herr Drakič Kopfersberg vertritt. Ist er übrigens mit Tatjana Drakič verwandt?«

»Renata redet viel! Doktor Drakič ist Prokurist, wie ich auch. Er ist aber erst seit vier Jahren bei uns. Im übrigen ist er Tatjanas Bruder.«

»Wo ist er jetzt? Ich hätte gerne mit ihm gesprochen!«

»Er hat einen Termin außerhalb, und ich kann Ihnen leider nicht sagen, wann er zurückkommt.«

»Ob Sie mir vielleicht das Büro von Signor de Kopfersberg zeigen würden?«

»Ganz ausgeschlossen!« Eva Zurbanos Stimme war entschieden. »Weshalb das denn?«

»Ich mache mir gerne ein Bild von den Menschen, die ich suchen soll. Wenn wir Kopfersberg finden sollen, dann ist das um so leichter, je mehr wir von ihm wissen.«

»Nein, das kann ich nicht tun!« Eva Zurbano blieb eisern. »Man führt nicht einfach Fremde in die Büros Abwesender!«

»Zeigen Sie mir dann bitte den Terminkalender Ihres Chefs? Vielleicht gibt es ja einen Hinweis darauf, wohin er wollte.« Aber auch dieser Versuchsballon platzte noch vor dem Start.

»Es gibt keinen!« Eva Zurbano blieb eisern, jetzt schaute sie außerdem auf ihre Armbanduhr.

»Ein ziemlich großes Büro für nur fünf Leute«, sagte Laurenti.

»Es ist genügend Platz, da haben Sie recht.« Eva Zurbano war zur Eingangstür gegangen, die sie nun öffnete. »Es tut mir leid, daß ich Ihnen nicht weiterhelfen konnte«, sagte sie, »ich habe jetzt einen Termin.« Sie streckte ihm die Hand hin und komplimentierte ihn hinaus.

»Auf bald«, sagte Laurenti säuerlich.

Er grübelte über den eigenartigen Empfang nach, als er langsam die Treppen hinunterging. Irgend etwas paßte nicht. Warum bemühte sich die Zurbano nicht etwas mehr um Aufklärung, warum hatte sie Renata Benussi weggeschickt, und warum war Tatjana Drakič schon am Vormittag so unhöflich zum Assistente Capo Sgubin gewesen, der sich ganz gewiß korrekt verhalten hatte? Etwas stank ganz gewaltig in dieser Firma.

Und vor allem wollte Laurenti es nicht wahrhaben, daß Eva Zurbano damals, als Elisa verschwand, schon mit Kopfersberg zu tun hatte, er sie vernommen haben mußte und sich nicht an sie erinnerte. Die Dame war immerhin eine eindrucksvolle Person. Laurenti hoffte, daß die Akte von 1977 bald auf seinem Tisch läge, er hatte einiges nachzulesen. Er versuchte, sich zu erinnern, was ihm leichtfiel, denn seine damalige Niederlage hatte er nie verwunden. Kopfersberg, was für ein Name und welche Geschichte. Laurenti hatte durch den Mann viel über Triest gelernt, wohin er versetzt worden war, immer in der Hoffnung, möglichst bald wieder in eine belebtere und ihm vertrautere Ecke des Landes geschickt zu werden. Er setzte sich unter die Sonnendächer vor dem »Caffè Stella Polare« vor San Antonio und ließ den Erinnerungen an seinen ehemaligen Kontrahenten freien Lauf. Kopfersberg hatte damals seine ganze Familiengeschichte vor ihm ausgebreitet, und Laurenti, neugierig geworden, hatte die Teile recherchiert, die jener ausgelassen hatte. Er erinnerte sich gut an die Unterhaltung. Kopfersberg, eine Zigarre in der Linken, einen Cognac in der Rechten, hatte in einem tiefen Ledersessel gesessen, Laurenti hingegen mußte mit einem unbequemen Holzstuhl vorliebnehmen.

Kopfersberg entstammte einer alten österreichischen Familie, die sich 1839 in Triest niedergelassen hatte. Sein Ururgroßvater Joseph von Kopfersberg, ein steirischer Landadliger, war Marineoffizier gewesen und wechselte zur 1836 gegründeten Aktiengesellschaft »Triestiner Lloyd«, die alsbald den Überseeverkehr in die Levante, nach Indien und in den Fernen Osten aufnahm. Nachdem 1857 die »Südbahn«, die erste Eisenbahnverbindung von Wien nach Triest, und 1869 der Suezkanal eröffnet worden waren, stieg die Stadt zu einem internationalen Seehafen und einem Finanzzentrum erster Ordnung auf. »Es war eine Zeit des Aufbruchs und des Wachstums, in der Unternehmergeist gesucht und belohnt wurde«, hatte Kopfersberg ziemlich angeberisch gesagt, als wäre er selbst dabeigewesen. Die Stadt sollte in den nächsten Jahrzehnten ein bis dahin in Europa einmaliges Bevölkerungswachstum erfahren.

1829 wurde die erste Schiffsschraube im Golf von Triest getestet, 1861 die erste Panzerfregatte gebaut, 1866 mit einem legendären Rammstoß das italienische Flaggschiff »Re d'Italia« versenkt und im gleichen Jahr der erste Torpedo erprobt, den der Engländer Robert Whitehead erfunden hatte, der, nicht allzuweit entfernt, am »Stabilmento Tecnico« in Pola tätig war. Das Wiener Kriegsministerium hatte es allerdings versäumt, beim Erwerb der Waffe dem Engländer zu verbieten, seine Erfindung auch an andere Staaten zu verkaufen. Schließlich hatte der Hafen von Venedig endgültig seine Führungsrolle in der Adria an Triest verloren. »Und all dies unter der Ägide eines Bergvolkes«, hätte Laurenti am liebsten gesagt, sich aber zurückgehalten. Kopfersberg hätte es wahrscheinlich nicht witzig gefunden.

Der Sohn des Urahns, Joseph Franz von Kopfersberg, eröffnete ein Handelshaus in Triest, die »Südhandel Aktiengesellschaft«, in die schließlich Joseph Albert von Kopfersberg eintrat, Brunos Vater, der den Namen der Familie leicht italienisierte, indem er nach dem Ersten Weltkrieg aus dem »von« ein »de« machte. Seine Ehefrau Camilla nannte ihn Alberto. Sie stammte aus einer vermögenden italienischen Familie, in deren Unternehmen Joseph Albert eintrat, nachdem die »Südhandel AG« bankrott gegangen war. Camilla taufte ihren Sohn auf den Namen ihres Vaters und durchbrach damit die Josephs-Linie. Bruno war das späte und einzige Kind seines Vaters. Er wurde an dessen achtundfünfzigstem Geburtstag in Triest geboren, am 15. November 1943. Die Stadt war inzwischen von den Nazis besetzt und zur »Operationszone Adriatisches Küstenland« ausgerufen worden. Der SS-General Odilo Globocnik ließ Dörfer im Karst niederbrennen, in denen er Partisanen vermutete, und seine Mordkommandos waren für die Deportation der letzten noch in der Stadt verbliebenen Juden nach Auschwitz verantwortlich. Auch in der Risiera di San Sabba, dem einzigen deutschen Vernichtungslager auf italienischem Boden, verrichtete er sein blutiges Handwerk. Der Ofen wurde von den »Spezialisten« gebaut, die zuvor schon Treblinka errichtet hatten. Es hieß, Globocnik habe sich 1945 durch Selbstmord der Festnahme entzogen. Doch viel später erfuhr man, daß er seit 1955 in Kalifornien gelebt habe und dort 1977 gestorben sei.

Joseph Albert de Kopfersberg wurde sehr schnell ein Mitglied der Mussolini-Partei und verdiente gut.

Bruno de Kopfersberg verbrachte die ersten Lebensjahre in Triest und wurde später in ein Internat in Österreich geschickt, wo er Abitur machte. Danach schrieb er sich an der Wiener Universität bei den Juristen ein, schloß das Studium aber nicht ab, sondern kam mit vierundzwanzig Jahren bei einem der größten Schiffsmakler Österreichs unter und lernte sehr schnell, Frachtflächen für die internationalen Seewege an österreichische Unternehmen zu verkaufen. Ob Donauschiffahrt oder Adria, Bruno de Kopfersberg verfügte schon bald über ausgezeichnete Kontakte in diesem Geschäft, das vorwiegend telefonisch und telegrafisch abgewickelt wurde. 1971 zog er mit seiner hochschwangeren Frau Elisa, die er in Wien geheiratet hatte, zurück nach Triest und machte sich mit der Firma TIMOIC als Schiffsagent und im Import-Export-Gewerbe selbständig.

Am 14. September 1977 meldete Bruno de Kopfersberg seine Frau bei der Polizia Marittima als vermißt. Sie seien mit der Yacht hinausgefahren und hätten vor der Costa dei Barbari geankert. Elisa sei schwimmen gegangen, habe plötzlich panisch geschrien, sei untergegangen und nicht mehr aufgetaucht. So einfach. Er könne nicht mit Bestimmtheit sagen, daß es der Hai gewesen sei, obwohl er noch lange gesucht habe. Die Küstenwache setzte die Suche fort. Sein Sohn Spartaco war damals sechs Jahre alt und in der Obhut zweier Freundinnen Elisas. Der Fall wurde untersucht, Bruno mehrfach verhört und die kleine

Motoryacht, sein erstes eigenes Boot, um- und umgedreht, doch schließlich wurde das Verfahren gegen ihn eingestellt.

Es war der erste Fall gewesen, den Laurenti selbständig bearbeiten durfte, und er war gnadenlos an ihm gescheitert. Laurenti war fest davon überzeugt, daß Bruno de Kopfersberg log, doch war es ihm nicht gelungen, auch nur den kleinsten Beweis zu finden. Indizien hatte er ohne Ende. Proteo Laurenti war damals erst zwei Jahre in der Stadt. Nach Abschluß der Polizeischule in Cesena hatte man ihn zuerst nach Cremona geschickt, danach in Vicenza eingesetzt. Seine Zeugnisse waren glänzend, und sein damaliger oberster Vorgesetzter war ihm wohlgesonnen und hatte seine Bewerbung zur Kriminalpolizei unterstützt.

Zweiundzwanzig Jahre später also endete vermutlich auch Bruno de Kopfersberg auf hoher See, der Mann, den er damals verdächtigt hatte. War er ermordet worden? Würde man diesmal einen Mörder verurteilen? Diese Koinzidenz ließ ihn nicht los. Er zwang sich in die Gegenwart zurück und trat aus dem Café wieder auf die Straße hinaus, in den harten Kontrast von Sonnenlicht und Schatten, den die hohen Häuser warfen.

Es war bereits 15.30 Uhr, als auch sein Mobiltelefon ihm klarmachte, daß er wieder in der Gegenwart angekommen war. Er sah im Display, daß der Anruf aus seinem Vorzimmer kam.

»Was gibt's, Marietta?«

»Ciao, Proteo. Um achtzehn Uhr ist eine Sitzung beim Questore wegen der Illegalen. Es wurde soeben durchgegeben.«

»Mit wem?«

»Festbeleuchtung!« Das hieß, daß die Leiter aller Polizeiabteilungen einberufen waren und die Wichtigkeit der

Konferenz entsprechend hoch zu werten war. Marietta und ihr Chef hatten schon seit Jahren ihre Kurzformeln gefunden.

»Verflucht. Hoffentlich dauert das nicht wieder ewig.«

»Glaube nicht. Die Hälfte ist in Ferien. Die größten Schwätzer bleiben dir wohl erspart. Hast du was vor?«

»Noch eine Sitzung, Marietta, mein Engel. Der Familienrat tagt heute abend.«

»Sei gnädig, Proteo. Übrigens hat der Questore sich nach Kopfersberg erkundigt.«

»Der Questore?« Laurenti war erstaunt. Woher mochte der Polizeipräsident jetzt schon erfahren haben, daß der Österreicher vermißt wurde? »Was zum Teufel interessiert das den Chef?«

»Hat mich auch gewundert«, antwortete Marietta. »Er wollte nur wissen, was passiert ist und wie weit wir sind.«

»Das war alles?« Laurenti hatte eigentlich einen guten Draht zum obersten Polizisten Triests, freundschaftlich, soweit die Hierarchie dies zuließ, und der Questore achtete seinen leitenden Kriminalbeamten wegen dessen Besonnenheit und Umsicht, aber auch wegen der meist von raschem Erfolg gekrönten Ermittlungen. Trotzdem war es immer seltsam, wenn der Questore sich einmal persönlich nach einem Fall erkundigte.

»Er hörte sich ganz normal an.«

»Na ja, ich werd's schnell genug erfahren. Sonst noch was?«

»Nichts Wichtiges. Wieder eines der üblichen Hitzeopfer, und daß es noch heißer werden soll.« Alte Menschen starben bei diesen Hitzewellen wie die Fliegen. Und alte Menschen gab es in Triest mehr als anderswo. Alleinlebend und auf sich gestellt, weil die Jungen vor vielen Jahren dahin gezogen waren, wo es interessanter zu sein und mehr Zukunft zu geben schien. Wenn keine Familie mehr in der Stadt war und vielleicht auch keine Freunde mehr, dann konnte es passieren, daß irgendwann aus einer dieser Wohnungen ein übler Geruch drang und untersucht werden mußte, ob es sich um eine natürliche oder eine gewaltsame Todesursache handelte. Während der Hitzeperioden war dies leider eine der häufigen Routinearbeiten. Laurenti war froh darüber, schon seit vielen Jahren nichts mehr damit zu tun zu haben. Darum mußten sich die jüngeren Kollegen kümmern, die noch am Anfang ihres Berufswegs standen. Trostlose Angelegenheiten.

»Ich komme gegen halb sechs noch mal ins Büro«, sagte Laurenti.

»Da bin ich schon weg«, hörte er, »ich geh noch schwimmen.«

»Sauf nicht ab, ich brauche dich!«

Laurenti schaute auf die Uhr, es war kurz nach vier. Er hatte noch genug Zeit, um beim ›Piccolo‹ vorbeizugehen und zu versuchen, ob sich nicht etwas in der Sache des wildgewordenen Volontärs und seines Feldzugs für Anstand und Sitten unternehmen ließe.

Das Gebäude Via Guido Reni 1 gehört zu den minderen der typischen Bausünden jener Epoche, als man auf Biegen und Brechen modern sein wollte. Auf dem Dach des Bürotrakts trug es in großen blauen Lettern die Leuchtreklame »Il Piccolo«. Es war nicht das einzige häßliche Gebäude in diesem Stadtteil am Ausläufer des Borgo Giuseppino und wurde noch vom städtischen Hallenbad übertroffen, das aber in naher Zukunft Bekanntschaft mit der Abrißbirne machen würde. Und natürlich von einem aberwitzigen Hochhaus, an dessen oberstem Geschoß die Leuchtreklame der »Lloyd Trieste Assicurazioni« prangte. Es versperrte mit glorioser Scheußlichkeit die Sicht auf das Hafenbecken und den Golf. Das war das Verbindende zwischen allen Städten Europas: diese Fremdkörper in den

Lücken der alten Substanz, die einst sorgfältig geplant und gewachsen war. Irgendein Bürgermeister oder Stadtrat war immer willig, zur Einweihung dieser Monstren wohlgesetzte Worte zu finden: An einer solchen unternehmerischen Großtat werde deutlich, daß diese Stadt zu Unrecht als provinziell verschrien sei, denn auch hier sei der Fortschritt sichtbar zu Hause. Beifall, der Segen für das Gebäude, klingende Gläser und anderntags der Artikel in der Lokalzeitung mit Foto von Bauherr und Bürgermeister. Laurenti war gelegentlich dafür, auf ästhetische Vergehen dieser Schwere endlich die öffentliche Hinrichtung einzuführen. Für Architekten und Stadtplaner.

Proteo Laurenti ließ sich bei Rossana Di Matteo anmelden und ging zum Aufzug des Hauptgebäudes, in dem die Großraumbüros von Redaktion und Verwaltung lagen. Die Neonbeleuchtung war meist auch tagsüber eingeschaltet. Schreibecken mit Bildschirmen, abgetrennt durch dünne, halbhohe Stellwände, deren blauer Bezug sich mit dem Graugrün des Linoleumfußbodens biß. Die Redakteure schauten schon lange nicht mehr auf, wenn jemand durch die Flure ging, auch dann nicht, wenn es sich um einen Fremden handelte. Zu irgendwem würde er schon gehören. Freiwillig ging hier ohnehin keiner spazieren.

Lediglich die Ressortleiter hatten eigene Büros, obgleich auch diese Bezeichnung schon übertrieben war. Mit Glaswänden war ihr Raum gegen die Geräusche der großen Fläche abgetrennt. Ansonsten unterschieden sie sich in nichts von den Arbeitsplätzen der anderen. Das Mobiliar war von der gleichen Schlichtheit. Auf allen Tischen standen die gleichen Gerätschaften. Es gab nicht einmal, wie in alten Filmen, eine Jalousie, mit der man, wenn es um die alles entscheidende Schlagzeile ging, die Außenwelt hätte ausblenden können.

Rossana Di Matteo redigierte in einem solchen Verschlag seit fünf Jahren den Lokalteil des ›Piccolo‹. Er war, neben den Anzeigenseiten, der wichtigste Teil des Blattes, für den fast die Hälfte der Redakteure arbeitete. Ihre Beförderung war damals nicht ohne Proteste und Gemurre im Kollegenkreis abgelaufen. Zwar wurde ihre journalistische Arbeit von allen geschätzt, doch hielten sich natürlich einige männliche Redakteure für qualifizierter. Rossana Di Matteo wurde ihre erste Chefin. Die Entscheidung der Inhaber erwies sich jedoch als unwiderruflich und binnen kurzem auch als klug. Der konkurrenzlose ›Piccolo‹ konnte ein paar tausend Exemplare verkaufter Auflage zulegen, für eine Lokalzeitung ein wahres Wunder. Rossana Di Matteo hatte die Redaktion dazu ermuntert, über die Lokalpolitik entschiedener zu berichten und mehr vom politischen Streit, der in der Stadt herrschte, ins Blatt zu tragen und ihn manchmal auch zu entfachen. Und sie änderte radikal die »Cronaca Nera«, die über die »schönen« Seiten des Lebens, vom Verkehrsunfall bis zum Gewaltverbrechen, in Wort und Bild berichtete. Die Bürger sollten mehr zu sehen bekommen, auch hier in dieser ruhigen Stadt, die in der italienischen Kriminalstatistik keine besondere Rolle spielte. Transparenz hieß die Zauberformel. »Die Fotos«, schärfte sie den Reportern ein, »kann man auch aus anderen Perspektiven aufnehmen. Geht ruhig mal ein wenig in die Knie oder legt euch in den Dreck, bewegt euch, sucht spektakuläre Eindrücke. Das, was ihr zeigen wollt, muß groß sein, dominant, zumindest so beeindruckend, daß der Betrachter darüber reden will. Auf keinen Fall das Übliche.« Sie gab sich viel Mühe, mit ihren Mitarbeitern Fotos und Artikel im Detail zu besprechen, ihnen zu erklären, was sie wollte und warum. Morgens war sie die erste im Büro und nachts die letzte, die es verließ. Aber in der Zeit ihres großen beruflichen Erfolgs erlebte sie auch eine erschütternde private Niederlage.

Ihr zumindest nach außen glücklich wirkendes Familienleben endete nach unzähligen Streitereien mit dem Selbstmord ihres Mannes, der sich, ohne einen Abschiedsbrief zu hinterlassen, am Rilke-Weg beim Schloß von Duino von der Steilküste stürzte. An einen Unfall glaubte keiner. Ihre Tochter Antonella gab der Mutter die Schuld an diesem schrecklichen Ende des Vaters. Sie versagte in der Schule, wo sie bis dahin Klassenbeste gewesen war, verlor über ein Fünftel ihres Gewichts und verweigerte das Gespräch mit der Mutter. Mit fünfzehn Jahren zog sie nachts durch die Bars und wurde mehr als einmal betrunken oder vollgekifft von einer Polizeistreife zu Hause abgeliefert. Alle Versuche Rossanas, mit ihrer Tochter zu sprechen, scheiterten. Antonella konnte nicht akzeptieren, daß der Vater nicht nur Probleme mit ihrer Mutter hatte, sondern auch geschäftliche, an denen er verzweifelt war. Auf gutes Zureden der Laurentis, die auch Antonella immer gemocht hatte, begaben sich Mutter und Tochter schließlich in therapeutische Obhut, und nach einigen Monaten kam man wenigstens zu dem gemeinsamen Entschluß, daß Antonella wieder zur Schule gehen sollte, wenn auch nicht in Triest, sondern in einem Internat in Irland. Irland war – warum, wußte niemand – schon lange die Sehnsucht Antonellas. In ihrem Zimmer hingen Poster mit weiten grünen, verregneten Landschaften vor wilden Küsten, und einen Großteil der Literatur dieses Landes hatte sie längst gelesen.

Laura und Proteo Laurenti hatten sich nach dem Unglück um Rossana und ihre Tochter gekümmert. Die beiden gingen über lange Zeit bei den Laurentis ein und aus und gehörten praktisch zur Familie.

Nun ging es seit einiger Zeit auch Rossana wieder besser, und Antonella würde in diesem Jahr endlich Abitur machen, wenn auch mit einiger Verspätung.

»Oh, die Exekutive besucht die vierte Macht im Staate.

Welche Ehre!« Rossana Di Matteo war ihm entgegengekommen und küßte ihn auf die Wangen. »Wie geht es dir?«

»Ich würde eher sagen, ein kleiner Polizist besucht die Herrin der Volksgunst. Du siehst prächtig aus, Rossana! Warum ist in diesem Scheißstaat eigentlich die Bigamie verboten?«

»Proteo! Spiel nicht mit dem Feuer! Ich erzähle Laura alles!«

Dieses Spiel zwischen ihnen war fast so alt wie ihre Freundschaft und stammte aus der Zeit von Lauras zweiter Schwangerschaft. Rossana Di Matteo hatte Proteo kurze Zeit, wie sie sagte, das Händchen gehalten, als Laura sich mit dickem Bauch und der ersten Tochter vor dem Hochsommer einige Tage aufs kühlere Land geflüchtet hatte. Proteo und Rossana waren sich damals gefährlich nahe gekommen und hatten ihre kurze Affäre unter Zuhilfenahme aller Vernunft aufgegeben. Dieses Geheimnis verband sie seit neunzehn Jahren.

»Wieso, ich will sie doch nicht betrügen. Ich will euch alle beide! Was ist daran schlimm?«

»Zu spät. Ich bin alt, du bist alt. Nichts mehr los. Nur noch Arbeit, mein Lieber.«

»Jetzt übertreib mal nicht! Wir sind noch keine Fünfzig, und so viel tut sich doch im Moment nicht. Es ist Hochsommer, Rossana!«

»Hast du 'ne Ahnung, Proteo! Soeben kam die Meldung, daß die EU-Erdbebenhilfe für die Türkei über Triest geht. Die sind noch von der Betrügerei bei der Kosovo-Hilfe bedient und hoffen auf die Zuverlässigkeit unserer verschlafenen Provinz. Kein Wunder, in Bari stehen immer noch die vollen Container in der Sonne herum und verrotten. Und der Leiter der Behörde in Wien hat ein beeindruckendes Interview gegeben. Wolferer heißt er, und es scheint sich endlich einmal um einen tatkräftigen Beamten zu handeln, der sich weniger um die Richtlinien kümmert, als darum, daß die Sache wirksam umgesetzt wird. Man erlebt immer wieder Überraschungen. Dann der Streit zwischen Region und Stadt wegen der Verteilung der Finanzen. Ich weiß nicht, ob du es gelesen hast. Die Konservativen wollen sich rächen, weil sie die Stadt nicht beherrschen. Außerdem noch immer die Wirren um unsere Zukunft in der Zeitung ... Verdammt viel Unklarheit und Chaos.«

Vor einem Jahr hatten die alten Inhaber den ›Piccolo‹ an eine der großen Zeitungsgruppen des Landes verkauft, zu deren Imperium schon andere Regionalzeitungen gehörten. Nun wurde viel über anstehende Veränderungen geredet, darüber, daß alles, was weder Stadt noch Umgebung betraf, zugeliefert werden sollte. Politik, Wirtschafts- und Kulturteil sollten möglicherweise für alle Blätter von irgendeiner fernen Redaktion erstellt werden, und das würde viele Arbeitsplätze kosten, wenn man es nicht noch verhindern konnte. Jeder war oder fühlte sich gefährdet, aber noch hatte man nicht alle Hoffnungen aufgegeben und kämpfte für die Unabhängigkeit.

»Dieses verdammte Renditestreben. Es ist zum Kotzen. Sie kriegen den Hals nicht voll, und der Druck wird immer größer. In einigen Jahren sieht jede Zeitung gleich aus, und die Redaktion ist nichts als ein Ornament um die Anzeigen herum. Aber ihr Staatsdiener habt von so was sowieso keine Ahnung.«

Während Rossana erzählte, war ein junger Mann hereingekommen und hatte ihr wortlos ein Manuskript auf den Tisch gelegt.

»Von wegen! Denk bloß an die Diskussion um die Privatisierung der Gefängnisse und von Teilen der Sicherheitskräfte. Außerdem so gut wie keine Budgets mehr. Veraltete Ausrüstung. Das Verbrechen ist uns doch technisch in jeder Hinsicht überlegen, Rossana! Aber ich sehe schon, du arbeitest wirklich zuviel. Komm doch mal wieder zum

Abendessen«, schlug Proteo vor. »Wann hast du einen freien Abend?«

»Danke, Proteo«, Rossana lächelte. »Eigentlich nur heute, aber wir wollen Laura keine Arbeit machen. Laß uns mit den Kindern ausgehen.«

Gar keine schlechte Idee, ging es Laurenti durch den Kopf, falls am Abend wegen der Miss-Wahl der Haussegen kräftig in Turbulenzen geriete. Er hoffte auf Rossanas ausgleichenden Einfluß.

»Aber es gibt noch etwas anderes, worüber ich mit dir sprechen muß. Du hast da einen wildgewordenen Schreiber, der mir Probleme macht. Dieser Leonardo DiCaprio ...«

»Wer?« Rossana verstand nicht, wen er meinte.

»Der mit dem Jüngsten Gericht und den Nutten im Borgo Teresiano«, ergänzte Proteo.

»Ach, du meinst Decantro«, korrigierte sie ihn. »Das war er gerade.« Sie zeigte auf die Papiere auf ihrem Schreibtisch. »Was ist mit ihm?«

»Er macht mir Arbeit. Wir haben von allen Seiten Druck bekommen. Wegen fünfzehn Nutten. Fünfzehn! Du hast doch letztes Jahr selbst den subtilen Aufmacher gebracht, von wegen ›Alle dreizehn Dirnen Triests festgenommen‹. Jetzt sind es zwei mehr. Dein Saubermann schreibt Artikel, als stünden wir bis zu den Knien im Sumpf. Das Bürgermeisteramt rief an, die Faschisten, die bescheuerten Leghisten, die Berlusconianer sowieso, die Handelskammer auch. Und so weiter, und so weiter. Kann der Mann sich nicht woanders austoben? Wir können doch nicht die Hälfte unserer Polizisten ins Borgo abstellen.«

Rossana war überrascht. »Aber so schlimm ist das doch gar nicht, Proteo.«

Er richtete sich auf: »O doch. Ich wurde persönlich damit beauftragt, für Ruhe und Ordnung zu sorgen. Als hätte ich nichts Besseres zu tun. Schau, ich werde jetzt eine

Zeitlang den Druck weitergeben, ins Borgo. Razzien, verstärkte Streifen und Kontrollen, Strafzettel für Freier, wenn sie durch die gesperrten Anliegerstraßen fahren, et cetera. Das löst den Straßenstrich vorübergehend ein bißchen auf. Und nach zwei Wochen werde ich einen Bericht schreiben, daß wir dank eines wertvollen Hinweises des Herrn Decantro uns sofort der Sache angenommen und wirksam eingegriffen haben. Aber ehrlich, Rossana, wir wissen beide allzugut, daß diese oder andere Mädchen wenig später wieder dasein werden. Es ist doch nichts besonders Schlimmes. In Triest ist in Sachen Prostitution nun wirklich nichts los. Die Dienststellen sind knapp besetzt, und es ist besser, wir haben die Sache überschaubar unter Kontrolle. So wie jetzt. Verstehst du?«

Rossana war aufgestanden und hatte die Bürotür geschlossen. »Mir gefällt auch nicht, was dieser Blödmann schreibt, aber er hat so was wie einen Freibrief. Er ist Volontär, ein allerdings fünfunddreißigjähriger Volontär, der nicht viel auf dem Kasten, dafür aber einen einflußreichen Vater hat, der sich um die berufliche Zukunft seines Sohnes Sorgen macht und zufällig mit einem der Bosse in der Holding befreundet ist. Damit der sich nicht mit ihm blamiert, hat er Decantro vermutlich zu uns abgeschoben. Und hier fühlt er sich als der große Held und verkanntes Nachwuchstalent. Mindestens zweimal täglich wird er von seinem Vater angerufen, und da man hier schließlich alles mithört, ob man will oder nicht, wissen wir, wie er sich aufspielt. Ganz so einfach, wie du dir das vorstellst, ist er nicht loszuwerden. Aber ich denke auch schon eine Weile darüber nach, und vielleicht fällt mir was ein.«

»Kannst du ihn nicht wegbefördern?«

»Und wohin?« Rossana Di Matteo blieb skeptisch.

»Vielleicht sollten wir ihn sogar benutzen. Wie wäre es denn«, sagte er und sah Rossana mit einem listigen Lächeln an, »wenn du anordnen würdest, daß er die Polizei zwei Nächte auf Streife begleitet und eine große Reportage darüber schreibt . . .«

»Und zur Belohnung«, jetzt lächelte auch Rossana Di Matteo, »befördern wir ihn dann von der ›Cronaca‹ zur Istrien-Seite.«

»Genau! Der braucht doch eine profunde Ausbildung. Weg mit ihm in ein anderes Ressort!«

»Wenn's nicht gleich passieren muß . . .«, sagte Rossana. »Laß uns das noch mal überlegen.«

»Er bekommt eine gute Streife am Wochenende, wenn was los ist«, spann Laurenti weiter. »Das hast du auch noch nie im Blatt gehabt. Er bekommt einen Einblick und außerdem eine kugelsichere Weste, das gefällt ihm sicher. Und endlich darf er mal im Polizeiauto mitfahren, das wünscht sich jeder kleine Junge.«

»Bist du deshalb Bulle geworden, Proteo?« Rossana grinste.

»Nur deshalb! Also was ist?« Laurenti war nach einem Blick auf die Wanduhr aufgestanden und hatte es plötzlich eilig. »Denk drüber nach! Ich muß los. Wir sehen uns heute abend. Machst du was mit Laura ab?«

Er hatte zu lange mit Rossana geplaudert, seinen Wagen nicht dabei und zu Fuß einen zu langen Weg vor sich, um noch pünktlich zur Sitzung beim Polizeipräsidenten zu erscheinen. Er ging schnellen Schrittes vom Campo Marzio in Richtung Zentrum, benutzte nicht den Gehweg, sondern ging neben den parkenden Autos auf der Straße, sich häufig in der Hoffnung umwendend, daß ein Taxi vorbeikäme. Es war fünf vor sechs und dichtester Verkehr. Er hastete schwitzend weiter. In seinem Büro lag immer ein frisches Hemd für besondere Fälle, das hätte er jetzt gerne angezogen. Dazu reichte aber die Zeit nicht mehr, er käme dann nur noch später. Er mußte direkt ins

Präsidium, auch wenn dank der großflächigen Schweißflecken sein Hemd aussehen würde wie das Fell einer österreichischen Kuh. Immer wieder wurde er von Motorrollern, die sich durch die Lücken zwischen den Autos zwängten, mit lautem Hupen von der Straße gedrängt. Verdammtes Pack! Einmal streifte ihn sogar einer mit dem Rückspiegel am Arm. Doch vom zugeparkten Gehweg aus würde er beim besten Willen keinen Wagen anhalten können.

Gerade hatte er die Via Belpoggio überquert, als Rettung nahte. Ein blauer Wagen mit dem weißen Streifen der Polizia Statale näherte sich hinter den anderen Fahrzeugen. Laurenti winkte, fuchtelte mit den Armen, bis die Polizisten ihn erkannten und anhielten.

»Guten Abend, Commissario«, grüßte der Beifahrer durch das offene Seitenfenster. »Was gibt's?«

»Tut mir einen Gefallen und fahrt mich zum Questore. Es ist dringend!«

»Wo haben Sie denn Ihren Wagen?« fragte einer der beiden Streifenpolizisten.

»Der ist schon vorausgefahren, weil ich die Hitze auf der Straße so liebe.« Laurenti war hinten eingestiegen. »Jetzt macht schon ein bißchen Lärm und zeigt mal, daß ihr gute Bullen seid!«

Der Fahrer tat ganz offensichtlich gerne, wie ihm geheißen, und schoß mit heulender Sirene auf der Gegenspur an der Blechkolonne vorbei, immer wieder geschickt die Lücken zwischen den entgegenkommenden Autos ausnutzend. Die Zugluft trocknete Laurentis Hemd und die dunklen Flecken gingen allmählich zurück, dafür wurden ihre weißen Ränder immer deutlicher. Doch trotz Sirene und Blaulicht kamen sie im Moment nicht vom Fleck. Sie waren eingeklemmt zwischen einem schmutzigen Lieferwagen auf der linken Seite, dessen Hecktüren offenstanden, ohne daß ein Fahrer zu sehen war, und einem Betonlaster, der rückwärts in eine Baustelle zu manövrieren versuchte. Der LKW-Fahrer war durch nichts aus der Ruhe zu bringen.

»Wartet hier«, rief Laurenti plötzlich und war schon aus dem Wagen gesprungen, bevor einer der beiden Polizisten etwas entgegnen konnte. Er rannte in das Herrenbekleidungsgeschäft gegenüber und rief dem erstbesten Verkäufer zu: »Blaues Hemd, Kragenweite 41!«

Der Verkäufer schüttelte irritiert den Kopf und bewegte sich gemessenen Schrittes auf ein Regal zu. Ohne Hast zog er fünf Hemden heraus und breitete sie auf dem Verkaufstisch aus.

»Ziehen Sie kariert vor, oder gestreift, oder uni, Signore?«

»Uni«, schnauzte Laurenti und riß ihm eines der Hemden aus der Hand. »Dieses hier! Wie teuer ist das?«

Der Verkäufer drehte das Hemd liebevoll in seinen Händen, bis er den Preis gefunden hatte.

Inzwischen war der Inhaber des Ladens zu ihnen getreten. »Kann ich helfen?«

»Polizei im Einsatz! Entschuldigen Sie! Wieviel schulde ich Ihnen?«

»Das ist eine sehr gute Qualität, Signore. In Italien hergestellt, kein Import. Eine gute Wahl.« Jetzt nahm der Inhaber das Hemd in die Hand und suchte erneut den Preis. Laurenti platzte beinahe der Kragen, zumal er durch das Schaufenster sah, daß die Straße wieder frei war und die Polizisten sich suchend nach ihm umschauten. Hinter ihnen hupte es bereits.

»Ja, hier.« Der Ladeninhaber hatte eine Lesebrille aufgesetzt, die ihm an einer Kordel um den Hals hing. »Da haben wir's. 79000 Lire, bitte.«

Die drei Kunden und die anderen Verkäufer schauten vorwurfsvoll zu ihnen herüber und tuschelten. Eine filmreife Szene.

Laurenti kramte einen Fünfzigtausend-Lire-Schein aus

der Hosentasche und drei Zehntausender. Er warf sie auf den Tisch und riß das Hemd an sich.

»Stimmt so«, rief er und raste zum Ausgang.

»Können wir sonst noch etwas für Sie tun? Eine Krawatte vielleicht?«

»Kaufen Sie sich vom Rest ein Eis«, rief Laurenti über die Schulter zurück. Er sprang in den Wagen, und mit Blaulicht und Sirene schossen sie los.

Laurenti zerrte das Hemd aus der Zellophanverpackung, zog die Nadeln, soweit er sie sehen konnte, heraus und warf sie auf den Wagenboden, dann entfernte er den Pappkragen, knöpfte sein altes Hemd hastig auf und streifte es ab. Der Polizist auf dem Beifahrersitz beobachtete ihn interessiert, und der Fahrer grinste. Kurz darauf stoppte der Wagen vor der Questura, und Laurenti stieg aus.

»Danke, Jungs«, er warf das alte Hemd in den Wagenfond. »Könnt ihr mir das irgendwann vorbeibringen?« Er stopfte sich das neue Hemd in die Hose und rannte los. Knapp grüßte er die junge Polizistin, die in der Eingangshalle mit den Marmorwänden, auf denen mit Kupferbuchstaben die Namen der seit den dreißiger Jahren im Dienst umgekommenen Polizisten angebracht waren, von einer Empore aus darauf zu achten hatte, daß kein Unbefugter das Gebäude betrat. Ihr Gesicht erinnerte Laurenti immer an eine Faschistin, die bei einer der Massenverhaftungen die Opfer des Willkürakts bespuckte. Das war im Triest des Jahres 1944. Die Fotografie hatte er einmal in einem Bildband über jene Jahre gesehen und nie vergessen können.

Der Aufzug war wieder einmal außer Betrieb, also mußte Laurenti die Treppen nehmen. Was für ein Leben, welche Ungerechtigkeit. Außer Atem kam er im Vorzimmer des Questore an. Die Sekretärin begrüßte ihn lächelnd und mit einem Blick auf die Armbanduhr.

»Neues Hemd?« Die Bügelfalten waren nicht zu übersehen, und an einer Manschette baumelte noch ein Schildchen. Sie schnitt es mit der Schere ab. »79000 Lire, nicht schlecht!«

»Äh«, Laurenti stutzte. »Haben die schon angefangen?«

»Keine Sorge, der Colonello ist auch eben erst eingetroffen.«

»Ist er wieder in Uniform?« fragte Laurenti.

»Natürlich! Sieht aus wie der Weihnachtsmann persönlich«, spottete die Sekretärin des Questore.

Laurenti verdrehte die Augen und winkte ihr mit der linken Hand, während er die Tür zum Büro des Chefs öffnete.

»Verzeihung und guten Abend«, murmelte er und suchte einen freien Stuhl. Auf dem neuen blauen Hemd hatten sich zwei kleine dunkle Flecken abgezeichnet, die langsam wuchsen. Er beugte sich ein wenig vor in der Hoffnung, daß Stoff und Haut auf diese Weise nicht großflächig in Kontakt miteinander kamen, und spürte plötzlich ein Zwicken am Rücken. Eine Nadel, schoß es ihm durch den Kopf, Blut im Präsidium.

»Dann können wir anfangen«, sagte der Questore. »Es gibt eine gute Nachricht, wegen der ich Sie nicht hergebeten habe, die aber doch verdient, erwähnt zu werden: Die EU hat beschlossen, daß Triest Umschlagplatz für die Türkei-Hilfe sein wird. Wir sind ohnehin der größte türkische Hafen nach Istanbul, und unsere Spediteure haben offensichtlich eine gute Lobby. Schon ab morgen werden die ersten Hilfsgüter erwartet. Der Molo VII ist groß genug. Aber der Fernverkehr wird deutlich zunehmen, und es wird nicht ohne Staus abgehen. Die Stadt kann zeigen, daß sie gut organisiert ist, und wird vermutlich am Unglück der anderen viel Geld verdienen.

Aber der eigentliche Grund dieser Besprechung ist die extreme Zunahme illegaler Einwanderung an unseren

Grenzen im Nordosten. Allein in diesem Monat verzeichnen wir fünfzig Prozent mehr Festnahmen als im Vorjahr. Seit die Behörden in Apulien ihre Maßnahmen verstärkt haben, suchen die Schleuser nach Alternativen. An die Dunkelziffer will ich gar nicht denken. Betroffen ist die ganze Grenze bis Villach, aber ausgerechnet unser Abschnitt, von Muggia bis Gorizia, scheint von großem Interesse zu sein. Der Karst ist in vielerlei Hinsicht ideal. Ich habe Sie hergerufen, meine Herren, weil wir unsere Kräfte koordinieren und die Kontrollen verstärken müssen.«

Am Tisch saßen der Colonello der Carabinieri, der Maggiore der Guardia di Finanza, der Primo Dirigente der Vigili Urbani für die Stadtpolizei, ein Maggiore der Guardia Costiera und Commissario Laurenti von der Polizia Statale, stellvertretend für den Vize-Questore, der sich derzeit an einem dalmatischen Strand dringend vom aufregenden Leben in Triest erholen mußte. Der Präfekt, der die Territorialhoheit des Staates vertrat, hatte dem Polizeipräsidenten die Koordination der verschiedenen Sicherheitskräfte übertragen, weil sie bisher viel zu oft aneinander vorbei gearbeitet hatten. Die Carabinieri unterstanden dem Verteidigungsministerium, die Polizia Statale dem Innenressort, und oft genug waren sie Konkurrenten. Es war sogar schon vorgekommen, daß man Spitzel doppelt bezahlt hatte. Nun sollten sie sich also unter der Führung des Polizeipräsidenten koordinieren, was vor allem von seiten der Carabinieri nur unter anfänglichem Protest geschah, während Laurenti es mit Genugtuung aufgenommen hatte.

»Wenn wir nicht jetzt«, fuhr der Questore fort, »am Anfang, da wir bemerken, daß unsere Grenzen von den Schleusern stärker genutzt werden, etwas tun, um dieses Phänomen einzudämmen, dann haben wir binnen kurzem die Sache nicht mehr im Griff! Im Kosovo, in Montenegro und Albanien warten zigtausende Menschen darauf, nach Westeuropa gebracht zu werden. Dazu kommen die uns bekannten Schleusertransporte mit Kurden, Pakistani, Rumänen und Chinesen. Die EU-Länder, insbesondere die Deutschen, zeigen immer gleich mit dem Finger auf uns. Wir müssen das Problem an der Wurzel packen, bevor es unbeherrschbar wird. Mit dem Primo Dirigente der Polizia di Frontiera, der heute wegen einer ähnlichen Sitzung in Rom nicht kommen konnte, bin ich mir einig, daß Sie, meine Herren, Ihre Kräfte anweisen müssen, die Kontrollen auf allen Straßen deutlich zu verstärken, am besten zu verdoppeln. Dabei sollten Sie auch untereinander soviel Kontakt wie möglich halten. Ich bitte nachdrücklich darum: deutlich mehr Kooperation als bisher! Vergessen Sie Ihre Konkurrenzgefühle!«

Den leitenden Carabinieri-Offizier trafen bei diesen Worten zugleich die Blicke des Maggiore der Guardia di Finanza und die des Kriminalkommissars, der mit der linken Hand auf seinem Rücken nach der Nadel suchte. Es war allen klar, was der Questore gemeint hatte.

»Rufen Sie Ihre Streifen zur Zusammenarbeit auf!« Der Questore hatte die Stimme gehoben. »Denken Sie daran, wie wir im Frühjahr den Verkehr auf der Strada Costiera in den Griff bekommen haben. Damals haben Sie in zehn Tagen über dreihundert Führerscheine eingezogen. Danach war Ruhe und ist es bis heute, auch ohne erhöhte Polizeipräsenz. Also, ich erinnere an das Rezept: drei oder vier Streifen, je eine aus einer anderen Polizeieinheit, verabreden untereinander sehr kurzfristig Kontrollen und bauen diese in Abständen von ein bis drei Kilometern auf. Die Posten bleiben nicht länger als dreißig Minuten an einer Stelle, dann bewegen sie sich koordiniert weiter. Sie kontrollieren verstärkt Transporter und Lastwagen, aber auch schwerbeladene und vollbesetzte Personenwagen, insbesondere der bekannten Marken und Typen. Die Funkfrequenz wird – koordiniert mit der Zentrale – gewechselt, sobald sie eine Kontrolle abbauen und bevor die nächste verabredet wird. Die Führung der Kommandos bestimmen wir wieder nach Gebieten, wie beim letzten Mal. Die Zone A umfaßt in der Stadt das Gebiet nördlich der Piazza Garibaldi vom Bahnhof über die Costiera und Duino bis zur Provinzgrenze. Hier führt die Polizia Statale. Die Zone B verläuft südöstlich des Corso Italia, ist nach Norden begrenzt durch die Via d'Annunzio bis zur Pferderennbahn, und geht über die Strada dell'Istria bis Muggia. Hier führt die Guardia di Finanza. Die Zone C übernimmt die nordöstlichen Stadtteile und den Karst bis zur Staatsgrenze, hier führen die Carabinieri. Diese Regelung gilt von morgen null Uhr für vierzehn Tage. Montag acht Uhr treffen wir uns wieder, um die ersten Resultate zu besprechen. Haben Sie Fragen?«

»Was ist mit dem Meer?« wollte der Maggiore der Guardia Costiera wissen.

»Alles wie bisher«, antwortete der Questore, »bis jetzt haben sich die Schleuser auf den Landweg beschränkt. Es wurden noch keine Vorkommnisse auf See gemeldet. Noch ist es ihnen von da unten über das Meer zu weit. Gottlob! Beten wir, daß es dabei bleibt.«

»Und die Carabinieri sind wieder einmal auf dem Karst«, murrte der Colonello unzufrieden, »wo...«

»Wo Sie das letzte Mal glänzende Arbeit geleistet haben.« Der Questore hatte den Einwand gehört und sofort reagiert. »Das ist nur vernünftig«, fuhr er fort, »Ihre Leute kennen sich dort am besten aus!«

»Es wird Zeit, daß die Kollegen ihre Ortskenntnisse verbessern«, knurrte der Colonello, doch der Questore überhörte den Einwurf.

»Noch Fragen?« Er legte beide Hände flach auf den Tisch und schwieg einen Augenblick. Den Beamten war die Sache klar. »Die Untersuchungsrichter und die Stellvertretenden Staatsanwälte sind unterrichtet. Wir rechnen mit Ihren Erfolgen, meine Herren, und werden diese an die Medien weiterleiten und um möglichst große Verbreitung bitten. Das wird uns helfen. Es muß bekanntwerden, daß man hier nicht durchkommt, dann haben wir eine Zeitlang Ruhe. Viel Glück und guten Abend!« Der Questore stand auf, auch die leitenden Polizeibeamten erhoben sich und verließen das Büro des Polizeipräsidenten.

»Ach, Laurenti«, sagte der Questore und faßte den Commissario am Arm, »bleiben Sie doch bitte noch einen Augenblick.«

Nachdem der Primo Dirigente der Stadtpolizei die Tür hinter sich geschlossen hatte, fragte der Questore: »Sagen Sie, was war da mit der Yacht heute früh? Schönes Hemd übrigens, neu?«

Dieser Notkauf war offenbar ein großer Treffer.

»Danke«, sagte Laurenti, und daß er selbst noch nicht viel wisse über den Verbleib von Kopfersberg, daß man aber ein Gewaltverbrechen nicht ausschließen könne. »Aber warum interessieren Sie sich dafür?« fragte er.

»Das ist eine berechtigte Frage, die mich seit dem Mittagessen beschäftigt«, räumte der Questore ein. »Da fragte mich nämlich der Präsident der Schiffahrtsvereinigung, ob man schon etwas wisse von de Kopfersberg. Ich wußte natürlich wieder einmal von nichts und mußte mir alles erklären lassen. Er hat den Mann gekannt.«

»Eigenartig«, Laurenti war erstaunt, »wir hatten bis zur Mittagszeit noch keine Meldung nach draußen gegeben. Lediglich die Lebensgefährtin des Österreichers wurde durch eine Streife informiert. Sie war ziemlich unfreundlich zu den Beamten. Es ist anzunehmen, daß sie nachher seine Mitarbeiter im Büro informiert hat.«

»Na ja, vielleicht hat er es von dort«, meinte der Questore und geleitete Laurenti zur Tür.

»Was hat er gesagt?« Der Commissario war stehengeblieben. »Daß er ihn kennt oder gekannt *habe*?« Er schaute den Questore an.

»Er sagte«, antwortete dieser, »gekannt *habe*. Da bin ich mir sicher.«

»Schau an«, sagte Laurenti. »Das wissen noch nicht einmal wir, und den Verdacht, daß etwas Ernstes passiert sein könnte, habe ich ebenfalls erst seit Mittag. Ich werde einmal mit dem Präsidenten der Schiffahrtsvereinigung über seine Quellen sprechen müssen.«

»Ich bitte Sie, Laurenti! Was wollen Sie ihn fragen?« Der Questore kniff die Augen zusammen. »Vielleicht hat er einfach nur das Schlimmste angenommen? Nein, Laurenti, bitte nicht! Sie sind zu spitzfindig.«

Um 19.30 Uhr kam Laurenti endlich wieder in sein Büro. Die Nadel in seinem Hemd hatte er nach der Besprechung mit dem Chef auf der Toilette der Questura entfernt. Er wurde zu Hause erwartet und war schon spät dran, doch wollte er den Tag noch rasch stichwortartig zusammenfassen. Der nächste ließe sich so leichter beginnen. Außerdem sah er die Auseinandersetzung im Familienrat am Abend vor sich, auf die er keine Lust hatte. Und er war müde. Immerhin war er seit halb vier Uhr morgens wach, hatte die Nacht zuvor kaum geschlafen, und die Hitze tat ein übriges. In den letzten Wochen war er nie nach 18 Uhr aus dem Büro gekommen, es war ruhig in der Stadt.

Laurenti griff zum Telefon und wählte die Nummer in der Via Diaz. Es läutete lange, und als er schon auflegen wollte, meldete sich sein Sohn. Proteo hörte gutgelaunte Frauenstimmen im Hintergrund.

»Marco? Wie geht es dir?«

»Alles prima, Papà. Wir warten auf dich!«

»Gib mir bitte mal deine Mutter, Marco!«

Proteo hörte, wie der Hörer auf den Tisch gelegt wurde

und Marco laut nach seiner Mutter rief. Wenig später nahm sie den Hörer auf.

»Rossana ist bereits hier«, sagte Laura fröhlich, »wir sitzen beim Aperitif und erwarten dich!«

»Ich war bis jetzt beim Questore, es wird später. Bin völlig verschwitzt und gehe noch schnell eine Runde schwimmen. Wo wollt ihr hin?«

»Wir haben bei Franco reserviert. Am Leuchtturm, um halb neun«, Laura schien nicht sonderlich erfreut zu sein. »Warum kommst du jetzt nicht einfach nach Hause, duschst dich und dann gehen wir alle zusammen?«

»Weil es bis jetzt kein Tag der Freude war«, antwortete Proteo, »ich komme nach.«

Er hörte, wie sich Gewitterwolken in ihre Stimme schoben.

»Sei nicht albern! Komm jetzt und mach dich frisch. Und laß uns nicht länger warten.«

»Nein. Ein Sprung ins Wasser ist zwar nur ein kleines Glück, aber immerhin ist es eines. Und wahrscheinlich mein einziges an diesem gottverfluchten Tag, an dem offenbar alle nur ein Ziel haben: mir kräftig auf den Sack zu gehen. Ich komme in einer Stunde nach.« Er legte auf.

Laurenti wußte, daß seine Frau wie so häufig recht hatte. Aber er mußte zumindest eine halbe Stunde entspannen, sich erfrischen und seine alte Gelassenheit wiederfinden. Außerdem ging ihm nicht aus dem Kopf, was der Questore zum Schluß gesagt hatte. Laurenti wollte Überblick. Er sprach das Wort laut und langgedehnt aus, während er an seinen Schrank ging und die kleine Tasche herausnahm, in der er immer einen Satz frischer Kleider zum Wechseln aufbewahrte. Er würde jetzt endlich daran denken müssen, weiße Hemden zu tragen. Er knallte zuerst die Schranktür und danach die Bürotür mit aller Wucht zu, worüber er plötzlich lachen mußte. Dann ging er pfeifend die Treppen hinunter zu seinem Wagen. Seit er am Vormittag aus dem Haus gegangen war, befand sich auch seine Badetasche im Auto. Laurenti fuhr stadtauswärts, dieselbe Strecke wie am frühen Morgen. Er wollte nochmals dahin, wo die Yacht gefunden worden war, dort konnte er auch sein Bad nehmen und in aller Ruhe nachdenken. Um diese Zeit würde kein Mensch mehr dort sein.

Doch Laurenti hatte sich getäuscht. Er stieg die Treppen von der Strada Costiera hinunter, ein schmutziges Triestiner Volkslied vor sich hin singend, das sein Sohn gegen Lauras vehementen und seinen zurückhaltenden Protest vor einigen Monaten zum Abendessen der ganzen Familie präsentiert hatte und dessen Refrain wie ein Ohrwurm seither nicht wieder aus seinem Gedächtnis verschwinden wollte. Als er einen Weg über die Felsen suchte, befand er sich plötzlich vor einem jüngeren Paar, das ihn erstaunt anschaute. Laurenti verstummte schlagartig. Er wußte, daß er nicht gut singen konnte – und dann noch dieser Refrain, in dem es sich die Beteiligten auf alle möglichen Arten und Weisen kräftig besorgten. Er mußte an den beiden vorbei, die wieder aufs Meer blickten. Ihren Handbewegungen entnahm er, daß sie über die herumliegenden Fässer der ruinierten Muschelzucht redeten. Ihre Sprache verstand er nicht, sie hörte sich slawisch an, doch als er höflich »buonasera« sagte, grüßten sie italienisch zurück. Proteo ging noch ein Stück weiter, legte seine Tasche ab, zog sich unter seinem Badetuch um, ging ins Wasser, das gut und gern vierundzwanzig Grad warm war, und schwamm mit kräftigen Zügen weit hinaus. Endlich Bewegung, Wohlbefinden. Als er nach einer Viertelstunde an Land zurückkehrte, war der Strand menschenleer. Auch die beiden Ausländer waren gegangen.

Laurenti legte sich auf die Steine, schob die Badetasche unter den Kopf und schloß die Augen.

Aus der Ferne hörte er ein paar Möwen krächzen, die

sich auf den Weg hinaus aufs offene Meer machten, wo die ersten Fischkutter ihre Netze ausgelegt hatten und die Scheinwerfer ausrichteten, deren Lichter später, wenn es dunkel war, die Fische anlocken sollten. Das Salzwasser auf Laurentis Haut trocknete langsam, und er atmete tief den Geruch der Macchia und der See ein. Er erinnerte sich plötzlich an die Abende, als Laura und er oft nach Einbruch der Dunkelheit schwimmen gegangen waren, an einsame Strände, wo sie nicht gestört wurden und sich oft die ganze Nacht hindurch geliebt hatten. Sie konnten einfach nicht voneinander lassen, und im warmen Wasser taten sie es besonders gern. Das war lange her. Laura war noch immer die Frau, die er begehrte. Gern wäre er jetzt alleine mit ihr hiergewesen, hätte ihr gerne dabei zugeschaut, wie sie sich auszog, er hätte sie umarmt und geküßt und seine Hände über ihren Körper gleiten lassen, bis sie sich irgendwann von ihm befreit hätte und lachend ins Wasser gerannt wäre. Und er wäre hinter ihr hergelaufen, hätte sie schnell eingeholt, sie wären ein paar Züge hinausgeschwommen, bis zu einem Felsbrocken, der unter der Wasseroberfläche lag. Sie hätte ihre Arme um ihn geschlungen, sie hätten sich lange geküßt. Wie sehr er sich danach sehnte.

Es war längst dunkel, als er aufwachte, und er brauchte einige Minuten, um zu begreifen, wo er war. Sein Mund war trocken und rauh wie Sandpapier. Durst! Er schaute auf die Uhr, es war zwanzig vor zehn. Verdammt! Er war eingeschlafen. Die Familie, das Abendessen, der große Krach. Er suchte in seiner Badetasche nach dem Mobiltelefon, fand es aber nicht. Er hatte es in seinem Wagen vergessen. Hastig zog er sich an und machte sich an den Aufstieg. Er fluchte. Die Stimmung im Hause Laurenti würde furchtbar sein. Aber immerhin hatte er eineinhalb Stunden ruhig geschlafen. Und er hatte wunderbar geträumt.

Punkt 22.20 Uhr stellte er endlich seinen Wagen vor der »Trattoria al Faro« ab. Sein Mobiltelefon hatte er erst gar nicht mehr eingeschaltet. Er wollte seine Verspätung lieber persönlich erklären. Nachdem er den schmalen Weg zur Trattoria mit dem weiten Ausblick auf die Stadt und den Golf von Triest hinaufgegangen war, kam ihm Franco entgegen, der Wirt, der an manchen Tagen leicht hinkte, und machte, als er Laurenti begrüßte, eine wedelnde Bewegung mit seiner linken Hand, als hätte er sie sich verbrüht. Alle Zeichen standen schlecht.

»Du wirst schon sehnsüchtig erwartet! Ich weiß nicht, ob du den Abend ohne Polizeischutz überstehst.« Franco wiederholte seine Handbewegung. »Sie wollen dich in Streifen schneiden und den Fischen verfüttern. Hab Mut und tritt deinem Urteil mit Würde entgegen!«

»Schimären, Franco! Sie sind falsch, gnadenlos und unberechenbar. Traue nie ihrem Lächeln, es bringt Verderben. Streu meine Asche ins Meer und mach ein großes Fest auf ihre Kosten, mit Champagner bis zum Abwinken. Und gedenke meiner für immer in Freundschaft.«

Rossana winkte, Laura drehte sich halb um, und ihr Gesicht verfinsterte sich. Die Stühle an den beiden anderen Plätzen, an denen gegessen worden war und wo noch die gebrauchten Servietten und Gläser standen, waren leer. Franco gab ihm einen Klaps auf die Schulter, und Laurenti trat seinem Schicksal entgegen.

»Entschuldigt bitte!« Er faßte seine Frau an den Schultern, sie hielt ihm kühl die Wange zum Kuß entgegen und würdigte ihn keines Blickes. Rossana begrüßte ihn herzlich.

»Ich bin ganz einfach eingeschlafen, etwas anderes habe ich zu meiner Entschuldigung leider nicht vorzubringen. Wo sind die Kinder?«

»Sie hatten die Nase voll!« sagte Laura mürrisch und schaute übers Meer. »Sie wollten nicht länger auf einen

Vater warten, der den Familienrat einberuft, sich Verstärkung dazu bestellt, und dann zu feige ist, selbst zu erscheinen. Und es nicht mal für nötig hält, sich zu melden. Außerdem ist Livia bitter enttäuscht darüber, daß du sie so schlecht behandelst.«

»Entschuldige, Laura«, wiederholte Proteo, »aber wirf mir nicht vor, daß ich feige bin! Das stimmt nicht, und darüber hast du dich noch nie beklagt. Und Livia hat nun überhaupt keinen Grund, sauer zu sein. Die Kinder hätten ruhig warten können, sie sind ohnehin dauernd unterwegs. Wenn sie nicht wissen, wie ihr Vater aussieht, dann liegt das gewiß nicht an mir, sondern weil sie nie zu Hause sind. Also, bitte!«

Zur vorübergehenden Rettung kam der Wirt an den Tisch. »Straft ihn, aber laßt ihn leben«, sagte er. »Ich habe für ihn einen Branzino zur Seite gelegt, den muß er essen und bezahlen, bevor du ihn umbringst. Möchtest du eine Vorspeise, Proteo?« Er betete die Liste der Vorspeisen und der ersten Gänge herunter. Proteo bestellte.

»Proteo, um es gleich vorwegzunehmen«, mischte sich Rossana ein, »und um dir den Rest zu geben: Die Anwesenden heute abend haben sich einstimmig für Livias Bewerbung für die Miss-Wahl ausgesprochen. Es ging völlig demokratisch zu. Nicht einmal dein Sohn hat dagegen gestimmt.« Sie grinste.

»Seit wann hat Erziehung etwas mit Demokratie zu tun? Es sind Herrschaftsverhältnisse. Nichts sonst, Rossana!« Proteo goß sich ein weiteres Glas Wein ein.

»Livia ist volljährig«, sagte Laura und schaute ihm zum ersten Mal am Abend in die Augen. »Da ist nichts mehr mit Erziehung. Sie ist bereits das Resultat dessen, was du gemacht hast.«

»Ich?« Proteo hob erstaunt die Stimme. »Jetzt ist es aber gut! Sie hat, wenn ich mich richtig erinnere, auch eine Mutter, die ihr den Weg gewiesen hat. In diesem

Weiberhaushalt haben die Männer ohnehin nichts zu sagen.«

»Du redest Unsinn! Aber ich bin stolz darauf, eine schöne und intelligente Tochter zustande gebracht zu haben. Von dir hat sie das bestimmt nicht mitbekommen.« Das war ein Tiefschlag, und Proteo fuhr plötzlich durch den Kopf, was Marietta am Morgen gesagt hatte: Livia sei so schön, daß man daran zweifeln könne, ob er wirklich ihr Vater sei.

»Also sag schon, wer es war! Laura! Mit wem hast du mich betrogen? Wessen Brut habe ich großgezogen? Wer war das Schwein?«

»Jetzt ist er völlig ausgerastet!« sagte Laura zu Rossana, die ihnen offen ins Gesicht lachte. »Hau ab, Laurenti, und laß uns Frauen endlich in Frieden!« Laura machte eine wegwerfende Handbewegung. »Geh schwimmen und red mit den Fischen.«

»Warum gründest du nicht eine ›Partei der Mütter unterdrückter Töchter‹, Laura? Ich bin mir sicher, du hättest großen Erfolg!«

»Ich würde eher einen ›Männerschutzbund‹ gründen, Idiot! Einen für zarte Seelen und andere Sensibelchen«, sagte Laura. »Ihr Männer seid bescheuert. Zuerst erfindet ihr solche Wettbewerbe, dann beklagt ihr euch, daß eure Töchter daran teilnehmen!«

»Ich habe diesen Mist weiß Gott nicht erfunden«, protestierte Proteo.

»Livia wird sich zu schützen wissen«, sagte Rossana. »Und außerdem hat sie euch! Sei nicht katholischer als der Pole in Rom. Du hast keinen Grund, unzufrieden zu sein.«

Und Laura setzte nach. »Dieser Macho aus dem Süden glaubt offensichtlich immer noch, daß schöne Frauen nichts anderes zu bieten haben als ihre Schönheit! Schau Rossana und mich an, eine von uns hast du sogar deswegen einmal hofiert, später verführt, danach geheiratet und geschwängert. Dreimal gleich, und wenn ich nicht irgendwann einmal etwas unternommen hätte, dann hättest du heute noch mehr Töchter, die sich an den Miss-Wahlen beteiligen würden.«

Proteo warf einen kurzen Blick zu Rossana, die ins Weite blickte.

»Oder Söhne«, sagte Proteo.

»Von mir aus auch Söhne, was soll's«, räumte Laura ein.

Franco brachte die Spaghetti. »Henkersmahlzeit«, sagte er. Proteo machte sich über sie her. Er hatte trotz des Streits guten Appetit.

»Wenn ich mir vorstelle«, sagte Laura zu Rossana, »worüber sich dieser Mann hier beschwert, dann könnte ich heulen. Er sitzt mit zwei herausragenden Vertreterinnen ihres Geschlechts am Tisch . . .«

». . . auch wenn sie sich daran erinnern können, daß sie einmal weniger Falten hatten . . .«, fügte Rossana ein.

». . . die nur mit dem kleinen Finger zu schnippen bräuchten, und schon lägen ihnen alle Männer zu Füßen, die hier rumsitzen.«

»Und nicht nur die«, ergänzte Rossana wieder.

»Nein, nicht nur die«, stimmte Laura zu.

»Na, dann geht doch zu ihnen«, sagte er mit vollem Mund, »oder bewerbt euch als Mrs. Triest. Wettbewerb der geifernden Weiber!«

»Eigentlich eine gute Idee«, kicherte Rossana, aber Laura meinte, man konkurriere doch nicht mit der eigenen Tochter.

Irgendwann kam Proteos Hauptgang und irgendwann sein Dessert, und zwischendurch kam ziemlich viel Wein und, als die meisten anderen Gäste schon gegangen waren, wie üblich der gute Franco mit der eisgekühlten Wodkaflasche. Die Stadt lag mit ihrem Lichtergefunkel unter ihnen, die Luft war angenehm frisch, und auf dem Golf sah man die Beleuchtung der Fischkutter und dreier vor

Anker liegender Frachtschiffe. Auch der Nachthimmel geizte nicht mit Lichtern. Und irgendwann brachen sie auf.

In dieser Nacht schliefen alle gut. Die Rauchschwaden über dem Familienvulkan hatten sich verzogen, die Eruption war harmlos geblieben, und die Stimmung kippte in Fröhlichkeit um. Alle hatten genug getrunken. Die Ventilatoren im Hof störten in dieser Nacht nicht.

**Triest, 18. Juli 1999, 1.10 Uhr,
Stadtteil San Giacomo**

Die Via Ponzanino gehörte sowenig zu den Schmuckstellen der Stadt wie der gesamte Bezirk San Giacomo. Es war ein durch und durch proletarisches Viertel, mit schlichten, aber hohen Häusern aus dem ausgehenden neunzehnten Jahrhundert, die Italo Svevo im ›Zeno Cosini‹ »Spekulationshäuser« genannt hatte. »Alle Vorstädte sind voll von ihnen. Das Haus sah bescheiden aus, aber immerhin stattlicher als jene, die man heutzutage aus denselben Motiven baut. Nur wenig Raum war für die Treppe übriggeblieben, die steil anstieg.«

Das Viertel war spätabends wenig belebt, die meisten Bars schlossen lange vor Mitternacht. Die Busse, die vom Campo San Giacomo über die Via dell'Istria die Außenbezirke ansteuerten oder von dort kamen, fuhren zu dieser Zeit nur in großen Abständen. Der letzte Bus hielt an der Kirche San Giacomo um ein Uhr.

Die junge Frau, die mit sieben anderen Fahrgästen aus dem Bus stieg, war hübsch, auch wenn sie sich so auffallend angezogen und geschminkt hatte, daß sie vulgär wirkte. Die langen blonden Haare, die ihr weit über die Schultern reichten, trug sie offen, ein sehr knapper, silbern schimmernder Rock ließ ihre Beine noch länger wirken, als sie waren. Sie trug ein tief ausgeschnittenes Top, das ganz sicher jeden männlichen Blick anzog. Ihre Brüste wogten bei jedem ihrer Schritte, das Getacker der Absätze wurde von den Hauswänden zurückgeworfen.

Sie überquerte die Via dell'Istria, ging in die Via del Pozzo hinein und bog an ihrem Ende in die menschenleere und dunkle Via Ponzanino. Vor dem Haus Nr. 46 suchte sie einen Schlüssel in der kleinen, schwarzglänzenden Handtasche und wollte ihn soeben ins Schloß stecken, als jemand hinter ihr seine Hand auf ihre Schulter legte. Die junge Frau erstarrte vor Schreck.

»Guten Abend, Olga.« Die Hand blieb so fest auf ihrer Schulter, daß sie sich nicht umzudrehen wagte. Sie fühlte sich eigenartig an. Dann spürte Olga die Kälte von Metall auf ihrem Dekolleté. Sie sah hinunter und sah, daß die Hand, die die Pistole hielt, in einem Gummihandschuh steckte. Auf den Lauf der Pistole war ein Schalldämpfer geschraubt. Sie erkannte die Stimme nicht, die ihr dennoch bekannt vorkam, sie versuchte panisch, sie festzumachen, doch wie durch einen Nebel blieb sie fern.

»Du nimmst jetzt beide Hände auf den Rücken und bist absolut still!« Der Mann sprach sehr leise und sehr bestimmt. Es kam ihr gar nicht in den Sinn, um Hilfe zu rufen.

Olga führte zuerst die rechte Hand, die mit dem Schlüssel, auf den Rücken, dann die linke, in der sie noch die Handtasche hielt. Sie spürte, wie ihre Hände mit einer Schlaufe aus Plastik über den Handgelenken so fest zusammengezogen wurden, daß es heftig schmerzte. Sie sog vor Schmerz die Luft laut hörbar ein, doch in dem Moment, als sie etwas sagen wollte, klebte ihr die Hand des Unbekannten ein Klebeband über den Mund. Der Mann drängte sie hart vom Gehweg, öffnete die hintere Tür eines schwarzen Mercedes und stieß sie in den Wagen. Er befahl ihr, sich auf den Boden zu legen, und drückte sie grob hinunter, so daß sie hustend auf dem Bauch zu liegen kam und den Staub und Straßendreck im Wagenteppich auf ihrem Gesicht spürte. Er schlug die Tür zu, ging um den Wagen herum, startete und fuhr los. Olga konnte sich nicht aufrichten, sie wurde während der schnellen Fahrt in den Kurven hin- und hergeworfen. Noch immer hielt sie Schlüssel und Handtasche fest umklammert. Sie versuchte sich vorzustellen, welche Strecke der Wagen nahm, wie oft er abbog und in welche Richtung er fuhr. Der Mercedes war die Via dell'Istria hinuntergerast, war gleich nach dem Kinderhospital rechts in die enge Via Giangiorgio Trissino abgebogen, fuhr die kleine steile Straße im zweiten Gang mit hoher Drehzahl hinunter, schoß um den Kreisverkehr der Piazzale dell'Autostrada, und Olga wurde hart herumgeworfen, als der Wagen in die Via Carnaro einbog. Sie hatte längst die Orientierung verloren, hörte aber am Fahrgeräusch, daß sie durch einen der Tunnels kamen, und hoffte, daß es die Galleria di Montebello sei, die sie in die Stadt brachte. Aber der Wagen beschleunigte weiter, anstatt abzubremsen, also fuhren sie stadtauswärts und befanden sich jetzt auf dem Autobahnzubringer an Cattinara vorbei, auf der steilen Straße, die im Osten der Stadt von Meereshöhe in wenigen Kilometern auf vierhundert Meter Höhe in den Karst hinaufführt und von dort weiter nach Slowenien oder in Richtung Venedig. Die schnell gefahrenen Kurven bestätigten ihren Verdacht. Sie kannte diese Straße, sie war früher oft auf diesem Weg zu den Fernfahrern auf den Autohof vor der Grenze nach Fernetti gebracht worden. Erst jetzt war sie wirklich beunruhigt. Erst jetzt, da die Fahrt ruhiger verlief, hatte ihre Angst den notwendigen Raum bekommen und sie in Panik versetzt. Sie ging seit zwei Jahren nicht mehr auf den Strich, war aber im Milieu geblieben. Sie paßte auf neu angekommene Mädchen auf und brachte ihnen das Handwerk bei. Sie hatte nicht viel Mitleid mit ihnen, tröstete nur manchmal eine der ganz jungen, die ihr Schicksal nicht fassen konnte und die Gewalt, die ihr angetan wurde, nicht verschmerzte. Noch nicht. Ihr ging es besser als zuvor, das wollte sie nicht aufs Spiel setzen. Sie wohnte mit ihrem Bruder zusammen, der im vergangenen Jahr nachgekommen war. Jetzt, wo sie ihn brauchte, war er nicht da. Eigentlich war sie schon zu alt, um von einer konkurrierenden Bande »gestohlen« zu werden. Sie war achtundzwanzig und hatte damit ihr »Verfallsdatum«, wie die Zuhälter sagten, schon beinahe erreicht. Ihretwegen würden sie nichts riskieren; wegen der jungen Mädchen, die noch länger als sie gute Einnahmen erwarten ließen, geschah dies durchaus. Es gehörte zum Geschäft. Olga überlegte sich, ob sie entführt wurde, um vergewaltigt zu werden, das würde sie verkraften, solange es kein Sadist war. Oder hatte ein Perverser sie verschleppt, ein Jack the Ripper Triests? Von dem hätte sie aber schon gehört, wenn sie nicht sein erstes Opfer war. Das hätte sich sehr schnell herumgesprochen. Und wem gehörte die Stimme? Olga spulte sie wieder und wieder im Gedächtnis ab, bis sie auf einmal wußte, zu wem sie gehörte. Ihre Angst nahm noch einmal zu, ihr Puls raste und Schweiß rann aus allen Poren ihres Körpers. Doch dann kam wieder eine Welle von Ruhe über sie, weil sie sich sicher fühlte. Was konnten sie ihr denn tun? Sie hatte doch das Tagebuch und die Fotos, die waren ihre Lebensversicherung und die ihrer Familie. Sie konnten doch nicht riskieren, daß deren Inhalt bekannt wurde. Sie hatte beides in einen Karton gepackt und diesen, sorgfältig zugeklebt, bei ihrer Nachbarin, einer alten und unverdächtigen Signora, versteckt. Die würde sie der Polizei geben, wenn ihr und ihrem Bruder etwas passieren sollte. Das hatte sie der alten Dame eingeschärft. Niemand anderem, egal, wer es ist! Die alte Signora Bianchi, der Olga ans Herz gewachsen war, hatte es ihr versprochen. Manchmal erzählte sie der Signora bei einem Teller Spaghetti in deren Küche von ihrer Familie, vom Leben in der kleinen ukrainischen Stadt im Vierländereck Polen, Slowakei, Ungarn und Rumänien. Von dem Städtchen, in dem es Häuser gab, die denen Triests nicht unähnlich waren, nur kleiner. Von der Stadt an der Eisenbahnlinie nach Ungarn, nach Budapest, über die sie nach Westen gekommen war. Nach Deutschland hatte sie gewollt, wurde aber von Ungarn nach Kroatien gebracht und von dort nach Italien. Man hatte sie vergewaltigt, hatte sie geschlagen und wieder vergewaltigt. Damals war sie achtzehn gewesen. Viele Männer waren es, die über sie hergefallen waren, bis sie irgendwann ihren Widerstand aufgab. Man hatte ihr gedroht, daß ihrer Familie etwas geschehe, daß man mit Mutter und Schwestern das gleiche mache wie mit ihr und daß man Bruder und Vater ermorde, wenn sie nicht gefügig sei oder wenn sie nur daran denken würde, abzuhauen. Olga sagte, sie hätte noch Glück gehabt, daß man sie nach einer Odyssee durch Europa vor zwei Jahren nach Triest gebracht hatte, wo sie ihre »Anstellung« erhielt und nicht mehr alle zwei, drei Monate in eine neue Stadt geschickt wurde. Nach Deutschland allerdings würde sie wohl nicht mehr kommen.

Olgas Glück war zu Ende. Der Mercedes war von der Schnellstraße abgebogen und fuhr jetzt über kleine dunkle Nebenstraßen. Wahrscheinlich befanden sie sich nicht mehr weit von der slowenischen Grenze entfernt. Dann merkte Olga, daß sie auf einen Feldweg abgebogen waren, es rumpelte gewaltig. Nach fünfzig Metern stoppte der Wagen, die Lichter wurden ausgeschaltet und der Motor abgestellt. Der Fahrer stieg aus. Er öffnete die hintere Tür und befahl mit leiser, aber klarer Stimme: »Steig aus!«

Olga versuchte sich aufzurichten, doch mit den auf dem Rücken gefesselten Händen fand sie keinen Halt. Sie hörte, wie die Pistole gespannt wurde.

»Steig aus, habe ich gesagt.«

Olga nahm ihre ganze Kraft zusammen und rutschte auf Knien über den Getriebetunnel, wobei sie sich den Kopf am Türrahmen stieß. Sie schaute direkt in den Lauf der Pistole. Sie rutschte noch ein Stück weiter und fiel auf die Steine des Feldwegs. Noch immer hielt sie ihre Tasche und den Schlüssel fest. Sie wollte sie nicht loslassen, es war das letzte, was ihr geblieben war.

»Schneller! Steh auf!« Der Mann stand hinter ihr, sie

sah seine Schuhe und die Hosenbeine. Mühsam richtete sie sich auf.

»Geh voran!« Er schubste sie grob, und sie stolperte, verlor ihren rechten Pumps. Die spitzen Steine taten ihr in der Fußsohle weh. Er schubste sie nochmals. Nach einigen Metern befahl ihr der Mann, nach rechts zu gehen. Sie sah eine Lücke im Gebüsch und ging hinein. Brombeersträucher rissen ihre Haut an den Waden auf. Tränen vermischten sich mit dem Make-up und liefen ihre Wangen herunter. Olga merkte nicht, daß sie weinte.

»Halt.«

Die Tasche wurde ihr mit einem Ruck entrissen und der Schlüssel aus ihrer anderen Hand gedreht. Es ruckte an der Fessel, sie spürte die Klinge eines Messers. Mit einem Mal waren ihre Hände frei. Sie nahm sie nur zögerlich nach vorne. Das Blut durchfloß ihre Adern wieder, und die Hände wurden warm.

Sie hörte, wie etwas neben ihr auf den Boden fiel. Es war eine Plastiktüte.

»Zieh dich aus! Und steck die Kleider in die Tüte!«

Noch immer stand sie mit dem Rücken zu dem Mann. Sie bewegte sich nicht. Sie konnte sich nicht bewegen.

»Hast du nicht gehört? Zieh dich aus!« Anhand ihrer Kleidung sollte sie nicht identifiziert werden können. Die Erde war so trocken, daß weder sein Wagen noch er Abdrücke hinterließen. Wenn er ihre Kleider vernichtete, könnte man auch keine Spuren im Wagen mehr finden. Je weniger man von Olga fand, das wußte er aus Erfahrung, desto länger würde es dauern, bis die Behörden wußten, wer sie war, und um so länger blieb er von irgendwelchen Schnüfflern verschont, die ohnehin nichts beweisen konnten, wenn er konsequent blieb.

Sie spürte den Lauf der Pistole in ihrem Genick. Sie zerrte den Rock über ihre Hüfte und ließ ihn über ihre Beine zu Boden fallen. Sie hob ihn auf und steckte ihn in die Tüte, so wie der Mann es ihr befohlen hatte. Dann richtete sie sich langsam wieder auf. Sie wollte sich umdrehen, doch spürte sie die Pistole an ihrer Schulter.

»Los! Mach jetzt.«

Olga streifte ihren linken Schuh ab und bückte sich langsam, um ihn aufzuheben und in die Tüte zu stecken. Als sie sich wieder aufrichtete, spürte sie plötzlich die Klinge des Messers im Rücken. Sie verharrte halb gebückt. Die Klinge zischte durch den Stoff und durchtrennte ihn auf ihrem Rücken. Das Oberteil fiel ihr über die Schultern bis zu den Ellbogen. Dann spürte sie, wie das Messer ihren Slip an ihrer linken Hüfte durchschnitt. Er hatte sein sadistisches Vergnügen daran, sie leiden zu sehen. Er fühlte sich im Recht, denn Olga war eine Gefahr geworden.

»Ich habe dir gesagt, du sollst dich ausziehen!«

Olga streifte die Fetzen ab und ließ sie liegen. Sie war jetzt nackt. Sie hatte schon lange ihre Scham vor den Blicken von Männern auf ihren Körper verloren. Sie hatte sie verdrängt. Sie mußte sie verdrängen, sonst hätte sie sich nicht an sie verkaufen können. Aber jetzt, hier im Dunkeln, vor dem Mann, der sie schon oft ohne Geld beschlafen hatte, weil das zu ihrer Absprache gehörte, hier plötzlich schämte sie sich und bedeckte sich mit ihren Händen und Armen. Jetzt war nichts mehr zu verdrängen, sie war ganz nackt, bis in ihre tiefste Seele nackt.

»Knie dich hin!« Die Stimme in ihrem Rücken war kalt.

Olga spürte auf einmal ihre Blase. Sie konnte den Urin nicht mehr halten. Er rann ihr die Schenkel hinunter. Noch immer stand sie. Es kam ihr vor wie eine Ewigkeit, wie die Zeitlupe eines Films. Es war wie in einem der vergeblichen Fluchtversuche in den Alpträumen, die sie verfolgten, wenn sie zuwenig getrunken hatte, um nicht zu träumen.

Wieder spürte sie den Lauf der Pistole in ihrem Rücken. Sie ging sehr langsam in die Knie. Sie wußte, daß dies ihre letzte Bewegung sein würde. Sie konnte nicht schreien, sie hätte es vermutlich nicht einmal gekonnt, wenn das Klebeband über ihrem Mund nicht gewesen wäre. Und sie weinte nicht mehr.

»Steck die Sachen in die Tüte und gib sie mir!«

Olga tat es. Sie hatte keinen Widerstand mehr. Gegen nichts. Sie reichte mit ihrem linken ausgestreckten Arm die Tüte nach hinten und spürte, wie sie ihr abgenommen wurde. Sie blickte starr geradeaus ins Schwarzblau der Nacht.

»Es ist deine letzte Chance!« Sie hörte den Mann und wußte, daß er log. »Wo hast du das Zeug?« Er riß ihr grob das Klebeband vom Mund.

Olga schwieg. Sie begann jetzt zu frieren, fühlte auf ihrem ganzen Körper eine Gänsehaut. Sie wußte, daß er sie in jedem Fall umbringen würde, auch wenn sie es ihm sagte. Sie klapperte mit den Zähnen, dann ließ sie sich einfach nach vorne fallen und blieb reglos auf dem harten Boden im Gesträuch liegen. Sie hörte, wie der Mann sich entfernte. Es waren vielleicht fünf Schritte. Dann hörte sie seine Stimme noch einmal.

»Es ist schade um dich! Einen solchen Körper gibt es selten!«

Dann hörte sie nichts mehr. Nicht einmal den ersten der drei Schüsse, die sie töteten.

Triest, 18. Juli 1999

Proteo Laurenti hatte gut geschlafen, und seine Laune war bestens, als er um halb neun sein Büro betrat. Er bat Marietta, den Leiter des Streifendienstes zu sich zu rufen, dem er vorgesetzt war, solange er den stellvertretenden Questore vertrat, und gab ihr die Anordnung, die der Questore gestern verteilt hatte, zum Fotokopieren.

Claudio Fossa war ein sehr gelassener, ruhiger Mann. Er hatte den Höhepunkt seiner Karriere längst erreicht und sah das Ende seiner Dienstzeit in eineinhalb Jahren auf sich zukommen. Als Leiter des Streifendienstes führte er seine Mannschaft mit der geübten Strenge, die seine Vorgesetzten von ihm erwarteten, und dem erforderlichen Maß an Nachsicht, um seine Leute hinter sich zu wissen. Er verlor nie den Kopf, auch in den verwickeltsten Situationen nicht, die freilich selten vorkamen in Triest. So wie in der vorigen Woche, als der Ministerpräsident nach Triest gekommen war, um die Ausstellung »Cristiani d'Oriente« zu eröffnen, und zeitgleich auf einer steil ansteigenden Nebenstraße in der Stadt einem Lastwagen der Diesel ausgegangen war, der einen Rückstau von zwei Kilometern auf die Viale Miramare verursachte. Ausgerechnet auf der Strecke, die für den Regierungschef vorgesehen war und zu der es keine Alternative gab. Fossa hatte die Sache im Griff. Er hatte sich auf ein Motorrad gesetzt, war zur Stazione Marittima gefahren und hatte dort ohne lange Diskussion die Zugmaschine des erstbesten Sattelschleppers beschlagnahmt. Fossa hatte sich auf den Beifahrersitz geschwungen und dem griechischen Fahrer, der kein Wort verstand, befohlen, hinter einem inzwischen ebenfalls eingetroffenen Streifenwagen herzufahren. Auf der Gegenspur durchpflügten sie die Stadt, und auf der Gegenspur kamen sie bei dem havarierten Lastwagen an. Eine Abschleppstange war bereits herbeigeschafft worden, und in Kürze war die Straße mit rauchender Kupplung geräumt. Fossa drückte dem Griechen aus eigener Tasche fünfzigtausend Lire in die Hand. Minuten vor dem Eintreffen des Regierungschefs war alles klar. Solche Aktionen, über die noch lange gesprochen wurde, machte nur Fossa, nur er war kaltblütig genug, und dafür zollten ihm seine Männer den höchsten Respekt. Auch Laurenti hatte Achtung vor dem Streifenchef und arbeitete gerne mit ihm zusammen, wenngleich ihre persönliche Beziehung distanziert geblieben war.

»Permesso?« Fossa kam durch die Tür. »Ciao, Proteo!« Er gab Laurenti die Hand.

»Kaffee kommt gleich«, rief Marietta aus dem Vorzimmer.

»Danke, daß du gekommen bist, Claudio. Es gibt eine Menge zu besprechen. Aber zuerst will ich wissen, wie es dir geht.«

»Was soll ich sagen? Ein Mann im besten Alter und mit Aussicht auf Ruhestand hat wenig zu klagen. Und du kannst stolz sein, Proteo. Du hast eine hübsche Tochter!« Fossa hatte keine Ahnung, was er mit dieser Äußerung bewirkte, und erschrak über die sich schlagartig verfinsternden Gesichtszüge seines Gegenübers. »Äh, habe ich was Falsches gesagt? Ich meine, sie ist doch wirklich schön. Wenn sie Glück hat, gewinnt sie die Wahl, und dann hat sie sogar die Chance auf die Miss Italia. Da kannst du dich doch nicht beklagen.«

»Also hat es doch jemand gelesen«, antwortete Laurenti finster.

»Aber natürlich! Alle haben es gelesen!« Fossa traf, ohne es zu wissen, den Nagel auf den Kopf. »Alle sprechen davon. Die jungen Poliziotti sind ganz aus dem Häuschen und sagen, es sei schade, daß ein solches Mädchen einen Polizisten zum Vater hat, der sie wahrscheinlich behütet wie der Drache die Prinzessin.«

»Er hört das nicht gerne«, Marietta hatte Kaffee auf den Tisch gestellt. »Proteo ist eifersüchtig.«

»Lassen wir das«, antwortete Laurenti angestrengt, »wir haben zu arbeiten. Marietta, bring mir bitte die Anweisung vom Chef.« Dann berichtete er von der Sitzung beim Polizeipräsidenten und was Fossa zu tun hatte. Laurenti wollte vor allem täglich über die Ergebnisse informiert werden, insbesondere darüber, wenn es zu Problemen in der Zusammenarbeit mit den Carabinieri oder der Guardia di Finanza komme. Fossa beruhigte ihn und meinte, man müsse viel mehr darauf achten, daß die Streifen es nicht übertrieben. Als sie im Frühjahr die harten Kontrollen auf der Strada Costiera durchführten, war die Sympathie der Bevölkerung für die Polizei auf einen Tiefpunkt gesunken. Die Streifen hatten viel zuviel Spaß an solch kleinen Demonstrationen ihrer Macht.

»Wie war die Nacht im Borgo Teresiano?« Laurenti war zum zweiten Punkt gekommen.

»Ruhig. Drei illegale Kolumbianerinnen. Sie sind schon auf dem Weg zur Abschiebung. Sonst nichts. Außer einigen Strafzetteln für die rallige Kundschaft. In zwei, drei Tagen hat es Wirkung. Aber am Wochenende kann es nochmals Probleme geben. Der ›Piccolo‹ hat die Informationen gleich heute vormittag bekommen. Und heute steht die Meldung von gestern drin. Hast du wahrscheinlich schon gelesen.« Fossa deutete auf die Zeitung, die auf dem Schreibtisch lag.

»Bin noch nicht dazu gekommen!« Laurentis Exemplar der heutigen Ausgabe war noch immer so gefaltet, wie er es am Kiosk erhalten hatte. »Wie viele waren da?«

»Dreizehn. Zwei hatten wir gestern mitgenommen. Morgen sind es aber ganz sicher wieder die üblichen fünfzehn. Es rücken immer gleich welche nach. Du weißt ja, das ist nicht zu verhindern.«

»Wir müssen es aber für eine Zeit verhindern, spätestens in zehn Tagen müssen wir abgeräumt haben. Sonst kommen harte Zeiten auf uns zu.« Laurenti schaute Fossa streng in die Augen. »Verstärke die Kontrollen noch weiter, Claudio, schick zwei Männer mit Kameras los, mit Blitzlicht. Sie sollen die Freier fotografieren, das treibt das Blut aus den Lenden in den Kopf. Außerdem möchte ich, daß morgen im ›Piccolo‹ zwei Fotos von Autos abgebildet sind, auf denen man die Nummernschilder klar erkennen kann. Einheimische Autos!«

»Das verstößt gegen die Vorschriften, Proteo!« Fossa hatte die Hand gehoben. »Ausgeschlossen.«

»Dann ist uns halt an einem Tag einmal ein Fehler unterlaufen, Claudio, das ist doch nicht tragisch. Die Herren werden sich nicht wehren. Wenn, was zu hoffen ist, ihre Gattinnen sie einmal gefragt haben, was sie bei den Nutten zu suchen hatten, dann haben sie ganz andere Probleme. Es schreckt ab. Gesicht, Nummernschild, eine Dame daneben. Macht gute Fotos!«

»Also gut, auf deine Verantwortung.«

»Ja, ja! Es ist gut!« Laurenti machte eine wegwerfende Handbewegung. »Ich nehme das auf mich!«

»Übrigens hat die Sache zwei Seiten, Commissario. Seit wir härter vorgehen, erscheinen immer mehr von diesen Kleinanzeigen im ›Piccolo‹.« Er griff sich Laurentis Zeitung und schlug sie auf. »Hier zum Beispiel: ›Ich liebe Lendenschürze und den, der sie mir vorführt. Telefon . . .‹ Oder: ›Es ist einer der Genüsse des Lebens, sich massieren zu lassen! Falls du Lust hast, es zu probieren, ruf mich an. Telefon . . .‹ ›Inhaberin einer Molkerei sucht tüchtigen Knecht. Telefon . . .‹ Und so weiter. Die Sache nimmt neue Konturen an. Auch das hatten wir früher nicht. Und auch damit bekommen wir Probleme. Es werden Stimmen laut, die fordern, daß man wieder Bordelle zuläßt im Land.«

»Ja, Claudio, ich habe das auch schon gehört. Aber jetzt

müssen wir eben eine Zeitlang die Zähne zeigen. Und dann noch etwas.« Laurenti erzählte ihm von seinem Plan, Decantro mit auf Streife zu schicken, so wie er es mit Rossana Di Matteo besprochen hatte. Es mußte eine gute Streife sein, zuverlässige Beamte, damit der angehende Journalist in seinem Artikel die Arbeit der Polizei lobte. Fossa gefiel die Sache nicht, doch konnte er sich seinem Chef nicht widersetzen und versprach, sich den Dienstplan für die nächsten Tage daraufhin anzusehen.

»Und entschuldige meine Bemerkung über Livia! Ich wußte nicht, daß du mit der Bewerbung deiner Tochter nicht einverstanden bist«, sagte Fossa. »Ich an deiner Stelle wäre stolz auf sie, wenn ich das sagen darf.«

»Darfst du nicht«, antwortete Laurenti und drehte sich weg.

Wenn er zu Fuß in die Via dei Porta ging, dann wäre er kurz vor zehn Uhr dort. Laurenti entschied, dies sei einer Frau zuzumuten, die wahrscheinlich sowieso nicht viel geschlafen hatte vor Sorge um ihren vermißten Mann. Er hatte ein schlechtes Gewissen, daß er nicht schon gestern hingegangen war, andererseits war der Assistente Capo Sgubin dagewesen, der Pflicht war also Genüge getan. Zuvor wollte Laurenti noch einen Blick in die Akte über das Verschwinden der Elisa de Kopfersberg vor zweiundzwanzig Jahren werfen. Er hatte sie am Vorabend erhalten, doch über seine inzwischen wieder zurückgekehrte Erinnerung hinaus fand er keine sonderlichen Aufschlüsse.

Er bat Marietta, mit den Kollegen der Guardia di Finanza zu sprechen, sich über die Firma des Österreichers zu erkundigen und auch im Zentralcomputer alles über ihn und die Personen aus seinem Umfeld herauszusuchen. Dann trat er hinaus in die schon wieder gleißende Hitze. Das Licht warf zu dieser Stunde noch harte Schatten und würde erst gegen Mittag weicher werden.

Er kam ins Schwitzen, als er den Anstieg der von dicken Abgasschwaden stinkenden Via Rossetti zum Engelmann-Park hinter sich gebracht hatte und hinter diesem in die Via dei Porta einbog. Diese stieg noch steiler an, und Laurenti ärgerte sich, daß er nicht doch den Wagen genommen hatte. Aber es wäre nicht leicht gewesen, in dieser kleinen Straße zu parken, ohne daß man sie halb blockierte. Das wäre, kam ihm in den Sinn, immerhin ein Argument gegen die Pläne seiner Frau, der in dieser Straße ein Haus angepriesen worden war. Zum Teufel mit dem Makler.

Er ging an der Villa Ada vorbei und mußte auf den Gehweg ausweichen. Ein schwarzer Mercedes mit dunkelgetönten Scheiben, die neugierigen Blicken widerstanden, kam ihm viel zu schnell für die schmale Straße entgegen. »Stronzo«, schimpfte Laurenti. Fünfzig Meter weiter stand er endlich vor der angegebenen Hausnummer und vor einem großen Stahltor, auf dessen steinernen Pfeilern links und rechts je ein mächtiger Markus-Löwe thronte. Völlig deplaziert, dachte Proteo, denn mit Venedig hat Triest nicht viel zu tun. In der Mitte des Portikus war eine Videokamera installiert. Laurenti war wieder erstaunt, denn auch in dieser Gegend waren viele Jahre keine Einbrüche passiert. Er fand die Klingel an der linken Säule. Er drückte zweimal, wie er es immer tat. Nach einigen Augenblicken erklärte er der Frauenstimme aus der Gegensprechanlage, wer er sei und daß er Signora Drakič zu sprechen wünsche. Es dauerte lange, bis er ein Summen hörte und sich die Torflügel leicht bebend in Bewegung setzten. Vor Laurenti tat sich eine breite gepflasterte Auffahrt auf, gesäumt von großen steinernen Pflanzkübeln, in denen flammendrot blühende Oleander ein Spalier bis zum Haus bildeten. Die Gartenanlage war gut gepflegt. Weiter unten zog ein Rasensprenger seine Wasserbahnen über das Grundstück. Eine solch großzügige und aufwendige Anlage hatte Laurenti hinter der hohen Mauer, die das Grundstück umgab, sowenig erwartet wie die herrschaftliche Villa, zu der er jetzt hinaufging. Die Villa mußte, so vermutete er, in den zwanziger Jahren gebaut worden sein. Im Halbparterre waren wahrscheinlich einmal die Dienstboten untergebracht. Steinskulpturen standen verstreut im Garten, vorwiegend Abgüsse von Venusfiguren in allen möglichen Posen. Auf der linken Seite der Villa, auf die er langsam zuging, erhob sich über die drei Geschosse hinaus noch ein kleiner Turm. Der Ausblick auf Stadt und Hafen mußte einmalig sein. Auf jeden Fall konnte Laurenti sich nicht vorstellen, je hier zu leben.

Eine junge Frau war aus der Tür getreten und bat ihn mit hartem, slawischem Akzent, ihr zu folgen. Sie kamen zuerst in eine Eingangshalle, von der eine breite Treppe nach oben führte. Er schaute automatisch hinauf und sah, wie zwei neugierige Mädchenköpfe, die über eines der oberen Geländer geschaut hatten, sich schnell zurückzogen. Sie durchschritten zwei große Salons mit teurem altem Parkett, Teppichen, Stofftapeten, Gemälden und schweren Vorhängen. Die Rolläden waren geschlossen, so daß alles in ein Halbdunkel getaucht war. Die Türen, die in den angrenzenden Flur führten, standen halb offen, Laurenti hörte weibliche Stimmen in einer ihm fremden Sprache und sah zwei Mädchen an der Tür vorbeihuschen. Wie im Mädchenpensionat, dachte er. Vor einer Glastür, die wieder in den Garten hinausführte, blieb die junge Frau stehen und bedeutete ihm weiterzugehen, die Signora sei am Pool. Es roch nach einer Mischung aus frisch gemähtem Rasen und Chlorwasser. Laurenti war zuerst durch die grelle Sonne geblendet, erkannte dann aber am Kopfteil einer der Liegen aus Zedernholz einen blonden Haarschopf. Dies mußte Tatjana Drakič sein.

Er hatte nicht damit gerechnet, von einer gänzlich Unbekleideten empfangen zu werden, die nicht einmal ihre Beine übereinanderschlug, als er näher kam. Laurenti räusperte sich. Sie war eine attraktive Frau, das war schwerlich zu übersehen, als sie sich schließlich aufrichtete und ohne Eile nach einem türkisgrünen Seidentuch griff, das sie sich lässig umlegte.

»Schauen Sie sich ruhig alles an«, sagte die Dame zu ihm, als sie bemerkte, wie er seinen Blick verzweifelt in Richtung einer römischen Amphore lenkte, bis sie sich wenigstens notdürftig verhüllt hatte, »es ist alles echt.« Sie stand jetzt vor ihm, das Tuch über den Brüsten verknotet, und reichte ihm die Hand. »Was kann ich für Sie tun?«

Laurenti stellte sich vor. »Ich leite die Ermittlungen. Hat sich Signor de Kopfersberg inzwischen bei Ihnen gemeldet?«

»Nein«, antwortete Tatjana Drakič, »wir sind ernsthaft in Sorge.«

»Wohin ist er gefahren?«

»Das weiß ich nicht. Bruno sagte lediglich, daß er gestern wieder hier sein wollte.« Ihr Akzent war hart, doch das Italienisch gut.

»In welchem Verhältnis stehen Sie zu ihm?«

»Wir leben seit über drei Jahren zusammen.«

»Und er sagt Ihnen nicht, wohin er geht, wenn er geht?« Laurenti tat erstaunt.

»Nein, nicht immer. Das habe ich Ihrem Kollegen aber auch schon erzählt. Tun Sie doch endlich etwas, um ihn zu finden.« Die Drakič überschlug sich wahrlich nicht an Höflichkeit. Ihre Härte und Gleichgültigkeit irritierten den Commissario.

»Fuhr er alleine weg?«

»Ja.«

»Machte er das öfter?«

»Selten.«

»Hatten Sie Streit?«
»Nein!« Jetzt schaute sie ihn ziemlich wütend an.
»Warum sind Sie nicht mitgefahren?«
»Ich fühlte mich nicht wohl.« Gesprächig war sie wirklich nicht.
»Hat er sich von unterwegs gemeldet?« Laurenti blieb beharrlich.
»Nein.«
»Hat Sie das nicht gewundert?«
»Nein. Warum sollte er?«
»Na ja, ich meine, Sie hätten gesagt, sie lebten zusammen.«
»Ja.«
»Und es ist Ihnen offensichtlich ziemlich gleichgültig, was mit Ihrem Lebensgefährten, wenn ich so sagen darf, los ist?«
»Das habe ich nicht gesagt. Es wird doch wohl jemand einige Tage wegfahren dürfen, ohne daß man ständig voneinander hört.«
»Da haben Sie recht. Wir haben Grund zu der Annahme, daß es sich um ein Gewaltverbrechen handelt. Er hat seine Yacht allem Anschein nach auf hoher See verlassen.« Laurenti erklärte ihr ganz ruhig die Wirkung eines Autopiloten. »War, äh, ist Ihr Mann ein guter Schwimmer?«

Jetzt zuckte die Dame zusammen und sah ihn erstaunt an. »Normal, würde ich sagen. Weshalb?«

»Die Adria ist sehr warm, sie hat einen hohen Salzgehalt. Ein guter Schwimmer kann sich da sehr lange halten, zu dieser Jahreszeit. Aber sagen Sie«, Laurenti wollte die kleine Irritation nutzen, die er geschaffen hatte, »es leben viele Menschen in diesem Haus. Ich würde gerne mit den anderen sprechen. Vielleicht ist denen etwas aufgefallen.«

Die Drakič fuhr etwas zu schnell herum, als daß es ihm nicht hätte auffallen müssen. »Das Personal weiß nichts.

Sie werden Ihnen nichts sagen können. Ich hielte es übrigens für besser, wenn Sie nach Bruno suchen würden, anstatt mir Fragen zu stellen, die ich nicht beantworten kann.«

Jetzt fiel ihm ein, daß er diese Frau schon einmal gesehen hatte. Gestern abend, an der Costiera, als er schwimmen ging.

»Es ist die Geschichte mit der Nadel und dem Heuhaufen, Signora«, Laurenti bemühte sich, sie in sein Netz zurückzubekommen. »Wenn wir nicht wissen, wo wir suchen sollen, dann wird es uns auch kaum gelingen, ihn zu finden. Ich hoffte darauf, daß Sie mit uns zusammenarbeiten wollen, aber das scheint nicht der Fall zu sein. Ich dachte, Sie würden alles Erdenkliche unternehmen, damit Ihr Lebensgefährte, von dem ich annehme, daß es der Mann ist, den Sie lieben, gefunden wird. Statt dessen wären Sie mich am liebsten los.«

Die Drakič schwieg ziemlich lange, und auch Laurenti sagte nichts.

»Sie haben recht«, kam es zögernd, fast widerwillig von ihr. »Bruno fuhr, wenn er sich abgespannt fühlte, manchmal mit seiner Yacht für ein paar Tage weg. Die See, so sagte er, gebe ihm das Gefühl von Weite und Ruhe. Er sagte, daß in der nächsten Zeit sehr viel Arbeit auf ihn zukommen würde. Er wollte Kraft schöpfen. Bedenken Sie, er ist achtundfünfzig Jahre alt. Wohin kann man von Triest mit der Yacht schon fahren? Nach Süden, so viele Möglichkeiten gibt es nun wirklich nicht. Bruno ist ein umgänglicher Mensch, niemand würde ihm etwas antun wollen.«

Laurenti war gespannt, was sie noch erzählen würde. Jetzt hatte sie ihm schon Informationen gegeben, nach denen er nicht gefragt hatte und von denen er noch nicht wußte, wie er sie bewerten sollte. »Er hat, soweit ich weiß, einen Sohn?«

»Spartaco. Er lebt in Wien.«
»Haben Sie mit ihm gesprochen?«
»Er ist nicht da. Sommerferien. Ich weiß nicht, wo er ist. Er soll aber am Montag zurück sein.«
»Wie ist das Verhältnis zwischen Vater und Sohn?«
»Normal«, die Drakič schien allmählich zu ihrer alten Unfreundlichkeit zurückzufinden. »So wie es zwischen Vater und Sohn eben ist.«
»Und wie ist Ihr Verhältnis zu ihm?«
»Was hat das ...«, doch die Drakič bremste sich noch einmal. »Ich meine«, sagte sie, »ich bin nicht seine Mutter, bin nur wenig älter als er. Wir lieben uns nicht, aber wir respektieren uns.«
»Was wissen Sie vom Tod Elisas?«
»Nichts. Aber hören Sie, Commissario«, sie beherrschte sich noch immer, »ich weiß wirklich nicht, was dies mit Brunos Ausbleiben zu tun hat.«
»Zeigen Sie mir sein Arbeitszimmer? Alle seine Räume?« Laurenti rechnete mit dem Schlimmsten, und natürlich traf es ein.
»Nein!« Tatjana Drakič schaute ihn nicht an. Ihr Blick verlor sich im Garten.
»Warum nicht?«
»Dazu müßte ich selbst erst einmal hineingehen und dafür sorgen, daß es nicht zu unordentlich ist.«
Laurenti konnte sich bei der akkurat gepflegten Villa nicht vorstellen, daß ausgerechnet in den Gemächern des Hausherrn größere Unordnung herrschte. »Warum gehen Sie nicht und schauen nach, ob Sie mich hineinlassen können? Schon eine kleine Bemerkung im Terminkalender wäre hilfreich. Manchmal sieht ein Dritter einfach mehr, Signora Drakič.«
Tatjana Drakič war plötzlich aufgestanden und bat ihn, einen Moment am Pool zu warten.
Es dauerte gut zehn Minuten. Laurenti schaute immer

wieder auf seine Armbanduhr und sah an der Fassade des Hauses empor. Es kam ihm vor, als hätte er an einem der Fenster im zweiten Stock der Ostfassade, die jetzt schon im Schatten lag, wieder ein Gesicht gesehen, das zu ihm hinunterschaute. Eines, oder waren es zwei? Wer waren all die Mädchen in dem Haus, das ja nicht gerade wie ein Bordell aussah? Er hörte eine Frauenstimme, die Befehle gab, dann kam Tatjana Drakič zurück. »Wenn Sie mir bitte folgen wollen.«

Sie ging voran. Durch das türkisfarbene Seidentuch schimmerten die Konturen ihres Körpers. Eigentlich war er mehr am Haus interessiert und versuchte von dem Salon, durch den er geführt wurde, möglichst viel zu erfassen. Es war ein durch und durch konservativ-bürgerlich eingerichteter Raum, der von großem Wohlstand zeugte, sonst aber nichts verriet. In der Villa herrschte Stille. Sie gingen einen langen Flur entlang, ein Teppich dämpfte die Schritte. Dann eine zweite Treppe, die Laurenti noch nicht kannte. Der Flur im ersten Stock unterschied sich durch nichts von dem im Erdgeschoß. Die zweite Tür auf der linken Seite war von innen gepolstert und führte in das Arbeitszimmer des Österreichers. Sein Fenster wies nach Norden und versprach nicht die Aussicht über die Stadt, die Laurenti sich erhofft hatte. In solchen Häusern erwartet man spektakuläre Ausblicke. Die Gebäude sind schon beeindruckend genug, also meint der Besucher, von jedem Fenster aus müsse es einen einzigartigen Blick geben. Der Raum maß etwa sieben auf fünf Meter und war gut vier Meter hoch. Das glänzende Parkett war von keinem Teppich bedeckt. Ein schwerer Schreibtisch, wie sie in der Mitte des letzten Jahrhunderts in den Chefzimmern der großen Triestiner Firmen gestanden haben mußten, befand sich in der Nähe des Fensters. Ein weniger stilgerechter, schwerer Ledersessel stand hinter ihm. In einer anderen Ecke befanden sich eine alte englische Ledergarnitur, zwei

Sessel, Sofa und ein kleiner hölzerner Tisch, auf dessen Mitte ein überdimensionierter Aschenbecher aus blaurotem Muranoglas stand. An der Wand zum Flur waren links und rechts von der Tür hohe Bücherregale eingebaut, in denen kaum Bücher standen, und an der Wand gegenüber dem Schreibtisch hing ein Stahlstich von Istrien.

Das Zimmer war, wie Laurenti befürchtet hatte, peinlich aufgeräumt, doch war erkennbar, daß es nicht erst soeben in Ordnung gebracht worden war. Nicht einmal ein leeres Blatt lag auf dem Schreibtisch. Neben einer ledernen Schreibtischunterlage und einer Schale mit Schreibzeug stand lediglich ein modernes Telefon. Unter dem Schreibtisch lagen zwei lose Kabel, die darauf schließen ließen, daß hier vermutlich ein tragbarer Computer seinen Platz hatte. Laurenti ging zum Schreibtisch, vielleicht etwas zu schnell, denn er hörte die eiserne Stimme der Tatjana Drakič. »Sie sehen selbst, hier gibt es nichts zu entdecken.«

Sie mußte begriffen haben, daß er am liebsten die Schreibtischschubladen geöffnet und durchsucht hätte, dagegen hörte er schon an dem Tonfall ihrer Stimme, daß sie ihm diesen Wunsch nicht erfüllen würde.

»Haben Sie die Adresse und Telefonnummer des Sohnes?« fragte Laurenti unvermittelt. Er hoffte, daß sie eine der Schubladen öffnete, um ein Blatt Papier zu entnehmen und sie aufzuschreiben.

»Wiedener Hauptstraße 14, Wien. Telefon 47 98 25 342.« Laurenti stutzte. Tatjana kannte die Adresse des Sohnes, von dem sie noch eben gesagt hatte, daß ihre Beziehung nicht besonders eng sei, auswendig. Und sie schien außerdem Deutsch zu sprechen, folgerte Laurenti, denn sie sprach die Adresse fließend und ohne zu holpern aus.

»Verzeihung, ich habe nichts zu schreiben dabei.« Laurenti gab wider besseres Wissen nicht auf, er wollte einen

Blick in die Schubladen werfen. Aber es war nichts zu machen.

»Ich schreibe sie Ihnen unten auf.« Tatjana hatte die Türklinke in die Hand genommen, und Laurenti gehorchte. Sie ging wieder den langen Flur entlang, die Treppe hinunter, und hielt an einem Telefontischchen. Sie schrieb mit flüssiger Handschrift die Adresse auf ein Blatt, das sie von einem Block abriß, und hielt es Laurenti hin.

»Sie entschuldigen mich jetzt bitte«, sagte sie. »Ich habe zu tun.«

Laurenti fragte sich, was das wohl sein könnte, aber er sah ein, daß Fragen sinnlos war. Er verabschiedete sich, ohne Tatjana Drakič die Hand zu geben. Dann wandte er sich noch einmal um.

»Der Assistente Capo Sgubin hat Sie gestern nach einem Foto von Signor de Kopfersberg gefragt. Wir brauchen es für die Vermißtenmeldung.«

»Ich hatte Sgubin schon gesagt, daß wir keines haben. Bruno haßte es, fotografiert zu werden.«

»Was haben Sie gestern abend in der Costiera gemacht?«

»Ach ja, jetzt erinnere ich mich«, sagte die Drakič. »Sie waren das. Sie schwimmen gut und singen schlecht. Ich habe mit meinem Bruder die Stelle angesehen, wo man die Yacht gefunden hat.«

Das Stahltor öffnete sich wieder automatisch, und kurz darauf ging Laurenti die Via dei Porta hinab, zurück in sein Büro. Es war einer der eigenartigsten Besuche, den er in seiner Laufbahn als Polizist gemacht hatte. Die Dame hatte ihn provozierend nackt am Pool empfangen, hatte keine Auskünfte gegeben, die in irgendwelcher Hinsicht aufschlußreich gewesen wären. Dennoch war er mit einer Fülle von Informationen aus der Villa gegangen. Das Foto mußten sie sich aus der Einwohnerkartei holen. Es würde nicht viel hergeben. Jetzt wußte Laurenti wieder, warum er gern zu Fuß unterwegs war. Er hatte genügend Zeit, sich seinen Besuch noch einmal durch den Kopf gehen zu lassen, ohne abgelenkt zu werden. Als er am Caffè San Marco vorbeikam, beschloß er, hineinzugehen und sich einige Notizen zu machen. Vor allem wollte er über die Mädchen nachdenken, die offenbar überall im Haus lebten und nicht gesehen werden sollten.

11.20 Uhr

»Viktor«, ihre Stimme klang aufgeregt, »ich hatte wieder Besuch von einem Polizisten. Ein Commissario Laurenti. Er fragte verdammt viel, und ich bin mir nicht sicher, ob er die Mädchen gesehen hat.«

»Weshalb?«

»Er fragte nach ihnen.«

»Was hast du ihm gesagt?«

»Personal.«

»Das ist gut. Was wollte er noch?«

»Er fragte nach Spartaco. Ich habe ihm die Adresse gegeben. Aber der Mann ist nicht so leicht abzuspeisen.«

»Tremani wird morgen kommen, der Mann aus Lecce. Er wohnt im Duchi d'Aosta. Wir werden viel zu besprechen haben. Ich mache mir jetzt wirklich Sorgen um Bruno. Ich habe erfahren, daß er Bogdanovic getroffen hat. Das war vor seiner Abfahrt. Aber sie sind sich einig geworden. Von dort droht meiner Meinung nach keine Gefahr. Ich glaube ihm. Aber was zum Teufel ist passiert?«

»Das frage ich mich schon die ganze Zeit. Ich traue Bruno nicht, und ich habe ihm nie getraut.« Tatjana war nervös.

»Das hast du noch nie gesagt, Tatja! Seit drei Jahren gehst du mit ihm ins Bett, und jetzt das. Wieso?«

»Das ist was anderes, Viktor, das weißt du ganz genau. Aber ich traue ihm zu, daß er uns unterderhand verkauft.«

»Ich glaube nicht, daß er sich das traut. Mach dir darüber mal keine Sorgen. Dann erwischt es auch ihn, und das weiß er. Und das andere werden wir auch ohne ihn schaffen. Die Sache läuft schon jetzt sehr gut. Nur die Fahndung stört. Ausgerechnet jetzt. Vielleicht sollten wir den Bullen auf die Liste setzen?«

»Das ist keiner für die Liste, Viktor! Das muß anders gehen.«

»Nehmen wir einmal an, daß Bruno Probleme hatte. Dann passiert so lange nichts, bis er wieder auftaucht oder man ihn findet. Aber auch dann ändert sich nicht viel. Dann stellen wir Spartaco vorne hin.«

»Sie vermuten, daß er auf See von Bord ging. Sehr weit draußen.«

»Dann wird es ohnehin dauern. Tatja, vergiß nicht unser Ziel. Wenn wir mit Tremani klarkommen, dann sind wir einen großen Schritt weiter. Es darf nichts schiefgehen. Und in drei Tagen kommen die Gäste.«

»Auch Spartaco antwortet nicht. Ich habe mehrmals versucht, ihn anzurufen.«

»Bleibe ruhig, Tatja. Wir werden bald Bescheid wissen. Auch wenn Bruno etwas passiert ist, müssen wir uns keine Sorgen machen. Wir waren die ganze Zeit hier. Und du bist den Kerl dann endlich los.«

13.05 Uhr

Im Büro fand Laurenti zahlreiche Notizen auf seinem Schreibtisch. Er möge vor allem Ettore Orlando zurückrufen. Ferner lag die Auskunft der Guardia di Finanza vor.

Und sein Sohn Marco hatte wiederholt versucht, ihn zu erreichen. Und wo er sein Mobiltelefon habe. In der Tat lag es seit gestern abend noch immer in seinem Wagen.

Marco war zu Hause. Er nahm schon nach dem ersten Klingeln den Hörer ab, als hätte er, neben dem Telefon sitzend, auf den Anruf seines Vaters gewartet.

»Meine Vespa ist geklaut worden, Papà«, begann er gleich aufgeregt in die Muschel zu sprechen. »Was soll ich tun?«

»Wo?«

»Das weiß ich nicht so genau, ich hatte sie auf der Viale abgestellt.«

»Wann?« Vater Laurenti runzelte besorgt die Stirn.

»Spät. Nach eins.«

»Hast du die Papiere?«

»Ja.«

»Nimm sie und geh zu den Vigili Urbani, zum diensthabenden Beamten, und gib eine Diebstahlsanzeige auf. Mach ganz genaue Angaben. Dann fotokopierst du den Durchschlag, den er dir gibt, und gehst zur Versicherung. Frag nach Piero Molina, der hat alle unsere Unterlagen. Erzähl ihm den Vorgang und gib ihm das Formular, das du auf der Questura erhalten hast. Und frag ihn, wie lange die Versicherung braucht, bis sie bezahlt.«

Auf der anderen Seite herrschte Stille. Marco sagte nichts.

»Marco? Marco, bist du noch dran?«

»Ja, Papà«, antwortete er kleinlaut.

»Marco, was ist?«

»Es gibt ein Problem. Ich habe vergessen, die Versicherung zu bezahlen.«

»Du machst Witze!« rief Laurenti erschrocken. »Wie lange ist sie schon fällig?«

»Sechs Wochen«, gab Marco kleinlaut zu.

»Sag, daß das nicht wahr ist. Der Sohn des Commissario Laurenti fährt fast zwei Monate unversichert und wie ein Geisteskranker durch die Stadt! Warum hast du sie nicht bezahlt?«

»Ich hab's vergessen. Hatte zuviel anderes am Hals, Papà.«

»Zuviel anderes?« Laurenti war sauer. »Du hast Ferien, Marco. Gehst jeden Tag ans Meer, ziehst mit deinen Freunden durch die Stadt und kommst, wenn überhaupt, erst spät in der Nacht nach Hause.«

»Ja, ich weiß, aber ich hab's eben vergessen, verdammt. Was soll ich jetzt tun?«

»Du machst, was ich gesagt habe. Und wenn die Versicherung nicht bezahlt, dann gehst du eben künftig zu Fuß. Ich kauf dir keine mehr.«

»Oma hat mir die geschenkt.«

»Ja, ich weiß. Aber auch Oma wirst du kaum ein zweites Mal überreden können. Gib mir bitte mal deine Mutter!«

»Sie ist ausgegangen.«

»Wohin?«

»Sie trifft sich mit der Massotti. Irgendwas in der Via dei Porta.«

»Marco, du gehst jetzt gleich los und machst, was ich dir gesagt habe. Wir reden heute abend darüber. Vielleicht bist du ja ausnahmsweise zum Essen mal zu Hause.«

»Hast du den ›Mercatino‹ heute schon gelesen, Papà?«

»Nein! Warum?«

»Da ist ein Interview mit Livia drin. Und Fotos. Ziemlich gut.«

»Marco, wie hast du gestern abend abgestimmt?«

»Abgestimmt?« wundert sich Marco.

»Ja. Beim Abendessen. Laura behauptet, ihr hättet einen einstimmigen Beschluß gefällt.«

»Ach so, das. Da war ich gerade auf der Toilette. Ist doch egal.«
»Und was steht im ›Mercatino‹?«
»Kauf ihn dir halt, das mußt du selbst lesen.«
Eine Familie, dachte Laurenti, ist etwas Schönes. Meistens.

Dann wählte er die Nummer von Ettore Orlando.
»Es gibt zwei Nachrichten für dich, Proteo!« Der Capitano der Capitaneria hatte endlich die weiteren Untersuchungsergebnisse auf dem Tisch. Es gab eine Antwort auf die Anfragen bei den adriatischen Hafenbehörden, ob die Ferretti 57 seit vergangenem Montag in einem anderen italienischen Hafen registriert worden war. Außerdem hatte der Erkennungsdienst seine Arbeit beendet.
»Kopfersberg war in Rimini«, berichtete Orlando. »Er lief Dienstag nachmittag dort ein, übrigens von außerhalb des Hoheitsgebietes. Er hat sich ordnungsgemäß angemeldet und ist Mittwoch abend kurz vor neunzehn Uhr wieder ausgelaufen.«
»Rimini?« Laurenti war erstaunt. »Was hat einer mit einem solchen Schiff in Rimini zu suchen? Ich dachte, die Leute mit Geld meiden diese Ecke.«
»Hör, was ich dir noch zu sagen habe. Am Autopilot und an der Steuereinheit des Kranauslegers wurden die Fingerabdrücke abgewischt, an denen sonst kein Mangel herrscht. Ist ja kein Wunder bei einem Schiff dieser Größe. Achtzehn Personen sind zugelassen. Aber an zwei Stellen sind die Abdrücke unkenntlich gemacht worden. Unsere Annahme, daß er auf hoher See Besuch hatte, trifft offenbar zu.« Orlando machte eine kurze Pause. »Du erinnerst dich«, fuhr er fort, »als die Yacht gefunden wurde, war das Tau von der Seilwinde abgewickelt. Es ist ein dünnes Stahlseil, hundertfünfzig Fuß lang, mit zwei Tonnen belastbar. An seinem Ende war eine Schlin-

ge. Die Spezialisten haben Zentimeter für Zentimeter untersucht. An den letzten zwei Metern des Taus wurden einige Hautpartikel gefunden, die noch untersucht werden müssen.«

»Wann liegen die Ergebnisse vor?«

»Zuerst brauchen wir Vergleichsmaterial. Das wird gerade besorgt.«

»Wo?«

»Bei Kopfersberg zu Hause.«

»Na, viel Glück. Ich war heute früh schon dort, sehr eigenartig. Aber das erzähl ich dir ein anderes Mal.«

»Es kommt noch besser. Am Bootshaken, der sich an einem der Fender verfangen hatte, haben sie Blutspuren gefunden. Unterschiedliche Blutgruppen. Du kannst also mit großer Sicherheit davon ausgehen, daß ein Kampf an Bord stattgefunden hat. Einer ging über Bord, einer übers Wasser.«

»Na, na, das war vielleicht mal vor zweitausend Jahren so. Was ist mit dem Tau? Ich meine, die Spuren am Tau?«

»Als wäre jemand hinterhergeschleppt worden. So wie im Wilden Westen der einsame Held hinter dem Pferd. Nur durchs Meer.«

»Kann man sich da nicht wieder hochziehen?«

»Wenn du unverwundet bist und sehr viel Kraft hast – vielleicht. Aber ein Mann in Kopfersbergs Alter?«

»Wie lange überlebt man, wenn nicht? Ich meine, wenn man hinten am Schiff hängt. Bekommt man da Luft, oder säuft man ab?«

»Was soll ich sagen? Vermutlich hängt man wie ein Stück Holz hintendran. Die Fahrt zieht dich ein Stück raus. Atmen muß möglich sein, wenn man dich nicht an den Füßen aufgehängt hat. Ich hab's noch nie probiert. Gott sei Dank!«

»Man kann es also überleben?«

»Bis Triest? Das sind sechsdreiviertel Stunden Fahrt. Hm. Ja, das kann man durchaus überleben bei diesen Temperaturen.«

»Also müssen wir vielleicht doch hier suchen.«

»Ehrlich gesagt: Ich glaub nicht dran. Für meinen Geschmack ist das zu unwahrscheinlich. Im Gegenteil, wer das geplant hat, war kein Freund dummer Zufälle.«

Laurenti war ratlos. Alle möglichen Versionen schossen ihm durch den Kopf. »Angenommen, der Österreicher wurde auf seiner Yacht überfallen, nach einem Kampf am Tau festgebunden und über Bord geworfen und hat das überlebt, dann versteckt er sich vielleicht hier. Vielleicht aus Angst vor seinem Verfolger. Vielleicht, Ettore, ist dies der Grund für die Geheimniskrämerei in der Villa. Vielleicht war er sogar dort, während ich mit der Drakič sprach, und hat mich heimlich beobachtet.«

»Meiner Meinung nach waren das Profis! Mehrere oder nur einer. Aber keine Dilettanten. Das war gut geplant.« Orlando blieb bei seiner Einschätzung.

»Ich weiß nicht, im Import-Export-Geschäft, vor allem mit dem Balkan, ist einiges möglich«, widersprach Laurenti.

»Ebendeshalb glaube ich, daß da ein Profi am Werk war. Ob Albaner, Russe oder Cosa Nostra, auf jeden Fall ein Killer!«

»Aber warum haben sie ihn dann nicht wie üblich auf der Straße abgeknallt? Warum der Aufwand? Das will mir einfach nicht in den Kopf, verstehst du?«

»Wenn er in Rimini Geschäfte gemacht hat, dann mit wem?«

»Mit den Russen natürlich.«

»Und wenn er mit ihnen keine Probleme gehabt hat, sondern mit jemand anderem, sagen wir von der anderen Seite. Wer hat ihn in Rimini dann beschützt?«

»Auch die Russen.«

»Also hatte er mit denen wohl keine Probleme, Proteo. Sonst wäre er kaum noch mal hinausgefahren. Und wenn die jemand bewachen, hat kein anderer eine Chance. Du weißt, wie sie auftreten. Fünf Typen von der Statur Schwarzeneggers um dich rum, weil sie nicht wollen, daß etwas am falschen Ort passiert. Das ist zu gefährlich. Also blieb nur eines: Verfolgung übers Meer. Die wußten, daß er auf der Yacht alleine war, und wollten die Sache erledigen, bevor er nach Triest zurückgekehrt war.«

»Vielleicht hast du recht, Ettore. Wahrscheinlich sogar. Aber irgend etwas paßt nicht. Was soll so eilig gewesen sein, daß man ihn auf hoher See umlegen mußte?«

»Informationen, Dokumente, Waren. Drogen zum Beispiel, die man ihm dort draußen wieder abgenommen hat. Irgend so etwas. Noch bevor er es weiter veräußern konnte.«

»Habt ihr alles untersucht, Ettore? Auch den hintersten Winkel?«

»Was glaubst du denn, was wir gemacht haben? Was willst du finden, wenn nichts da ist?«

»Was weiß denn ich! Ich frag ja bloß, entschuldige bitte! Hoffentlich ist der Erkennungsdienst bald soweit, daß ich die Unterlagen auf den Tisch bekomme. Vor allem die Gerichtsmedizin.«

»Das wird nicht sehr lange dauern, Proteo. Die sind auch mit Urlaubsbesetzung nicht gerade überlastet.«

Mafia, bezahlter Killer, Albaner? Russen eher nicht, hatten sie festgestellt. Laurenti hatte mißmutig den Hörer auf die Gabel geknallt. Er wußte, daß er sich auf Orlando verlassen konnte, daß es keinen Grund für Mißtrauen gab. Dazu war Orlando zu erfahren und zu gründlich. Ihn verstimmte die Tatsache, daß er die ganze Geschichte noch einmal neu überdenken mußte und daß er nicht mehr damit rechnen konnte, seinen Kontrahenten noch am Leben zu finden. Klar, sagte er sich, Geschäfte mit manchen Regionen in Südosteuropa konnten gefährlich werden. Insbesondere die Albaner waren als wenig kompromißfreudig bekannt. Und auch die Cosa Nostra mischte überall mit und war bereit, ihre Marktanteile mit drastischen Mitteln zu verteidigen. Wenn Kopfersberg da jemandem in die Quere gekommen war, dann würde er den Fall vermutlich nie aufklären können. Es gäbe keine Spuren nach nirgendwo. Unerledigte Fälle machten Laurenti zornig. Noch zorniger aber machte ihn, daß ausgerechnet sein alter Kontrahent ihm den Sommer versaute.

Zu allem Überfluß brachte ein Beamter ein Fax von der Guardia di Finanza herein. Er überflog es knurrend und warf es wütend auf den Tisch. Es half ihm sowenig weiter wie das Gespräch mit Ettore. Im Gegenteil, es war noch so ein beschissenes Indiz dafür, daß er sich auf dem Holzweg befand.

TIMOIC, Trasporti Internazionali e Medioriente – International Containers srl
   Gegründet: 14. September 1971
   Sitz: Via Roma 7, 34100 Trieste
   Gesellschaftskapital 500 000 000 Lire
   Inhaber: Bruno de Kopfersberg
   Geschäftsführung: Bruno de Kopfersberg
   Prokura: Eva Zurbano, Dr. Viktor Drakič
   Tätigkeit: Speditionswesen und Schiffsagentur
   Bemerkungen: Anfrage der Bundespolizeidirektion Wien, Abteilung Wirtschaftspolizei, vom 10. April 1998 wegen Kontenklärung. Unterzeichnet von Stadthauptmann Hofrat Dr. Kellerer. Wurde gewährt. Die TIMOIC führt drei Konten bei der Banca Nordeste, Sitz Triest, zwei Konten bei der Cassa Generale di Padova, ein Konto bei der Bank Austria Wien.

Außerdem Konten in Off-Shore-Gebieten: Double Bar Bank auf der Isle of Man und bei der CWC-SECUR-Bank in Chiasso, Schweiz. TIMOIC ist über Inhaber verbunden mit:

ATW Austrian Transports Worldwide GmbH, Wien/ Österreich
 Gegründet: 14. September 1971
 Sitz: Wiedener Hauptstraße 14/c, 1010 Wien/Österreich
 Gesellschaftskapital: 750 000 ATS
 Inhaber: Bruno de Kopfersberg, Triest
 Geschäftsführung: Bruno de Kopfersberg, Dr. Spartaco de Kopfersberg
 Tätigkeit: Handelsgeschäfte, Speditionswesen und Schiffsagentur
 Bemerkungen: ATW war verwickelt in Korruptionsfall mit der gemeinnützigen österreichischen »Cura-Hilfe«, Zweckentfremdung von Spendenmitteln. Rückfluß über Konto der TIMOIC bei der Bank Austria Wien.
 Es wurde ein Bußgeld in Höhe von 1 350 000 österreichischen Schilling ausgesprochen.

Laurenti rief seinen Kollegen bei der Guardia di Finanza an und fragte, um was es sich konkret handelte. Der Maggiore hielt sich bedeckt, wich aus. Wenn Laurenti das rätselhafte Gerede richtig verstand, ging es um die Vermittlung schneller Motorboote und um sehr viel Geld. Merkwürdig war, daß Kopfersberg letztlich nur ein Esser mehr in der Nahrungskette gewesen sein konnte und von beiden Seiten, Produzent wie Käufer, Geld bekam. Natürlich Geld aus schmutzigen Geschäften. Es handelte sich um Schiffe, die mit Vorliebe in der Meerenge zwischen Albanien oder Montenegro und Apulien eingesetzt wurden, um den immensen Fluß an geschmuggelten Zigaretten in Gang zu halten.

Sie hatten diesen Firmenzweig der TIMOIC beobachtet,

weil sie sicher waren, daß über die unsinnige Handelskonstruktion hohe Summen gewaschen wurden.

Nach der dritten Durchsuchung der Geschäftsräume wurde der Firmenzweig verkauft. Nach Malta. Man vermutete, daß der Tremani-Clan aus Lecce Inhaber dieser Firma war. Beweisen konnte man nichts. Die Sache blieb vorerst liegen.

»Übrigens«, fügte der Maggiore der Guardia di Finanza hinzu, »die TIMOIC hat die Türkeihilfe in der Hand. Sie stellen als Schiffsmakler für die Europa-Behörde die Frachtkapazität zur Verfügung und kümmern sich um den Durchlauf im Hafen. Das geht's um viel Geld.«

»Und um ein paar Tote«, sagte Laurenti sarkastisch.

Das monatliche Anzeigenblatt ›Mercatino‹ fand er bereits aufgeschlagen auf Mariettas Schreibtisch. Weil sie noch immer in der Mittagspause war, nahm er das Heft, in dem von der Haushaltshilfe bis zum gebrauchten Motorboot alles zu finden war, mit in sein Büro. Die acht Seiten, auf denen seine Tochter Livia der Stadt präsentiert wurde, trieben ihm den Schweiß auf die Stirn und ließen ihn einen verzweifelten Seufzer ausstoßen. Livia posierte sowohl in einem leichten Sommerkleid als auch in einem schrecklichen pink und weiß eingefaßten Bikini. Grauenhafte Fotos, die irgendein drittklassiger Fotograf attraktiv fand: Livia auf dem Sattel einer Vespa liegend, Livia vor dem Teatro Verdi mit einem lächerlichen Lacktäschchen in der Hand, Livia am Strand mit einer Taschenbuch-Ausgabe der ›Madame Bovary‹ in den Händen und der ins Haar gesteckten Sonnenbrille. So spießig. Geschmacklos! Nicht zu fassen! Aber es waren nicht nur die Fotos, die Laurenti zum Kochen brachten. Als Alibi gab es dazu noch einen schrecklichen Bericht und ein dämliches Interview. Alles gedruckt auf holzhaltigem Billigpapier mit graugelbem Stich, auf dem die Farben abgesoffen waren. »Porno, Softporno«, brummte Laurenti wütend, während er das verkitschte Porträt seiner Tochter las.

Livia Laurenti

Süß und romantisch, sensibel und gefühlvoll (vielleicht liest sie deswegen moderne Literatur), ein Zwilling mit Aszendent Krebs – delikat. Livia sagt von sich, sie sei eine unkomplizierte Persönlichkeit und es genügten ihr wenige Dinge im Leben. Sie ist zwanzig Jahre alt und studiert im dritten Semester Literaturwissenschaft. Ihr Hobby ist selbstverständlich die Literatur, und alle fremden Sprachen interessieren sie. Sie spricht Englisch und Deutsch, auch Spanisch. Und sonst, sagt sie, liebt sie das Meer und die Tiere. Livia arbeitet halbtags in einer Galerie, als Mädchen für alles. Sie würde auch gerne in einer Bar bedienen, aber ihre Eltern sind damit nicht einverstanden. (Ihr Vater ist Polizist.) »Menschen machen mich neugierig«, sagt sie, »und wo trifft man mehr als in einer guten Kneipe. Aber auch die Arbeit in der Galerie gefällt mir gut, doch muß man sehr auf die Form achten. Drinks mixen ist einfacher als Kunst verkaufen.« Livia würde gerne Schriftstellerin oder Journalistin werden. »Mir gefällt die Vorstellung, an jedem Ort der Welt mein Geld verdienen zu können. Frei zu sein, das ist wichtig!«

»Es ist doch eher ungewöhnlich, daß ein Mädchen wie du, sensibel und gefühlvoll, an einem Schönheitswettbewerb teilnimmt, an der ›Miss Triest 1999‹.«

»Ja, das ist wahr, das heißt einfach, daß ich die Ausnahme von der Regel bin! Aber Scherz beiseite, ich möchte wissen, wie das ist, wenn einen alle anstarren. Es erwartet mich nichts anderes als eine neue Erfahrung, eine Menge Vergnügen und die Möglichkeit einer persönlichen Horizonterweiterung.«

»Und was würdest du tun, wenn du gewinnst?«

»Ach, gewinnen ist nicht so wichtig, aber es würde mich freuen. Wenn ich gewinnen würde, dann änderte sich sicher viel. Die ganzen Termine und so. Vielleicht auch Angebote aus der Modewelt oder vom Film. Wir werden sehen. Und natürlich die Teilnahme an der Miss Friuli Venezia-Giulia und dann vielleicht sogar Miss Italia. Aber ich würde alles sehr sorgfältig auswählen.«

»Und was würde es für dein Studium bedeuten, wenn du gewinnst?«

»Als erstes würde ich umziehen, nach Berlin oder New York, und dort das Studium abschließen. Aber ohne Eile.«

»Was bedeutet ›Familie‹ für dich?«

»Die ist sehr wichtig. Ich liebe meine Geschwister und meine Eltern sehr. Aber man muß immer lange darum kämpfen, bis sie begreifen, daß man erwachsen ist. Irgendwann möchte ich selbst Kinder haben und einen Hund. Und ein Haus am Meer.«

»Was ist mit der ›Liebe‹?«

»Liebe ist wunderbar! Ganz wichtig! Und wenn man richtig geliebt wird, dann braucht man nicht mehr viel in seinem Leben, oder? Ich würde mein ganzes Herz sofort demjenigen schenken, der mich in der richtigen Weise erobern würde.«

»Hast du einen Freund?«

»Das ist leider schiefgegangen. Er hat mir vorgeworfen, daß ich zuviel lese, aber darauf kann ich nicht verzichten! Aber er war süß, ich bin nicht böse auf ihn.«

»Was würdest du an deinem Charakter ändern, wenn du könntest?«

»Meine Mutter sagt immer, daß ich eine sehr großzügige Kombination von ›zu gut‹ und ›zu stur‹ sei.

Vielleicht wäre es gut, wenn es mir gelänge, mich weniger um die Meinungen anderer zu kümmern. Unabhängiger sein.«

»Und was ist dir ganz besonders wichtig in deinem Leben?«

»Das kann ich ganz schnell sagen: Bücher, Liebe, Freunde, Meer und Sonne.«

»Dio mio«, entfuhr es dem gepeinigten Vater, »hoffentlich gewinnt sie nicht!« Er wischte sich mit einem Taschentuch über die schweißnasse Stirn.

13.55 Uhr

Marietta kam endlich vom Mittagessen zurück und fand ihren Chef, die Füße auf seinem Schreibtisch, wie er soeben den ›Mercatino‹ zuschlug. Ein Häufchen Elend. In Mariettas Kleidern hing noch der Geruch des Lokals, wo sie mit den Kollegen gegessen hatte – eine Mischung aus Bratfett und Zigarettenrauch.

»Ich bringe dir hier die Strafregister der beiden Drakičs, um die du mich spätestens in einer Stunde bitten würdest. Nicht viel, aber auch nicht schön.« Sie legte die beiden Blätter auf seinen Schreibtisch. »Beide wurden vor vier Jahren auf Bewährung verknackt. Förderung der Prostitution. Komischerweise fehlt Zuhälterei im Urteil. Das gibt's selten.«

Laurenti schaute sich die beiden Strafregisterkopien an und legte sie zurück auf den Tisch.

Er schnüffelte durch die Nase. »Was für ein Parfüm, Marietta! Warst du beim Friseur?« Er schaute sie prüfend an.

»Spinnst du?« Marietta runzelte die Stirn und trat einen Schritt zurück.

»Ach nein, Verzeihung, du warst zu Mittag essen. Was gab es denn Widerliches? Ein Fritto Misto? Es riecht zumindest so.« Wie ein Hund schnüffelte er herum.

»Dein Chef ist der charmanteste Mann Triests, Marietta«, sagte sie laut zu sich selbst und warf ihm einen vernichtenden Blick zu. »Er versteht es immer, außergewöhnliche Komplimente zu machen, Marietta. Ja, dein Chef ist ein sehr netter Mann! Aber manchmal, Proteo, könnte ich dir ganz einfach eine runterhauen! Jeder würde das verstehen!«

»Du wirst kaum leugnen können, daß dies nicht dein übliches Parfüm ist, Marietta. Also, wie war das Fritto Misto?«

»Es war kein Fritto Misto, Laurenti! Aber wenn man mit den Kollegen essen geht, dann bleibt man auf dem laufenden. Das solltest auch du mal öfter tun.«

Marietta spielte nicht zu Unrecht darauf an, daß er schon geselliger gewesen war als in der letzten Zeit. Laurenti hatte seine Phasen. Die letzten Wochen hatte er sich über Mittag meist mit einem Buch für eine Stunde ins »Caffè San Marco« begeben, gelesen und nur Kaffee getrunken, nachdem Laura ihn einmal zu oft an der Hüfte gefaßt und den kleinen Wulst, der sich dort bemerkbar gemacht hatte, zwischen die Finger genommen hatte. »Bekommst du auch genug zu essen?« hatte sie gefragt. Tatsächlich war Laurenti schon besser in Form gewesen. Er war zwar nicht dick, doch eitel genug, um eine Mahlzeit am Tag auszulassen und die vier Kilo Übergewicht wieder abzunehmen.

»Und was hast du erfahren, Marietta?« fragte er lustlos.

»Hast du schon gehört, was am Molo VII passiert ist?«

Laurenti schaute sie geistesabwesend an und schüttelte schließlich den Kopf.

»Sie haben einen Container der ›FarEast‹ geöffnet. Du weißt, die roten mit der großen weißen Aufschrift. Er hatte schon die ganze automatische Verladestraße hinter sich gebracht und sollte auf einen Lastwagen verladen werden, als man Geräusche hörte. Zweiunddreißig Kurden. Nur Männer. Drei waren tot. Alle anderen sind in der Klinik in Cattinara. Noch einen Tag länger, und sie wären alle verdurstet. Der Container war elf Tage unterwegs. Einige von ihnen haben ausgesagt, daß sie pro Kopf sechstausend Deutsche Mark bezahlt haben und nach Deutschland wollten.«

»Es ist furchtbar, Marietta. Meine Sympathie haben die armen Teufel absolut. Auch wenn wir bei der Polizei sind, ich kann sie gut verstehen. Jetzt werden sie versorgt, bis sie wieder auf den Beinen sind, und dann abgeschoben. Haben diesen Verbrechern, denen es scheißegal ist, was mit ihnen passiert, ihr letztes Geld gegeben.«

»Daraufhin hat man weitere Container der ›FarEast‹ untersucht. Und mit einem haben sie immer noch zu tun. Der kam aus Madras. Er enthielt Millionen kleine rote Spinnen. Von der Ware ist nichts mehr zu sehen. Die Feuerwehr und die Ungezieferbekämpfung haben die Spinnen mit den ersten Maßnahmen nicht vernichten können. Jetzt setzen sie chemische Kampfstoffe ein. Stell dir das vor. Widerlich.«

»Du mußt das nicht so eng sehen. Wer weiß, was noch alles durch den Freihafen geht. Erinnere dich an den Drogencontainer nach Wien. Eineinhalb Tonnen Kokain. 250 Millionen Dollar! Das erste Mal, daß verschiedene Länder so gut zusammengearbeitet haben. Aber der Handel mit Menschen ist wirklich schlimm. Der Questore hat gestern abend angeordnet, daß wir härter durchgreifen müssen.«

Seit die Slowenen in die EU drängten, hatte der Questore berichtet, gaben sie sich große Mühe, als Barriere zu den Schengen-Staaten zu funktionieren. Am letzten Wochenende hatten sie über hundert Illegale bei Capodistria festgenommen. Flüchtlinge aus der Türkei, Pakistan, Bangladesch, Rumänien, Kosovo und Serbien. Eine erste Gruppe wurde im Morgengrauen entdeckt, in einem Wald nahe der slowenisch-kroatischen Grenze bei Jelsane. Anwohner hatten sie gesehen und die Polizei verständigt. Wenig später wurden von einer Polizeistreife fünfundzwanzig Pakistani und Rumänen festgenommen, die bereits über zwanzig Tage unterwegs waren. Zwei Wochen vorher waren sie noch in Novi Sad in Serbien. Versteckt in einem Güterzug, kamen sie nach Zagreb. In zwei Lieferwagen brachten drei Schleuser sie dann aus der kroatischen Hauptstadt nach Fiume. Danach wurden sie irgendwo über die Grenze nach Slowenien geführt und hatten sich in einem Wald versteckt, wo sie von zwei anderen mit einem Lastwagen übernommen wurden, die sie nach Udine bringen sollten. Jeder der Flüchtlinge mußte ihnen allein für die letzte Etappe nochmals zweitausendfünfhundert Deutsche Mark bezahlen. Eine andere Gruppe von einunddreißig Bangladeschern, auch Jugendliche zwischen dreizehn und neunzehn Jahren, wurden von der Polizei am Samstag morgen bei Vrtojba gestellt, einige Kilometer vor der italienisch-slowenischen Grenze bei Gorizia. Die Flüchtlinge, nach der langen Reise am Ende ihrer Kräfte, hatten erzählt, daß sie vorher von Mittelsmännern von Budapest nach Ljubljana gebracht worden waren. Dann wurde die gesamte Gruppe in einen einzigen Lieferwagen verfrachtet. Sie hatten jeweils dreitausend Mark an die Schleuser bezahlt, die im letzten Moment vor der Festnahme fliehen konnten. Sonntag vormittag waren es elf Rumänen, die man bei Postumia aufgebracht hatte. Ihre drei Führer, die mit ihnen verhaftet wurden, hatten erklärt, daß die Flüchtlinge vor einer Woche aus Bukarest geholt worden waren, um sie als Schwarzarbeiter auf einer Baustelle und in der Landwirtschaft bei Palmanova und Pordenone einzusetzen. Inzwischen boten die Schleuser ihren »Kunden« sogar ein Paket an, das einen zweiten Versuch der Einreise vorsah, wenn der erste scheiterte.

Insbesondere die Deutschen machten Druck, damit die anderen Länder die Grenzen dichtmachten, und polemisierten schon gegen die Italiener, als die ersten großen Flüchtlingsschiffe aus Albanien übergesetzt hatten. Bilder, die niemand vergessen konnte.

»Überwach mal knapp achttausend Kilometer Küste!« Laurenti hatte mit der Hand auf den Tisch geschlagen. »Einfach unmöglich! Aber es trifft immer die Schwächsten. Und wir müssen die illegale Einwanderung bekämpfen. Auch wenn alle weiter nach Norden wollen.«

»Apropos Norden, Proteo«, sagte Marietta. »Was gibt's Neues von Kopfersberg?«

Laurenti erzählte ihr vom Besuch in der Villa und von der Vermutung, die Orlando ausgesprochen hatte.

»Wir müssen wie gewöhnlich Steinchen um Steinchen suchen und zusammensetzen. Sei bitte so nett«, fuhr er fort, »und leite ein Amtshilfeersuchen an die Wiener Kollegen ein. Irgend jemand muß den Sohn befragen. Dr. Spartaco de Kopfersberg. Schrecklicher Name. Wir müssen wissen, ob er von seinem Vater etwas gehört hat, wo er zur fraglichen Zeit war und den ganzen Kram. Vielleicht erreichst du jemand in Wien, mit dem du reden kannst. Und wenn nicht, dann verbinde an mich weiter. Und noch etwas: Ich möchte diesen Viktor Drakič endlich sprechen. Ruf ihn an und bestelle ihn hierher.«

»Permesso«, Claudio Fossa hatte flüchtig am Türpfosten geklopft, war ohne auf Antwort zu warten eingetreten und hatte sich Laurenti gegenüber an den Schreibtisch gesetzt.

»Ich habe den Dienstplan gemacht und einen guten Platz für deinen Journalisten gefunden. Er fährt bei Vicentino und Greco mit. Auf die ist Verlaß. Du kennst ja Vicentino selbst. Und Greco ist einer der Neuen, intelligent und ehrgeizig.«

»Man erlebt immer wieder Überraschungen!« Greco hatte gestern morgen auf ihn keinen besonders guten Eindruck gemacht. Aber vielleicht tat er ihm ja unrecht, und der arme Plattfuß war lediglich übermüdet gewesen.

»Ich bin mit ihnen die Route im Detail durchgegangen und habe Anweisung gegeben, möglichst viele Kontrollen durchzuführen. Sie übernehmen den Abschnitt bis Miramare und nach Opicina hinauf. Dazwischen sollen sie immer wieder in die Stadt zurückkehren ins Borgo Teresiano, später Richtung Muggia und ins Industriegebiet. Zum Diskothekenschluß dann wieder in die Nähe des ›Machiavelli‹. Dienstschluß um sechs Uhr. Der Mann wird müde werden.«

»Danke, Claudio.« Laurenti war soweit zufrieden, auch wenn er gehofft hatte, daß Fossa zwei andere Beamte ausgewählt hätte, die auch er besser kannte. Aber was konnte schon schiefgehen? Später würde er Rossana Di Matteo anrufen, damit sie Decantro, den wildgewordenen Volontär, unterrichten konnte.

»Er muß sich um achtzehn Uhr beim Schichtleiter melden und wird dann erst einmal mit Statistiken abgefüttert. Das dauert etwa zwei Stunden. Danach führen wir ihn ins Coroneo, wo er die Untersuchungshäftlinge begutachten darf, die haben dann gerade Filmvorführung. Anschließend Schichtbeginn mit Appell zum Antreten und einer großen Ansprache an die Männer. Von mir selbst. Das gab es über zehn Jahre nicht. Für was auch. Aber vielleicht ist es zwischendurch ganz hilfreich. Und deinen Freund wird es beeindrucken.«

»Hört sich gut an, nur daß er nicht mein Freund ist. Was machen die Kontrollen?« Laurenti war immer neugierig auf die Berichte von der Streife. Die war immer am nächsten am Geschehen, man erfuhr direkt, was in der Stadt los war.

»Welche meinst du? Im Borgo ist alles so, wie wir es erwartet haben. Einige neue Mädchen sind angekommen. Die Kameras sind geladen, und du wirst bald dein Foto haben. Und an der Illegalenfront gibt es noch keine nennenswerten Erfolge. Wie läuft es bei dir?«

»Nebulös, diesig, so wie heute die Sicht über den Golf, Claudio. Nichts außer Vermutungen. Aber eines wollte ich dich fragen: Habt ihr in den letzten Monaten irgendwelche besonderen Meldungen aus der Via dei Porta bekommen, daß dort irgend etwas Besonderes vorgefallen ist? Der Kasten oberhalb der Villa Ada.«

»Ach so. Ja, natürlich. Hin und wieder beschweren sich die Nachbarn, weil die Straße blockiert ist von einer Menge dicker Autos, und im Sommer gibt es Beschwerden wegen Ruhestörung. Die feiern da irgendwelche Feste im Garten mit reichen Gästen. Aber es ist nichts Besonderes.«

»Mich interessiert das, Claudio. Kannst du bei Gelegenheit heraussuchen lassen, wann das war? Vielleicht hilft es uns weiter.«

»Wenn du meinst.« Fossa schaute ihn so mißtrauisch an wie jeder, der sich unerwartet kontrolliert fühlt.

»Und sonst?« fragte Laurenti.

Fossa räusperte sich. »Hast du von dem Fund der Carabinieri gehört?«

Laurenti schüttelte den Kopf.

»Im Karst. In der Nähe des Golfclubs, Richtung Bassovizza. Ein Golfspieler auf der Suche nach seinem Ball fand im Gestrüpp die unbekleidete Leiche einer jungen Frau. Nicht zu identifizieren. Kein Sexualdelikt. Sieht nach einer Hinrichtung aus. Sie wurde von hinten erschossen. Drei Schüsse. Parabellum. Die Gerichtsmedizin stellt ein Porträtfoto von ihr her, mit dem wir nach ihr suchen sollen. Kommt heute abend schon mit auf Tour.«

»Ihr seid also dazu verdonnert, den Carabinieri zu helfen. Hoffen wir, daß ihr bald Erfolg habt. Kannst du mir die Unterlagen in Kopie zukommen lassen, bitte? Es ist gut, wenn man Bescheid weiß.«

»Was du immer mit den Carabinieri hast! Ich komme gut mit ihnen zurecht. Es sind keine Sympathieträger, aber das sind wir auch nicht. Polizei ist Polizei. Wir sind doch für die meisten nur ein Stück Scheiße.«

Claudio Fossa verabschiedete sich nach einer Weile, in der sie sich noch darüber austauschten, wie viele Morde es in Triest in den letzten Jahren gegeben hatte und wie froh sie waren, daß zwei Hände ausreichten, sie zu zählen. Und in den letzten fünfzig Jahren waren insgesamt nur acht unaufgeklärte Fälle verzeichnet.

»Bei uns stinkt's vermutlich nur im Freihafen, wo wir nichts zu suchen haben. Dort aber gewaltig.« Mit diesen Worten ging Fossa hinaus.

17.30 Uhr

Laurenti konnte an diesem späten Nachmittag nicht mehr viel tun. Er hatte einen Berg an Informationen zusammengetragen. Viktor Drakič hatte versprochen zu kommen und sich offensichtlich verspätet. Dafür war ein aufgeblasener Decantro am Telefon, der sich darüber beschwerte, daß es ein offensichtliches Komplott sei, ihn mit auf Streife zu schicken, wenn normale Bürger schliefen. Es hinge doch eindeutig mit dem Besuch bei der Chefin zusammen. Laurenti hörte zu, kommentierte nicht und fragte nur, ob dies alles sei, was Decantro zu sagen habe. Mit den Entscheidungen der Zeitung habe er nichts zu tun. Dann legte er grußlos auf und schüttelte den Kopf. Er staunte über den Mut des jungen Mannes, sich so aufzuspielen.

Laurenti rief in der Gerichtsmedizin an, erreichte den alten Doktor Galvano, der diese Funktion schon ausübte, als Proteo mit dreiundzwanzig Jahren nach Triest versetzt worden war. Galvano hatte soeben seine Hallen verlassen wollen, um, wie er sich ausdrückte, den Freizeitwert der Stadt zu nutzen. Er erzählte, daß sie nach langem Gezeter in der Villa des Österreichers ausreichend Material bekommen hätten für die Untersuchungen. »Eine Haarbürste voller leckerer Partikelchen«, sagte er laut schmatzend, »hat deutlich weitergeholfen. Die Hautpartikel am Tau der Yacht stammen eindeutig von Bruno de Kopfersberg. Die Unterlagen liegen bei dir auf dem Tisch, Laurenti.«

»Da sind sie leider nicht, Dottore!«

»Ach je, Laurenti, schau halt noch mal genau nach. Aber vielleicht hast du auch recht, dann kommen sie noch. Heute weiß man ja nie, die gleichen Wege wie früher werden immer länger. Ich glaube, man nennt das Rationalisierung. Also schönes Wochenende!«

Laurenti mußte lachen, Galvano war schon immer ein Kauz, aber in den letzten Jahren wurde er richtiggehend merkwürdig. Eigenartig, daß er noch nicht in Pension ist, dachte Laurenti, aber er würde uns tatsächlich fehlen. Laurenti wußte nicht, daß Galvano seit Jahren pensioniert war und dies einfach ignorierte. Er war am ersten Tag nach seiner Abschiedsfeier wieder ins Büro gekommen, so wie zuvor, und hatte alle Fragen hierzu überhört. Die Leichen in Triest gehörten erst einmal ihm, und damit basta.

Laurentis Magen knurrte. Er fragte Marietta, ob sie irgend etwas Eßbares in ihrem Schreibtisch versteckte, ein Schinkenbrötchen oder ein Stück Käse. Nur Schokolade mochte er nicht. Er mußte sich mit einem weiteren Kaffee begnügen. Als er ihn in kleinen Schlucken ausgetrunken und die Tasse zurückgestellt hatte, traf endlich Viktor Drakič ein.

Ein sehr kräftiger, elegant gekleideter Mann im dunkelblauen Anzug mit weißem Hemd, goldener Schweizer Uhr am linken Handgelenk und breiten Händen. Der Anzug saß nahezu perfekt, war am Rücken auf Maß geschnitten, und nur an den Oberarmen spannte der Stoff, wenn er seine Arme anwinkelte.

»Warum haben Sie mich herbestellt, Commissario?« Er sprach ein gutes Italienisch, aus dem man den slawischen Akzent kaum heraushörte. Seine Körperhaltung drückte ein hohes Maß an Arroganz und Aggressivität aus.

»Bruno de Kopfersberg. Hat er sich bei Ihnen gemeldet?«

»Leider nein«, Drakič schüttelte langsam den Kopf. »Wir sind in Sorge.«

»Wir haben uns gestern abend schon gesehen, wenn ich mich nicht irre?«

Drakič schaute ihn verwundert an, ein mißtrauischer Blick über den gestrafften Wangen.

»Waren Sie nicht mit Ihrer Schwester an der Costiera?«

»Ach ja, ich erinnere mich. Sie waren der einsame Schwimmer.«

»Ein altes kriminalistisches Vorurteil lautet: Der Täter kehrt immer zum Tatort zurück. Dabei ist es eher der Ermittler.«

»Wir haben uns angeschaut, wo die ›Elisa‹ gefunden wurde«, sagte Drakič.

»Sie sind Prokurist der Firma und wahrscheinlich einer seiner engsten Mitarbeiter...«

»Der engste Mitarbeiter. Entschuldigen Sie, daß ich Sie korrigiere.« Drakič lehnte sich gelassen zurück.

»Gibt es irgend etwas, das Sie mir sagen müßten?« Laurenti sprach langsam.

»Leider nein. Wie ich schon sagte, wir sind sehr in Sorge. Was interessiert Sie?«

»Hatte, entschuldigen Sie, hat Signor de Kopfersberg Feinde?«

»Ganz klar: nein! Warum?«

»So harmlos geht es im Import–Export nicht unbedingt zu. Schon gar nicht mit dem Osten . . .«

»Vorurteile!« Drakič unterbrach ihn schroff und machte ein herablassende Handbewegung. »Wir sind keine Barbaren auf dem Balkan, Commissario.« Er hob das Kinn und schaute Laurenti mit funkelndem Blick herausfordernd an. »Kopfersberg ist ein angesehener Geschäftsmann mit exzellenten Kontakten, ohne die ein Geschäft keinen Erfolg hat.«

»Neider?« fragte Laurenti und überging die Provokation.

»Die gibt es immer.«

»Wo waren Sie vorgestern nacht?«

»Zu Hause. Warum?« Er hob die Augenbrauen.

»Sie leiten die TIMOIC, wenn Kopfersberg nicht da ist?«

»Ja!«

»Allein?«

»Ja, allein.«

»Auch Eva Zurbano hat Prokura.«

»Das ist eine alte Sache. Kopfersberg wollte sie längst löschen, andererseits aber Signora Zurbano nicht kränken. Sie hat nichts zu sagen.«

»Was haben Sie gedacht, als Sie hörten, daß er vermißt wird?«

»Geschäfte. Ich muß die Geschäfte in Gang halten, bis er wieder da ist.« Drakič hatte sich vorgebeugt und die Innenflächen seiner Hände nach oben gedreht. »Wir haben im Moment sehr viel zu tun! Ich bekomme kaum mehr genug Schlaf.«

»Sieht man Ihnen aber nicht an! Die Türkei-Hilfe, wenn ich nicht irre.«

»Ja«, bestätigte Drakič, »Zigtausende notleidende Menschen. Das muß schnell gehen!«

Laurenti traute dieser Anteilnahme, die so kalt ausgesprochen wurde, nicht.

»Hatten Sie keine Angst, daß Kopfersberg etwas zugestoßen ist?« fragte Laurenti.

»Um ehrlich zu sein: zu Anfang natürlich schon. Aber dann konnte ich es mir nicht vorstellen. Und ich kann es bis heute nicht.«

»Warum hat die Firma so große Räume?«

»Weil wir sie brauchen. Manchmal stellen wir Leute auf Zeit ein. Auch jetzt wieder. Die Sache mit der Türkei schaffen wir nicht allein. Und Kopfersberg hat die Räume vor Jahren gekauft, damit er weniger Steuern zahlen mußte. Triest – und das wird auch Ihnen nicht entgangen sein – ist im Aufschwung, wie viele Städte an der Grenze zum ehemaligen Ostblock. Es ist zwar noch nicht viel, aber warten Sie's ab. Ich setze auf diese Stadt. Kopfersberg auch. Da gewinnt, wer im richtigen Moment dabei ist.«

Laurenti sah dies überhaupt nicht so. Natürlich baute und renovierte man überall ein bißchen, aber seiner Ansicht nach verhinderten die konservativen Triestiner jede Veränderung, die sie aus ihrem gemächlichen Leben reißen könnte. Die Huren im Borgo Teresiano schienen der einzige Anschluß an die Gegenwart zu sein. Aber darüber wollte er mit Drakič schließlich nicht reden.

»Ihre Schwester war nicht sehr auskunftsfreudig bei meinem Besuch. Es hat mich irritiert, daß sie so sorglos war.«

»Sorglos? Da irren Sie sich. Vielleicht halten wir unsere Gefühle nur etwas mehr zurück. Wenn Sie die Kriege und Morde miterlebt hätten, die wir erleben mußten, wüßten Sie, wovon ich spreche.«

Laurenti traute seinem Gegenüber nicht. Wieder gab es diese merkwürdige Diskrepanz zwischen Inhalt und Ton.

»Also, sie verzehrt sich vor Sorge? Aber sie unterstützt uns nicht. Für eine Frau, die sich Sorgen um ihren Mann macht, schien sie mir eher unberührt.«

»Das mag Ihnen so vorkommen.« Drakič zuckte gleichgültig die Achseln.

»Und die vielen Mädchen in der Villa?«

»Fragen Sie Tatjana. Das weiß ich nicht. Sie führen ein aufwendiges Leben.«

»Personal, behauptet sie.«

»Dann wird es auch Personal sein. Wie gesagt, ich weiß es nicht.«

»Wohin wollte Kopfersberg?«

»Das hat er nicht gesagt. Er wollte zwei, drei Tage ausspannen, bevor der Streß mit den Containern anfängt. Dazu fährt er immer mit der Yacht hinaus. Er entspannt sich gut auf See. Und es wird eine hektische Zeit werden.« Drakič blieb noch immer ruhig und sachlich.

»Er war in Rimini!« Laurenti schaute sein Gegenüber genau an.

»In Rimini?« fragte Drakič erstaunt.

»Haben Sie Geschäftsbeziehungen nach Rimini?«

»Nein. Und ich weiß auch nicht, ob er schon öfters dort war. Aber so groß ist die Adria auch wieder nicht. Da kann man auch mal nach Rimini und das Nachtleben genießen. Warum nicht? Wenn's die eigene Frau nicht erfährt.«

»Ganz recht: warum nicht! Verdient man viel Geld mit der Vermittlung von Transportleistungen?« Laurenti wechselte gern und häufig das Thema, um irgendwann wieder an die alten Punkte anzuknüpfen und Widersprüche zu entdecken, wenn es welche zu entdecken gab. Aber Drakič war ein harter Knochen.

»Es rechnet sich. Aber es ist für eine gute Sache. Man legt nicht die üblichen Kalkulationen zugrunde, aber man muß sehr vorsichtig sein, weil nicht alle so denken. In dieser Welt ist niemand selbstlos. Wer sieht, wo Geld ist, will es auch haben.«

»Sie haben die Firma in Wien.«

»Viele Firmen haben Zweigstellen in anderen Ländern.«

»Die ATW ist keine Filiale.«

»Sie hat eine eigene Rechtsform. Bruno de Kopfersberg ist Inhaber, Spartaco Geschäftsführer. Ich nicht.«

»Aber Sie kennen Spartaco?«

»Selbstverständlich! Er ist der Sohn meines Chefs. Und ein Kollege.«

»Sowohl die ATW als auch die TIMOIC waren in einen Korruptionsfall verwickelt. Kann Kopfersbergs Verschwinden damit zusammenhängen?« Laurenti wagte sich vor.

»Schauen Sie, manchmal genügt die Leistung nicht, die man erbringt, und es bedarf zusätzlicher Aufmerksamkeit, wenn ich so sagen darf.« Drakič versuchte, ihm die Geschäftswelt zu erklären wie einem Schüler. »Alle machen das, und es war nicht strafbar, Geschenke an eine ausländische Behörde zu machen. Anders als im Inland. Wenn Sie es nicht tun, dann tut es ein anderer.«

»So einfach ist das?« Laurenti war angeekelt von der Kälte, mit der Drakič diese Machenschaften erklärte. Aber er wußte, daß es der Wahrheit entsprach. Man konnte ungestört ausländische Funktionäre bestechen, ohne dafür im Inland belangt zu werden. Kein Land der Erde hatte dies bisher verboten, und es gehörte zu den Geschäftsgepflogenheiten, Bestechungsgelder auf private Konten zu überweisen, um einen lukrativen Auftrag zu bekommen. Und nicht nur in die dritte Welt. Auch Europa machte da keinen Unterschied, selbst in Deutschland und Österreich war das Ausmaß an Korruption nicht geringer als in Italien. Ausgerechnet die Deutschen hatten wegen ihrer Exportstärke zu lange eine internationale Vereinbarung blockiert, mit der Bestechung auch über die Grenzen hinweg strafbar sein sollte.

»Und warum haben Sie die Strafe bezahlt?«

»Schauen Sie, man will schließlich weiter im Geschäft bleiben. Mi paghi, te assolvo. Wenn Sie die Strafe akzeptieren, waschen Sie sich rein. Uns wäre es auch lieber gewesen, wenn wir ausschließlich dank unserer Leistung an die Aufträge gekommen wären.« Schon wieder dieser Tonfall.

»Kann Kopfersbergs Verschwinden damit zusammenhängen?«

Viktor Drakič schüttelte entschieden den Kopf. »Nein. Wir haben uns die Hände nicht mehr schmutzig gemacht. Dafür haben wir einige Aufträge verloren. Also fehlt jeglicher Zusammenhang. Die Guardia di Finanza hat uns übrigens vor nicht allzu langer Zeit geprüft und bescheinigt, daß alles in Ordnung ist. Vielleicht sollten Sie sich dort erkundigen.«

»Das werde ich tun.« Laurenti war aufgestanden und ging um seinen Schreibtisch herum zu Drakič. »Geben Sie bitte umgehend Bescheid, wenn Sie etwas von Signor de Kopfersberg hören.«

Jetzt war auch Drakič aufgestanden und reichte ihm die Hand. »Natürlich!«

»Bevor Sie gehen, Signor Drakič«, sagte Laurenti und hielt Drakičs Hand fest, »Sie selbst hatten auch einmal in Rimini zu tun, wenn ich nicht irre. Ihre Schwester auch.«

»Ach so, das meinen Sie. Dann wissen Sie auch, daß es schon ziemlich lange her ist. Es ging übrigens nicht ganz fair zu. Wir waren unschuldig und sind es bis heute geblieben. Aber als Ausländer, erst recht wenn man aus dem Osten kommt, steht man immer etwas schneller unter Verdacht.«

»Man soll ja auch nicht zu sehr auf alten Sachen herumreiten«, Laurenti lächelte ihn an und ließ endlich seine Hand los. »Schönen Abend.«

Als Laurenti sich nach dieser Begegnung die Hände wusch, verspürte er nagenden Hunger. Ein Mittagessen war ihm nicht vergönnt gewesen, und bis zum Abendessen dauerte es noch zu lange. Er beschloß, in einer Bar ein Tramezzino zu essen. Außerdem hatte er Laura versprochen, am Abend mit ihr zu einer Ausstellungseröffnung der Galerie »Artecontemporanea« zu gehen. Die Freunde, bei denen seine Tochter Livia neben ihrem Studium arbeitete, hatten nicht allzuweit von der Wohnung der Familie Laurenti entfernt ihre Galerie für zeitgenössische Kunst eröffnet, die sich schnell zu einer der experimentierfreudigsten ganz Italiens entwickelte. Es war nicht so, daß Laurenti alles gefiel, was sie zeigten. Manches, insbesondere in der Fotografie, schien ihm modernistischer Käse zu sein. Der Mazedonier zum Beispiel, der seinem Schäferhund einen Zungenkuß gab. Wer's mag. Aber er mochte Marco und Cristina, die Galeristen, und die Eröffnungen waren meist besonders schön und wurden häufig mit einer Party in der Wohnung der beiden in der Via San Spiridione beschlossen. Bei solchen Gelegenheiten mußte Laurenti grundsätzlich vergessen, welchen Beruf er ausübte. Diese Künstler schienen ihm oft genug ein besonders exzentrisches Völkchen zu sein.

Und morgen würde seine Mutter aus Salerno ankommen. Mit dem Zug, weil sie der Fliegerei noch immer nicht traute und lieber volle Abteile und knappe Sitzplätze der Ferrovie Statale in Kauf nahm. Denn am Sonntag wollten sie nach San Daniele, dem Geburtsort Lauras im Friaul, deren Mutter ihren achtzigsten Geburtstag mit einem großen Fest feiern würde. Alle Geschwister Lauras aus dem Ausland reisten an, mit Kind und Kegel. Aber nicht nur, weil die Familie beste Schinken produzierte, angesehen und vermögend war, rechnete man mit etwa fünfhundert Gästen. Laurenti war es recht. Die Mehrzahl der angeheirateten Verwandtschaft war ganz in Ordnung, und mit einigen von Lauras zahlreichen Geschwistern verstand er sich ausgezeichnet. Und die Kinder würden mitkommen. Sie waren von ihrer Mutter schon seit Wochen darauf eingeschworen worden, daß sie sich für diesen Tag nichts anderes vornahmen. Er würde vielleicht mit Livia in Ruhe reden können, und endlich würde er auch Patrizia Isabella wiedersehen. Er würde sie in Grado abholen. Seine Lieblingstochter nahm während ihrer Ferien an den Bergungsarbeiten der »Julia Felix« teil, eines römischen Handelsschiffs aus der Mitte des zweiten Jahrhunderts. Im Winter 1986 hatte ein Fischer einige Amphoren in seinem Schleppnetz gefunden, was er den Unterwasserarchäologen von Marano Lagunare gemeldet hatte. Nach langen Forschungen hatte man entdeckt, daß es sich um einen kolossalen Fund handelte: ein komplett erhaltenes römisches Handelsschiff samt Fracht. Selbst der Inhalt einiger Amphoren war noch erhalten. Zehn Jahre später hatte man endlich die Mittel für die Bergung aufgetrieben, und es war klar, daß Patrizia Isabella um jeden Preis daran teilnehmen wollte. Sie beschäftigte sich schon lange mit der Archäologie, war trotz ihrer erst neunzehn Jahre bereits zur Spezialistin geworden und würde ab dem kommenden Herbst dieses Fach und dazu klassische Philosophie in Neapel studieren. Und Laurenti, der sehr an ihr hing, hatte sie schon über fünf Wochen nicht mehr gesehen.

18.20 Uhr

Laurenti machte auf dem Nachhauseweg einen für seine Verhältnisse recht ungewöhnlichen Halt. Er mochte das »Caffè degli Specchi« auf der Piazza dell'Unità d'Italia ebensowenig wie viele andere Triestiner. Es war einmal ein wunderbares altes Kaffeehaus gewesen, das schon von Italo Svevo und James Joyce gemieden wurde. Die Piazza war die Eintrittskarte zur Stadt, der Blick über den Golf wunderbar, und sogar noch im Winter konnte man, vorm Wind geschützt, draußen sitzen und die Manöver der großen Fähre der Anek-Lines beobachten. Irgendwann hatte man das Kaffeehaus leider zu Tode renoviert, wie die meisten anderen in der Stadt, und heute glich es einem schäbigen Etablissement der siebziger Jahre. Tauben belästigten die Gäste, die auf der Piazza saßen, mit unaufhörlichen Landeanflügen auf Schälchen mit Kartoffelchips oder Erdnüssen und waren nur schwer zu vertreiben. Der Service war langsam und unbekümmert, die Preise zu hoch. Aber das Café lag am besten Platz der Stadt, deswegen war es ein Anlaufpunkt für Touristen und für Triestinerinnen ab fünfzig, die einem netten Gespräch mit unbekannten Herren aufgeschlossen schienen.

Laurenti hatte Eva Zurbano dort sitzen sehen, die gepflegte Prokuristin der TIMOIC, von der er am Vortag so reserviert Auskunft erhalten hatte. Sie saß allein an einem der Tische vor den Fenstern, nahe am Eingang und im Schatten der Markise. Vor ihr stand ein Tablett aus Edelstahl, darauf ein Glas Prosecco und je eine Schale mit Oliven und Erdnüssen, daneben lagen ein Päckchen Zigaretten und ein Feuerzeug.

Sie hatte Laurenti schon gesehen, bevor er sie erkannte. Er nickte ihr zu, und sie nickte zurück. Ein Gedanke schoß ihm durch den Kopf: Das könnte die Chance sein. Vielleicht war sie bei einem Aperitif gesprächiger. Schon hatte er Richtung auf ihren Tisch genommen und sagte, als er vor ihr stand, sehr höflich: »Buonasera, Signora! Um diese Zeit ist immer das schönste Licht auf dem Platz, nicht wahr?«

»Buonasera! Ja, ich liebe diese Uhrzeit an diesem Ort. Die Sonne ist nicht mehr so grell.«

»Ein Aperitif ist eine gute Idee. Gestatten Sie, daß ich mich einen Moment zu Ihnen setze?«

In Wahrheit hätte auch eine Ablehnung ihn nicht daran gehindert. Er hatte längst den segeltuchbespannten Stuhl an der Lehne gefaßt und vom Tisch weggezogen.

»Bitte, gern!« Eva Zurbano war wirklich eine attraktive Dame, dachte Laurenti. Da war nichts Übertriebenes an ihr. Understatement, Klasse und auch das nötige Maß erotischer Ausstrahlung. Eva Zurbano wußte etwas aus ihrem Typ zu machen.

In der Nähe des Eingangs waren die Kellner eher zu greifen als an den Tischen auf der Piazza. Laurenti bestellte einen Sprizz Bianco Bitter.

»Signor de Kopfersberg war in Rimini. Habe ich Ihnen das schon gesagt?« begann Laurenti das Gespräch.

Eva Zurbano schüttelte den Kopf.

»War er öfters dort?«

»Ich glaube nicht. Geschäftlich auf jeden Fall nicht.« Es hörte sich nicht nach einer Lüge an.

»Ich mache mir Sorgen«, fuhr Laurenti fort. »Sorgen, daß Signor de Kopfersberg ermordet wurde.« Laurenti sah aufs Meer hinaus und vermied es, die Zurbano direkt anzuschauen. Er wollte keine offizielle Befragungssituation herstellen, konnte aber auch nicht aus seiner Rolle heraustreten. Also tat er so, als erzählte er ihr, was ihn beschäftigte.

»Ich auch«, antwortete die Zurbano zu seiner Überraschung, die er sich nicht anmerken ließ. Er mußte gelassen und ruhig bleiben.

»An Bord der ›Elisa‹ hat ein Kampf stattgefunden. Die Spurensicherung und die Ergebnisse der gerichtsmedizinischen Untersuchungen sind eindeutig.« Er blickte noch immer aufs Meer hinaus.

Sie schaute Laurenti überrascht an, aber er reagierte nicht.

»Ist das sicher?« fragte sie mit unruhiger Stimme.

»Ziemlich.« Er machte eine Pause. »Sagen wir neunundneunzig Prozent.«

»Hat man ihn gefunden?«

»Nein. Aber wir gehen davon aus, daß er ziemlich übel

zugerichtet wurde. Das war mit Sicherheit kein schöner Tod.« Von seiner anderen Theorie, daß der Österreicher überlebt haben könnte und sich in der Villa aufhielt, sagte er nichts. Er wollte Eva Zurbanos Reaktionen sehen.

Sie saß nicht mehr zurückgelehnt in ihrem Stuhl. Sie hatte sich aufgerichtet und den Blick unverwandt auf Laurenti gerichtet. Daumen und Zeigefinger ihrer rechten Hand waren weiß, so fest drückte sie sie aneinander. Die Knöchel ihrer Hand hatten dieselbe Farbe angenommen. Der Verlauf der Sehnen auf ihrem Handrücken war genau zu erkennen. Laurenti schaute noch immer aufs Meer hinaus. Nur aus einem äußersten Winkel seines Blickes nahm er sie wahr. Aber es entging ihm keine ihrer Reaktionen. Er begriff, daß Eva Zurbano wirklich in Sorge war.

»Vermutlich hatte man die Absicht, ihn lange leiden zu lassen. Wir gehen davon aus, daß Signor de Kopfersberg einen stundenlangen Todeskampf hatte. Er wurde vermutlich schwerverletzt an das Schlepptau seines Schiffes gebunden und ins Meer geworfen, während das Schiff mit dem Autopiloten nach Hause steuerte.«

Die Farbe war aus Eva Zurbanos gebräuntem Gesicht gewichen.

»Wir gehen davon aus«, phantasierte Laurenti weiter, »daß es die Absicht des Mörders war, daß Signor de Kopfersberg in Triest, seiner Heimatstadt, tot hinter der Yacht aufgefunden werden sollte. Vielleicht ganz langsam verblutet . . .«

Die Fingernägel von Eva Zurbanos Hand stießen tief in das Fleisch ihrer Handballen. Laurenti blickte unverwandt aufs Meer hinaus. Jetzt machte er eine Pause und nahm einen Schluck aus seinem Glas. Die Zurbano versuchte mit zittrigen Fingern eine Zigarette aus der Schachtel zu ziehen. Bisher hatte sie nicht geraucht. Laurenti nahm ihr Feuerzeug und gab ihr Feuer. Eva Zurbano zog zweimal schnell den Rauch ein. Jetzt erst schaute Laurenti sie an.

»Wir nehmen an«, er verschärfte seinen Ton, »daß Signor de Kopfersberg unterwegs von den Fischen gefressen wurde. Das kommt ja leider immer wieder vor.«

Eva Zurbano strich sich mit dem Zeigefinger der linken Hand über die linke Wange, von oberhalb des linken Mundwinkels bis zum äußeren Augenwinkel. Aber sie weinte nicht. Laurenti hatte sich wieder zurückgelehnt und schaute aufs Meer hinaus. Seine Stimme war die ganze Zeit ruhig, gleichförmig monoton geblieben, aber seine Sinne waren zur äußersten Wachsamkeit angespannt. Er war völlig klar, war zu hundert Prozent präsent. In diesen Momenten fühlte er sich am wohlsten und fragte sich dann immer, warum es ihm nicht gelang, über eine solche Klarheit und Konzentriertheit auch sonst zu verfügen. Er schwieg und wartete ab. Auch Eva Zurbano schwieg lange.

»Ich habe befürchtet, daß irgendwann einmal so etwas passiert«, sagte sie dann mit leiser Stimme und schwieg wieder.

»Was?« Der Commissario blieb unbeweglich.

»Das.«

»Und warum?«

»Man spürt das Unglück manchmal nahen.«

»Ich kenne Herrn de Kopfersberg schon lange«, sagte Laurenti jetzt, und Eva Zurbano schaute ihn erstaunt an.

»Das wußte ich nicht!« Ihre Verwunderung schien echt zu sein.

»Ich habe damals ermittelt, als seine Frau verschwand«, sagte Laurenti. »Ich erinnere mich noch ganz gut an alles, doch nicht an Sie. Sie sagten gestern, daß Sie schon fünfundzwanzig Jahre in der TIMOIC sind. Ich dachte, wir hätten damals mit allen gesprochen.«

»Nicht mit mir«, antwortete die Zurbano. »Ich habe mich nach Elisas Tod um Spartaco gekümmert, den Sohn.«

»Auch an den erinnere ich mich, er war noch klein. Übrigens, was für ein Verhältnis hatten Vater und Sohn?«

»Bis vor einem Jahr ein sehr gutes.«

»Und was ist vor einem Jahr passiert?« Laurenti schaute wieder aufs Meer hinaus.

»Spartaco kam eines Tages nach Triest und hatte mehrere Tage so harte Auseinandersetzungen mit seinem Vater, daß es nicht zu überhören war. Auch mit mir stritt er und warf mir vor, den Tod seiner Mutter mit verursacht zu haben, weil ich die Geliebte seines Vaters war. Als Komplizin hat er mich beschimpft und wollte nicht hören, daß es ein Unfall war. Bruno sagte, daß Spartaco seit neuestem davon überzeugt sei, daß er Elisa ermordet habe.«

»Und Sie? Sind Sie sich sicher, daß es ein Unfall war?« Laurenti schaute sie nicht an.

»Ja, ich bin mir ganz sicher«, Eva Zurbanos Stimme war belegt. »Ich weiß, daß er sie nicht umgebracht hat.«

»Sie hatten ihn gern, nicht wahr? Sehr gern!«

»Ja.« Eva Zurbano fuhr sich mit dem linken Mittelfinger erneut über die Wange, strich eine Strähne ihres schwarzen Haares zurück übers Ohr und räusperte sich nochmals. »Ich liebte ihn sehr. Aber das ist, wie ich schon sagte, lange her. Wir waren über zwanzig Jahre zusammen.«

»Wann haben Sie sich getrennt?«

»Vor etwas mehr als drei Jahren. Bruno hatte eine Neue.« Die Zurbano hatte nach ihrer Handtasche gegriffen, sie nahm Zigaretten und Feuerzeug, steckte sie nervös hinein, zog einen Zehntausendlireschein aus dem Portemonnaie und schob ihn unter das Tablett mit den Getränken.

»Tatjana Drakič?«

»Ja.«

»Und ihr Bruder?«

»Der kam etwas später in die Firma.«

»Wie oft kommt Spartaco nach Triest?«

»Ein- bis zweimal im Monat. Je nachdem, was es zu besprechen gibt.« Eva Zurbano schaute auf ihre Uhr. Sie stand auf und strich mit der rechten Hand den Rock glatt. »Ich muß jetzt gehen. Entschuldigen Sie.«

Laurenti hielt sie nicht auf. Er sagte lediglich: »Buonasera, Signora!«

Eva Zurbano entfernte sich und verschwand am Ende der Casa Stratti auf die Piazza della Borsa. In einem Sichtfenster ihres Portemonnaies hatte Laurenti die Fotografie eines Mannes gesehen, den er kannte. Benedetto Rallo war der Direktor der Banca Nordeste und saß in einigen Gremien von Verbänden und Firmen in der Stadt. Eva Zurbano hatte ganz offensichtlich eine enge Beziehung zu ihm. Aber die anderen Informationen aus ihrem Gespräch beschäftigten Laurenti mehr. Er ließ einzelne Szenen noch einmal an sich vorbeiziehen und trank in Ruhe sein Glas aus. Dann schob auch er einen Schein unter das Tablett und ging.

Borgo Teresiano

Laurenti hatte sich vor Mitternacht für eine halbe Stunde von der Party davongeschlichen. Er hatte das Gefühl, daß ein wenig frische Luft ihm guttun würde. Er hatte zu rasch zuviel getrunken, und der Weißwein, der ausgeschenkt wurde, hatte es in sich gehabt. Vielleicht war es auch die Hitze gewesen, die ihm, der ansonsten ziemlich trinkfest war, zugesetzt hatte. Außerdem hatte eine füllige Sechzigjährige mit gefärbten Haaren, sonnenverbranntem Gesicht und Dekolleté ihn so mit ihrem Redefluß überschwemmt, daß er regelrecht die Flucht vor ihr ergreifen mußte. Er war zur Via Trento gegangen, ins Borgo Teresiano, und war schließlich dort gelandet, wo seine Beamten nachts verstärkt Kontrollen durchführen sollten: auf der Sündenmeile, wie Journalist Decantro sich auszudrücken beliebte. Laurenti wollte selbst sehen, was los war. Die meisten der Prostituierten, die die Polizisten in der letzten Zeit kontrolliert hatten, kamen aus Kolumbien und aus Nigeria. Mehr als sieben hatte er aber bisher nicht entdecken können. Sie standen meist zu zweit in der Nähe einer der Kreuzungen, wo Freier mit ihren Wagen anhalten konnten. Es war nicht viel los. Er wurde ein paarmal von den Mädchen angesprochen, die außerordentlich wenig anhatten. Aber er hatte lächelnd abgewinkt und war weitergegangen, bis er plötzlich seinen Namen rufen hörte.

»Commissario Laurenti.« Es war eine sehr tiefe Frauenstimme.

Er drehte sich um und sah auf der anderen Seite der Kreuzung in der Tat eine Frau, die er kannte. Er ging zu ihr hinüber.

»Lange nicht gesehen, Lilli. Bist du immer noch im Geschäft?«

Lilli hieß in Wahrheit Annamaria Berluzzi, war etwas älter als er, über fünfzig, und kräftig geschminkt. Ein breiter Gürtel über dem weißen, transparenten Kleid, unter dem sie nicht viel trug, schnürte ihren Bauch ein. Sie war in Triest geboren und schon im Geschäft, als er damals seinen Dienst antrat.

»Für dich die Hälfte!« Lilli hob mit beiden Händen ihre Brüste hoch, die nun gar nicht mehr verhüllt waren.

»Laß mal, Lilli«, sagte Laurenti lächelnd, »du weißt doch, wie die Dinge stehen.«

»Schade, Commissario.« Lilli ließ ihre Pracht zurückfallen. »Aber so eine wie mich findest du nicht so oft. Erste italienische Qualität.«

»Wie läuft's denn? Hast viel Konkurrenz bekommen!«

»Wem sagst du das! Und die Polizei verjagt auch noch die Freier. Beschissen also. Kannst du deine Leute nicht zurückpfeifen? Man steht sich die Beine in den Bauch, statt sie breitzumachen.«

»Wir müssen, Lilli! Haben gewaltig Druck bekommen. Kennst du die anderen?«

»Kaum, deswegen stehe ich ja hier, da vorne ist die Konkurrenz zu groß. Die kommen und gehen, bleiben nicht sehr lange. Tage oder Wochen. Kein Traditionsbewußtsein. Kaum eine bleibt hier. Wozu auch – anderswo läuft's besser.«

»Irgend etwas Verdächtiges gesehen?«

»Ich petze nicht, Laurenti. Hast du das vergessen? Aber es gibt auch nichts zu petzen. Es ist härter geworden, die jungen Ausländerinnen schnappen mir die Kunden weg. Der Einzelhandel geht zugrunde, die Massenware nimmt zu.«

»Hast du nicht genug auf die Seite gelegt, um ein schönes Alter zu genießen? Es wird doch sowieso Zeit, daß du deinen Laden schließt, Lilli.«

Lilli hatte einen Zuhälter gehabt, bis sie dreißig war. Ein kleiner Ganove, der manchmal ein paar Einbrüche machte. Er lebte mit Lilli zusammen, bis er irgendwann im Gefängnis landete und sich danach nicht mehr blicken ließ. Ab der Zeit hatte sie ihr Geld nur noch für sich verdient.

»Du tickst wohl nicht richtig! Ich habe ein ordentliches Gewerbe, Laurenti, nur diese jungen Dinger sind wirklich beschissen dran. Aber was will man machen. Übrigens bekommen wir Gesellschaft.« Lilli zeigte über seine Schulter.

Vier Streifenwagen hatten die umliegenden Kreuzungen blockiert, und ein Einsatzwagen, den man das mobile Kommissariat nannte, hatte sich in eine der Straßen gestellt.

»Lilli, ich haue ab«, sagte Laurenti, »und du vielleicht auch!«

»Ach was, mir tun sie nichts. Bei mir ist alles in Ordnung, wie du weißt.«

Er klopfte ihr auf die Schulter und machte sich davon.

Wenn er sich nicht getäuscht hatte, dann waren auch Vicentino, Greco und Decantro unter den Beamten. Er wollte nicht, daß der Journalist ihn hier sah. Zehn Minuten später war er wieder auf der Party. Niemand unter den vielen Gästen hatte bemerkt, daß er eine halbe Stunde weg war. Auch Laura nicht. Hätte er einen Mord begangen, hätte ihm die ganze Gesellschaft ein Alibi ausgestellt.

Triest, 19. Juli 1999

Schon wieder: Der ›Piccolo‹ meldete auf der Titelseite Haialarm. Laurenti hatte die Zeitung um acht Uhr vom Kiosk geholt und Kaffee sowie eine große Kanne Orangensaft gemacht. Samstags war es seine Sache, das Frühstück zu bereiten. Noch saß er alleine am großen Küchentisch und las die Zeitung.

Ein Blauhai war angeblich an zwei Stellen gesehen worden, man schätzte ihn auf ein besonders großes Exemplar von über vier Metern Länge, selten bei dieser Spezies. Die Guardia Costiera würde also alle Hände voll zu tun haben, denn auf den vierzig Kilometern Küste rund um den Golf von Triest versuchten die ersten Badegäste schon in den frühen Morgenstunden die besten Plätze zu ergattern. Die besten Parkplätze und die besten Badeplätze. Die Alten besiedelten Barcola schon frühmorgens, doch blieb die Mehrzahl der Pensionäre nur bis Mittag und folgte dann den Zeichen, die ihr Magen gab. Dann war Schichtwechsel am Strand. Zu dieser Zeit kamen die Jüngeren nach, die einen besseren Schlaf hatten und auch mehr Grund dafür. Wer mit dem Auto fuhr, statt mit einem Motorroller, hatte nur zu dieser Stunde Aussicht auf einen nahe gelegenen Parkplatz. Bei solchem Wetter, am Wochenende und bei einer Wassertemperatur von fünfundzwanzig Grad belegten über hunderttausend Menschen die Badeplätze. Und jetzt also Haialarm! Es würde schwer sein, die Menschen vom Meer abzuhalten, die Gluthitze trieb die Leute ins Wasser. Ob es da ausreichte, daß die Küstenwache mit drei Einheiten patrouillierte? Es war Schlimmes zu befürchten, denn im Gegensatz zu früher kamen heute bei jedem ernsthaften Jagdversuch nach dem Tier die »Animalisti« zu Wort. Und anders als in Südafrika, auf Hawaii oder vor anderen Küsten, wo es ein hohes Aufkommen von Haien gab, war man in Triest natürlich nicht mit Unterwasserschallgeräten ausgerüstet, die die Tiere verjagten. Für solche Anschaffungen ließen sie sich hier zu selten blicken. Zuletzt wurden 1996 drei Haie gesichtet, davor ein ernster Alarm im Jahr 1992, und ganz schlimm war es 1987, als sich angeblich dreißig Bestien im Golf tummelten. Und schließlich hieß es, daß im Jahr 1977 Elisa de Kopfersberg, Frau des bekannten Schiffsmaklers, dem gefährlichen Fisch zum Opfer gefallen sei. Das stimmte so nicht. Laurenti ärgerte sich über die Meldung. Die damaligen Nachforschungen führten leider zu überhaupt keinem Ergebnis. Von Elisa de Kopfersberg hatte man nie eine Spur gefunden.

Laurenti erinnerte sich sehr genau an diese Zeit. Er sah den Österreicher vor sich, den weinenden kleinen Sohn, um die sechs Jahre alt, in Begleitung einer hübschen Frau, die, so nahm er seit gestern abend an, Eva Zurbano gewesen sein mußte. Und er erinnerte sich daran, wie sie den Fall nach fünfzehn Monaten abgeschlossen und zu den Akten gelegt hatten, nachdem ein Richter die Frau für tot erklärt hatte. Ein knapper Eintrag, ein Stempel und eine Unterschrift, damit war der Fall erledigt. Und er erinnerte sich sehr genau daran, wie de Kopfersberg völlig ungerührt angab, daß auf seine Frau eine für damalige Verhältnisse extrem hohe Lebensversicherung über 400 000 000 Lire lief. Bei Unfall erhielten die Bezugsberechtigten die doppelte Summe. Die Generali hatte bezahlt. Außerdem erbte de Kopfersberg ihr gesamtes Vermögen. Man wußte von ihm, daß er mit seiner eigenen Firma nur wenig Erfolg hatte und finanziell von seiner Frau abhängig war. Laurenti hatte damals das Netz ausgelegt, aber der Österreicher schwamm nicht hinein. Der Untersuchungsrichter war Laurentis Argumenten nicht gefolgt, und der Staatsanwalt hatte keinen Einspruch erhoben. Bruno de Kopfersberg verließ als frischgebackener reicher Witwer den Anhörungssaal. An große Trauer konnte sich Laurenti nicht erinnern.

Laura riß ihn aus seinen Gedanken. Sie kam in einem leichten, weißen Morgenmantel, mit nassem Haar und nach Cremes und Shampoo duftend in die Küche, küßte flüchtig ihren Ehemann, der vergeblich versuchte, sie an sich zu ziehen, und goß sich Kaffee ein.

»Heute nacht war es wieder schlimm«, seufzte sie. Die Ventilatoren waren bis vier Uhr in Betrieb gewesen, und Laura hatte auf der Party erheblich weniger getrunken als Proteo, der tief geschlafen hatte, und folglich mehr gelitten als er. Zum Lärm der Ventilatoren kam sein leises Schnarchen, das unvermeidbar war, wenn er getrunken hatte.

»Ich war gestern in der Via dei Porta«, erzählte Laura nach dem ersten Schluck Kaffee, »das Häuschen ist sehr schön und der Garten auch. Eigentlich ideal, bis auf die Aussicht. Wenn man schon da oben wohnt, will man doch auf Stadt und Meer sehen. Doch ausgerechnet zwei Nummern weiter unten steht ein alter Kasten mit einem Turm. Dafür ist der Preis zu hoch. Ich werde weitersuchen.«

»Ich war auch in der Via dei Porta«, erzählte Proteo. »Ich habe mir dort auch ein Haus angeschaut, und rate, welches?«

»Keine Ahnung. Aber daß du jetzt auch suchst, freut mich wirklich.« Laura war sichtlich überrascht.

»Ich habe mir das mit dem Turm angeschaut!«

»Das ist doch viel zu groß für uns...«

Laurenti erzählte ihr von seinem Besuch und von der seltsamen Signora Drakič.

»Jetzt weiß ich, von wem du sprichst. Dein altes Trauma: Kopfersberg. Schade, ich dachte schon...« Laura zuckte enttäuscht mit den Schultern. Dann fuhr sie fort: »Dein Kopfersberg hat übrigens in letzter Zeit ganz ordentlich bei uns gekauft. Viel und teuer. Wenn auch nicht immer mit gutem Geschmack. Es ist unbegreiflich, daß es so viele Leute gibt, die genug Geld hätten für schöne Dinge und die nur Scheiße kaufen.«

Das Versteigerungshaus »AsteTrieste« hatte in den letzten Jahren immer mehr Erfolg. Die laufende Erbwelle spülte viele Stücke aus alten, reichen Bürgerhäusern auf den Markt. Möbel, Schmuckstücke, ganze Bibliotheken und viel Malerei. Davon profitierte Laura mit ihrer Abteilung. Und davon profitierte auch die Familie Laurenti, denn manche Bilder und Bücher sortierte sie schon vorher aus, verhandelte mit dem Besitzer einen fairen Preis und kaufte sie selbst.

Dann tapste Marco, dessen Haare in alle Richtungen vom Kopf wegstanden, schlaftrunken in die Küche. Er murmelte ein kurzes »Ciao« und goß sich ein großes Glas Saft ein.

»Was ist mit dem Motorroller?« fragte Laurenti.

Marco schaute ihn kurz an und sagte dann knapp: »Ich habe ihn wieder.« Keine weiteren Erklärungen.

»Wo war er?«

»Da, wo ich ihn abgestellt hatte.«

»Und wieso hast du ihn vorher nicht gefunden?«

»Weil ich es vergessen hatte.«

»Wie kann man so etwas vergessen?« fragte Laurenti, der selbst nie wußte, wo er seinen Wagen geparkt hatte.

»Kann ja mal passieren.« Marco schaute angestrengt in seine Kaffeetasse.

»Und wo warst du vorher?«

»Auf einer Party.« Marco schaute seinem Vater nicht in die Augen.

»Wo?«

»Bei Sandra zu Hause«, sagte Marco.

»Was für eine Sandra? Ist sie nett?« Laurenti hörte den Namen zum ersten Mal.

»Nicht, was du denkst, Papà!« Marcos Ohren hatten sich dunkel verfärbt.

»Also sag schon, wie man vergessen kann, wo man die Kiste gelassen hat?«

»Da kenne ich noch andere«, Laura lächelte spöttisch. Er begriff, daß er das Thema wechseln mußte, damit sie ihn nicht mit unzähligen Anekdoten auf den Arm nahm. Am liebsten erzählte sie die Geschichte, wie er eines Morgens auf der Suche nach seinem Wagen in Gedanken versunken dreimal an ihm vorbeigegangen war, weil er zuletzt sogar vergessen hatte, daß er ihn suchte.

»Warst du betrunken?« Laurenti griff mit seiner Linken über den Tisch und faßte seinen Sohn am Kinn, damit dieser den Blick hob.

»Nur ein bißchen.« Marco errötete.

»Also deshalb. Ein bißchen betrunken? Wer es glaubt! Gott sei Dank hast du die Vespa wenigstens nicht gefunden. Hast du die Versicherung bezahlt?«

»Ich fahr gleich nachher zur Post und bezahle.« Marco schüttelte die Hand seines Vaters ab.

Laurenti fuhr auf. »Du gehst zur Post, du fährst nicht! Und du benutzt die Vespa erst ab Dienstag wieder. Vorher wird das Geld kaum bei der Versicherung eingetroffen sein, und du bist nicht geschützt.«

»Dein Vater hat recht«, mischte sich Laura ein. »Stell dir vor, wenn man dich erwischt hätte oder wenn etwas passiert wäre! Du gibst mir jetzt die Schlüssel und bekommst sie wieder, wenn wir am Dienstag mit der Versicherung gesprochen haben. Klar?!«

Marco wußte, daß Widerstand sinnlos war, wenn seine Mutter sich einmal auf die Seite seines Vaters geschlagen hatte. Es gab keinen Verhandlungsspielraum mehr. Jedenfalls jetzt nicht.

»Man muß immer auf dich aufpassen«, sagte sein Vater. »Alle mögen dich. Du bist ein netter Junge, aber du bist restlos verwöhnt. Ein Junge mit zwei großen Schwestern! Man könnte meinen, wir hätten dich nach dem Pinguin getauft, dem Pinguin Marco, der in den siebziger Jahren von seinem Pfleger jeden Nachmittag zu einem Spaziergang vom Aquario über die Piazza Unità geführt wurde. Er war der Liebling von allen und genoß sichtlich seine Prominenz. Nur loslassen durfte ihn sein Pfleger nie, sonst passierten tausend ...«

»Ist gut, Papà«, unterbrach ihn Marco und hob die Hand. »Diese Geschichte kenn ich mittlerweile in- und auswendig. Die ist absolut uncool.«

»Gute Geschichten nutzen sich nicht ab, nicht wahr, Laura? Sie sind höchstens unangenehm, wenn sie ...«

»Ach ja, Papà, da fällt mir auch eine ein.« Marcos Augen blitzten frech. »Du heißt doch Proteo Laurenti, wenn ich nicht irre, Papà? Nicht wahr? Ist doch so? Fast genauso wie die kleinen weißen Tierchen: Proteus Anguinus Laurenti. Oder?«

Laurenti nickte gequält. Es war lange her, daß sie ihn das letzte Mal damit aufgezogen hatten. »Ja und?«

»Also da habe ich eine super Geschichte gehört, die man in Slowenien in langen kalten Winternächten den kleinen Kindern erzählt.«

»Marco, es ist Sommer, und ich glaube nicht, daß ich das hören will«, unterbrach ihn sein Vater.

Doch es war bereits zu spät. Laura grinste vor Schadenfreude.

»Los, Marco, erzähl schon!« sagte sie und schenkte sich Kaffee nach.

»Okay, da lebte also mal ein schlangenartiges, weißes und blindes Wassertierchen in einem unterirdischen Fluß in der Nähe einer Quelle. Das war natürlich im Karst. Die Bewohner des nahe gelegenen Dorfes mieden es, aber ein kleiner Junge hatte keine Angst und wurde sein bester Freund. Sie spielten und schwammen zusammen in der tiefen, dunklen Grotte.

Nach vielen, vielen Jahren kam eine Räuberbande ins Dorf und drohte, es mit Feuer und Schwert zu vernichten. Der Junge, inzwischen längst erwachsen, rannte also instinktiv zu der Höhle und kam zurück mit einem feuerspeienden, schnaubenden Drachen mit glühenden Augen, der die Bösewichte vertrieb.

Das kleine weiße Tierchen war nämlich in der Zwischenzeit ein Drache geworden. Aber es hatte den kleinen Jungen von früher nicht vergessen. Und von da an wurde das Ungetüm von den Bewohnern verehrt, und kein Bandit traute sich mehr, sich dem Dorf in böser Absicht zu nähern.«

Marco trank genüßlich einen Schluck Saft.

»Und? Bist du jetzt fertig?« fragte Laurenti bemüht.

»Was hat das mit dem Motorroller zu tun?«

»Na ja, ganz einfach. Wenn du schon so heißt, dann solltest du weniger mit mir schimpfen, finde ich, und mich statt dessen beschützen«, antwortete Marco.

Noch bevor Laurenti eine gute Antwort einfiel, die seine Autorität wiederhergestellt hätte, läutete das Telefon. Er wurde nach Montebello gerufen, ein Mordfall. Was zum Teufel war auf einmal los in Triest? Mörder und Haie störten ganz ungemein. Der ruhige Samstag war vorbei.

Bevor er aufbrach, mußte noch einiges geklärt werden: Seine Mutter kam mit dem Zug um zwölf Uhr drei am Bahnhof an, man mußte sie abholen. Sie war die ganze Nacht unterwegs gewesen, und dies nicht sehr bequem, weil sie den reservierten Nachtzug, der ab Neapel ohne Umsteigen durchfuhr und in dem ein Schlafwagenabteil für sie reserviert war, verpaßt hatte. Marco erklärte sich bereit, die alte Dame abzuholen, wenn sein Vater bis dahin nicht wieder zurück war. Aber er käme auch sonst gerne mit. Laurenti wunderte sich über soviel unerwartete Hilfsbereitschaft seines Sohnes, der seinen Groll schon verwunden hatte und wohl darauf hoffte, doch früher an die Schlüssel seines Motorrollers zu kommen, ohne den ein Junge seines Alters ausgerechnet im Sommer natürlich restlos aufgeschmissen war.

Laurenti kam aber immer noch nicht aus dem Haus. Das Telefon klingelte noch einmal, und diesmal mußte er mit einem Mann reden, dem er immer aus dem Wege ging, weil er ihn nicht ausstehen konnte. »Ich verbinde mit Dottor Cardotta«, vermeldete eine weibliche Stimme, »er möchte Sie dringend sprechen!« Dann die Stille in der Leitung, die von Wichtigtuern genau bemessen wurde. Diese schwarze Stille dauerte gewiß zwei Minuten. Laurenti empfand die Warterei als besonders unhöflich, erst recht am Samstag morgen, außerdem mußte er nach Montebello. Er knallte den Hörer auf. Gleich darauf klingelte der Apparat erneut, und die weibliche Stimme sagte mit mißbilligendem Tonfall, daß sie es jetzt nochmals versuchen wolle und er bitte in der Leitung bleiben möge. Es dauerte wieder einen längeren Moment, aber deutlich kürzer als beim ersten Versuch.

Als Cardotta sich schließlich meldete, verhielt er sich, als hätte Laurenti ihn angerufen. Als erlaubte sich der kleine Polizist, die wertvolle Zeit des Politikers in Anspruch zu nehmen.

»Si?«

»Laurenti«, sagte Proteo barsch.

»Commissario, haben Sie Signor de Kopfersberg gefunden?«

»Nein, Dottore.« Laurenti wußte bisher nicht, daß es eine Verbindung zwischen den beiden gab.

»Warum nicht? Es ist schon einige Zeit her, daß er vermißt wird ... Commissario.« Cardotta machte eine Pause vor dem »Commissario«. Es war unpopulär geworden, andere mit der Berufsbezeichnung anzureden, außer man wollte Respekt ausdrücken oder den anderen daran erinnern, wie er zu funktionieren habe.

Laurenti war überrascht und spürte, wie seine gute Laune wich, aber er beherrschte sich. »Man hat ihn noch nicht gefunden!«

»Warum geschieht denn nichts?« Entweder lernte man einen solchen Tonfall auf einer Management-Schule, oder diese Menschen hatten ihn während ihrer eigenen Karriere einmal selbst zu spüren bekommen und nachher, sobald sie der Macht näher kamen, einfach übernommen.

»Wer sagt denn, daß nichts geschieht?« fragte Laurenti zurück. »Man wird ihn finden. Mit der Zeit tauchen fast alle auf!«

»Ich möchte genau wissen, was Sie unternehmen!«

Wofür hielt sich Cardotta eigentlich? Er hatte dem Commissario rein gar nichts zu befehlen.

»Das Meer ist groß und tief«, antwortete Laurenti pathetisch und machte eine kleine Pause, bis er »Dottore« anfügte. »Wir tun unser möglichstes.«

»Signor de Kopfersberg ist ein angesehener Bürger und sehr wichtig für diese Stadt, Commissario! Insbesondere jetzt, da die humanitäre Hilfe für die Türkei über Triest erledigt wird. Sie müssen ihn schnell finden. Wir verlassen uns auf Sie.«

Der Parteivorsitzende hatte den Ton gewechselt, Laurentis Strategie tat ihre Wirkung. »Immer in Bewegung bleiben«, hatte er früher neue Beamten zu deren Dienstantritt belehrt, »sich nie auf einen Stellungskrieg einlassen und selbst nie ein festes Ziel abgeben. Immer Situationen schaffen, aus denen man auch wieder rauskommt. Das ist das A und O von allem. Neben der Selbstverständlichkeit, daß man nie die Freundlichkeit verliert.« Daran erinnerte er sich in diesem Moment und wurde wieder gelassener. Das Duell hatte er vorerst gewonnen.

»Selbstverständlich, Dottore«, heuchelte Laurenti. »Wir halten Sie auf dem laufenden.«

»Arrivederci, Commissario«, sagte Cardotta mit finsterer Stimme und legte den Hörer auf, bevor Laurenti den Gruß erwidern konnte.

Laurenti war sich sicher, daß Cardotta beim nächsten Abendessen mit dem Polizeipräsidenten auf den Fall zurückkommen würde. »Sagen Sie, Questore«, würde er vielleicht sagen, »dieser Laurenti hat zwar einen guten Ruf, aber halten Sie wirklich so viel von ihm? Ich meine, wird er nicht ein bißchen überschätzt?«

Viel wichtiger aber war: Warum hatte Cardotta angerufen, am Samstag morgen? War er ein Freund des Österreichers? Daß dieser ein, wie Cardotta sich ausgedrückt hatte, »angesehener Bürger unserer Stadt« war, hörte Laurenti zum ersten Mal. Zumindest hatte er nun erfahren, daß Kopfersberg einflußreiche Freunde hatte.

10.20 Uhr

Von der Via Diaz nach Montebello ist es weit. Und steil. Der Motorroller seines Sohnes quälte sich die engen Straßen hinauf. In Anbetracht der Eile, in der er sich wegen des Anrufs von Cardotta befand, hatte er heimlich die Schlüssel der Vespa in die Tasche gesteckt. Seinen Wagen mußte er wieder einmal vor dem Büro vergessen haben. Die Tankanzeige machte Laurenti allerdings Sorgen.

Die Via del Castelliere begann an einem unbebauten Steilhang, erst weiter oben folgten in weiten Abständen einige zweigeschossige Häuser mit großen Grundstücken. Als Laurenti endlich durch die Unterführung unter den Betonstelzen der Nuova Sopraelevata gefahren war, sah er schon von weitem die Streifenwagen und die anderen Fahrzeuge. Er stellte die Vespa an den Straßenrand, nahm Anlauf und erklomm die Böschung links der Straße, nach der der Hang etwas weniger steil anstieg. Es war verdammt heiß hier oben, und auf diesem Sonnenhang tummelte sich ganz sicher einiges an giftigem Viehzeugs. Laurenti war barfuß in seinen Halbschuhen und beruhigte sich damit, daß das Aufgebot an Beamten so viel Unruhe verursacht haben mußte, daß Schlangen vermutlich längst das Weite gesucht hatten.

Die uniformierten Beamten salutierten, als er sie erreichte, die anderen murmelten ein verhaltenes »Buongiorno«. Auch Sgubin war da, dem er die Hand gab.

»Salve, Sgubin! Ich dachte, du hast frei.«

»Dachte ich auch, aber einer hat sich krank gemeldet, und da hat man sich freundlicherweise wieder einmal des braven Sgubin besonnen. Es ist dort, hinter dem Gebüsch.« Laurenti hatte das rotweiße Plastikband zur Absperrung und die Schilder mit den Nummern zur Markierung des Fundortes gesehen. Bevor er weiterging, drehte er sich um. Es war keine fünfzig Meter von der Straße weg, doch die war nachts kaum befahren.

»Danke, Sgubin. Was weiß man?« Er ging voraus, und der Assistente Capo folgte ihm.

»Nichts, bis jetzt. Sieht scheußlich aus, ich muß Sie warnen. Die Hälfte des Schädels fehlt. Er hält die Beretta noch in der Hand. Sieht nach Selbstmord aus«, sagte Sgubin mit ruhiger Stimme.

»Papiere?«

»Keine. Nichts, was ihn identifizieren könnte.«

»Wer hat ihn gefunden?«

»Der Alte da mit dem Hund.« Sgubin zeigte auf einen kleinen, kahlköpfigen Mann von etwa siebzig Jahren mit einem gelbbraunen deutschen Schäferhund mit räudigem Fell, der ebenfalls seine Jahre auf dem Buckel hatte. Der Mann sah, daß man über ihn sprach, und nickte aus der Entfernung den beiden Polizisten zu.

»Er hat wie jeden Morgen einen Spaziergang mit seinem Köter gemacht«, fuhr Sgubin fort. »Das Tier hat ihn gefunden.«

Sie waren hinter dem Gestrüpp angekommen. Die übliche schwarze Plastikfolie bedeckte die Leiche, deren Umriß mit weißem Kreidepulver ins hohe trockene Gras gezeichnet war. Polizisten durchkämmten weiter oben den Hang mit Stöcken, die sie vor den giftigen Vipern schützen sollten. Laurenti beugte sich nieder und hob die Folie an. Er blickte in ein Gesicht, dessen rechte Hälfte unkenntlich war. Es war leicht zu sehen, wo der Hund sich am heraushängenden Hirn gelabt hatte. Die andere Hälfte war unversehrt, das Auge stand offen. Es war ein junger Mann von etwa fünfundzwanzig Jahren. Das Auge. Laurenti durchfuhr es wie ein Blitz.

»Den kenne ich!« Die Polizisten schauten ihn erstaunt an. Er betrachtete den Toten noch einen Moment, ließ den Zipfel der Folie fallen und wandte sich ab.

»Ich kenne ihn«, sagte er nochmals. »Wir hatten vor kurzem mit ihm zu tun. Er wurde als Zeuge des Zwischenfalls bei der LKW-Verladung in Ausonia vernommen. Ich weiß nicht mehr, wie er heißt, ein Russe, glaube ich. Namen und Adresse finden wir im Büro. Wann bekomme ich den Bericht?« Er hatte sich an den Beamten der Spurensicherung gewandt.

»Montag mittag«, antwortete dieser unschuldig.

»Wann? Warum nicht heute abend?«

Der Beamte antwortete nicht. Er hatte schon öfters Laurentis Ungeduld erlebt, wenn diesem die Arbeit nicht schnell genug ging, und er hatte sich jedesmal beugen müssen. Laurenti duldete nicht viel Widerspruch, das hatte er inzwischen gelernt.

»Nachbarn?« Laurenti hatte sich wieder an Sgubin gewandt.

»Sind schon alle befragt. Nichts. Absolut nichts.«

»Ich fahre ins Büro und suche die Angaben«, sagte Laurenti. »Sgubin, ich würde gerne mit dir sprechen. Begleitest du mich nach unten?«

Sgubin folgte ihm.

»Glaubst du wirklich, daß dies ein Selbstmord ist?« fragte Laurenti.

»Sieht zumindest so aus. Warum? Was denken Sie?«

»Soll so aussehen, Sgubin. Aber ich glaube es nicht.« Sie waren am Rand der Böschung angekommen. Laurenti rutschte als erster hinunter und zog, als er auf der Straße stand, die Schuhe aus, um den Dreck auszuschütteln. »Ich habe noch nie erlebt, daß jemand sich einen solchen Ort ausgesucht hat, um seinem Leben ein Ende zu setzen. Das hat keinen Sinn. Sie wollen gefunden werden.«

Sgubin nickte.

»Und wie ist er hergekommen? Habt ihr ein Fahrzeug gefunden?«

Sgubin schüttelte den Kopf. »Nein. Die Autos hier haben wir überprüft. Sie gehören alle den Anwohnern.«

»Glaubst du etwa, er hat sich ein Taxi genommen? Letzte Nacht? Oder sich von jemand anderem hier absetzen lassen, um sich dann umzubringen?«

»Und wenn er hier oben wohnt?«

»Dann hätte er sich zu Hause den Schädel weggeblasen. Warum sollte er hinausgehen? Außerdem wohnt der nicht hier oben, Sgubin. Da bin ich mir ganz sicher.«

»Also Mord?« Sgubin schaute ratlos.

»Wenn du mich fragst, ja. Ich schau mir jetzt mal die Akten an. Wir reden dann später darüber, wenn wir wissen, wer er ist. Aber ich habe noch eine Bitte. Du hast ja noch einige Stunden Dienst. Jemand muß mal die Nachbarn der Via dei Porta befragen, was in der letzten Zeit in der Villa los war. Dein Chef, Fossa, hat irgendwelche Andeutungen gemacht. Sag ihm nichts davon. Ich würde es gerne völlig neu erzählt bekommen. Es läßt mir seither keine Ruhe, und ich kann nicht einmal sagen, warum.«

Sgubin sagte, er würde in spätestens einer Stunde damit anfangen. Laurenti schwang sich wieder auf den roten Motorroller seines Sohnes und suchte sich den Weg zurück in die Stadt. Er würde seine Mutter nicht abholen können, bevor er den Namen des Toten nicht herausgefunden hatte. Er hatte es ziemlich eilig, hoffentlich reichte das Benzin.

Um elf war Laurenti im Büro und suchte in den Aktenschränken in Mariettas Zimmer nach den Unterlagen, in denen auch der Tote von Montebello verzeichnet war. Er kannte sich nicht gut aus in seinem Sekretariat und brauchte eine ganze Weile, bis er fündig geworden war.

Leonid Chartow hieß der Mann und wohnte seit neun Monaten in der Via Ponzanino Nr. 46. Gebürtiger Ukrainer, gültige Aufenthaltsbewilligung. Tätig als Hafenarbeiter. Anfang Juni war es am Terminal Ausonia, wo die schweren Lastwagen Richtung Türkei verschifft wurden, zu einer Schlägerei mit Todesfolge gekommen. Charkow war als Zeuge vernommen worden, blieb aber so unergiebig wie die anderen Zeugen.

Laurenti notierte die Angaben und hängte die Akte zurück in die Registratur der jüngeren Fälle.

Dann rief er im ›Piccolo‹ an, ließ sich mit Rossana Di Matteo verbinden und fragte, ob sie schon einen Bericht von Decantro hätte.

»Er ist soeben eingetroffen und sichtlich guter Dinge. Er sagt, er habe kaum geschlafen, sei bis sechs Uhr unterwegs gewesen. Jetzt schreibt er eifrig in den Computer. Heute abend fährt er wieder mit. Es scheint ihm Spaß zu machen.«

Laurenti war zu neugierig, also suchte er die Telefonnummer von Vicentino heraus und wählte.

Vicentino meldete sich mit verschlafener Stimme. »Pronto!«

»Entschuldige, wenn ich dir den Schlaf raube. Aber ich wollte hören, wie es mit dem Journalisten gegangen ist.«

»Es war eine ruhige Nacht, Chef, es ist nicht viel passiert. Am Anfang fragte er uns Löcher in den Bauch, wollte tausend Dinge wissen, über die Zusammenarbeit mit anderen, über die Anzahl der Festnahmen und vor allem über die Huren. Da war er besonders neugierig, fragte nach Preisen und Praktiken. Im Borgo war er hellwach, aber gegen vier Uhr, als wir wieder normal Streife fuhren, schlief er auf dem Rücksitz ein. Er beschwerte sich später darüber, daß wir ihn nicht geweckt haben. ›Der Schlaf ist heilig und ich bin gläubig‹, sagte Greco zu ihm. Er war ein bißchen beleidigt.«

»Sonst nichts?« fragte Laurenti.

»Doch, da war noch etwas: Die Carabinieri hatten viele Kontrollen in der Nacht. Viel, viel mehr als wir. Decantro fragte, warum wir nicht mehr machten.«

»Und was hast du geantwortet?«

Auf der anderen Seite blieb es eine Weile still. »Keine Anweisung«, sagte Vicentino.

»Nehmt ihr ihn heute abend wieder mit?«

»Ja.«

»Dann macht einen besseren Eindruck! Gebt euch mehr Mühe als sonst. Er muß eine Eloge auf euch und die ganze Polizei verfassen. Hast du verstanden, Vicentino?«

Bevor dieser noch ja sagen konnte, hörte Laurenti sein langgezogenes Gähnen in der Leitung.

»Also, schlaf gut! Erhol dich!«

»Danke, Commissario!« Vicentino würde den Schlaf brauchen. Schichtdienst ist anstrengend, und es war nicht besonders nett von Laurenti, daß er ihn geweckt hatte.

Dann kam ein Anruf Ettore Orlandos. Laurenti wunderte sich darüber, denn er glaubte, daß die Guardia Costiera wegen des Hais im Golf und der Badegäste unter Hochspannung stünde.

»Ein Trost, daß ich nicht der einzige bin, der samstags arbeitet«, begann Orlando, »ich wollte dir sagen, daß wir wissen, wo Kopfersberg war, bevor er nach Rimini kam.«

»Sag schon!«

»In Zara. Die Kroaten haben schnell geantwortet, gleich nach den Slowenen, die ihn nicht registriert haben. Aus Montenegro und Albanien rechne ich nicht mit einer Antwort. Dort muß immer erst das Außenministerium Druck machen, bevor man etwas hört. Wundert mich auch nicht, denn wie man weiß, hält sich die halbe Mafia dort auf und hat die Behörden fest im Griff. Vom Außenminister von Montenegro sagt man, er sei selbst einer der Drahtzieher im Zigarettenschmuggel. Aber dein Kandidat wurde in Zara gesichtet, und was dich noch interessieren wird: Es gibt zwei mit diesem unaussprechlichen Namen, die beide mit ihren Schiffen eingetroffen waren und nebeneinander festgemacht hatten. Dein Kopfersberg aber fuhr einen Tag früher als der andere ab. Der andere heißt Spartaco de Kopfersberg und hat eine Corbelli. Ziemlich heißes Ding, mußt du wissen.«

»Langsam, Ettore, langsam«, bat Laurenti. »Was ist eine Corbelli?«

»Ein Motorboot. Oder besser: Es ist die Hornisse unter den Motorbooten. Wird vorwiegend zwischen Bar, Montenegro und Apulien für den Zigarettenschmuggel eingesetzt. Ein schnelleres Schiff gibt es nicht. Wir haben keines, das vergleichbar ist. Der Konstrukteur war einmal Off-shore-Weltmeister und wurde erst neulich auf der Fahrt nach Mailand mit einer hübschen Adreßliste und 450 000 Dollar im Koffer festgenommen. Mafia, wie es scheint. Seine Schiffe machen sechzig Knoten.«

»Der Sohn war also auch da. Mit dem hat er sich getroffen. Interessant. Wir, oder besser die Wiener Kollegen suchen nach ihm, wegen des Vaters. Jetzt kommen wir vielleicht ein Stück voran, Ettore. Wenn es dir recht ist, komme ich nachher vorbei und hole den Bescheid der Kroaten bei dir ab.«

Er hatte es nicht geschafft, seine Mutter am Bahnhof abzuholen. Mit Sgubin, der für die Befragung der Nachbarn in der Via dei Porta nicht lange gebraucht hatte, und einem anderen Beamten fuhr Laurenti in die Via Ponzanino. Sie wollten die Bleibe des Toten von Montebello durchsuchen. Die Spurensicherung war ebenfalls dorthin bestellt, würde aber mit ihrer Arbeit so lange warten müssen, bis Laurenti sich einen ersten Eindruck verschafft hatte.

Während der Fahrt erzählte Sgubin, daß er von einem der Nachbarn eine Liste der Tage erhalten habe, an denen er sich bei der Polizei erfolglos beschwert hatte. Das nächste Mal wollte er direkt beim Questore vorsprechen. Außerdem hatte er Sgubin eine Liste mit Automarken und -kennzeichen übergeben. Sie war beachtlich: BMW und Mercedes waren die häufigsten Marken, auch ein Jaguar tauchte mehrfach auf. Die italienischen Kennzeichen waren nicht in der Mehrzahl. Österreichische, deutsche, slowenische, kroatische und jugoslawische Autos, eines aus Bosnien-Herzegowina und zwei aus Albanien. Daß die sich nicht scheuten, in diesen Nobelkarossen herumzufahren! Das Geld, das diese Dinger kosteten, konnte wohl kaum durch ehrliche Arbeit verdient worden sein. Die Kennzeichen vom Balkan würden sie nicht ermitteln können, das dauerte Ewigkeiten, und dann war es unwahrscheinlich, so die Erfahrung, daß Name, Adresse oder Firma stimmten. Alles Lug und Trug. Er bat Sgubin, sich später anhand der Liste die Meldebücher der großen Hotels vorzunehmen, denn schlafen mußten diese Menschen schließlich irgendwo, und er glaubte kaum, daß sie alle in der Villa ihr Quartier gefunden hatten. »Vermutlich genügt es«, sagte Laurenti, »das ›Savoya Palace‹ und das ›Duchi d'Aosta‹ unter die Lupe zu nehmen.«

Als sie in der Via Ponzanino angekommen waren, stellte Sgubin den Wagen in eine Einfahrt. Die Straße war schmal und vollgeparkt. Sie gingen das enge Treppenhaus hinauf, das so aussah, als wäre es in seiner ganzen Geschichte noch nie renoviert worden. Sgubin drückte im dritten Stock gegen die Tür, an der der Name Chartow stand. Sie leistete keinen Widerstand, und die Polizisten sahen auf den ersten Blick, daß sie nicht die ersten waren, die hier einen Besuch abstatteten. Nur waren ihre Vorgänger nicht in friedlicher Absicht gekommen und hatten ein übles Chaos hinterlassen. Kein Gegenstand stand mehr auf irgendeinem der wenigen Möbel, alles lag auf dem Boden verstreut, in Stücke gerissen oder zerschlagen, und selbst die Kissen und Matratzen waren zerschnitten worden. Aber Laurenti entdeckte zwei Dinge, die ihm wichtig schienen. Es gab zwei Zimmer und zwei Betten. Die Wohnung wurde von zwei Personen bewohnt, und zwar von Mann und Frau, wie an den Gegenständen zu erkennen war, von denen er einen mit spitzen Fingern aufhob und in ein Plastiktütchen schob. Es war die Schwarzweißfotografie einer einfach gekleideten, sechsköpfigen Familie in einem anderen Land. Der Rest blieb den »Bestäubern« überlassen, wie Laurenti die Spurensicherung nannte. Er und Sgubin wollten die Hausbewohner befragen, denn ein solches Zerstörungswerk war ohne Lärm nicht zu verrichten gewesen.

Gegen fünfzehn Uhr verließen sie das Haus und hatten nichts erfahren, außer daß gestern gegen Mitternacht in der Wohnung geschrien und getobt worden war. Die Geschwister Chartow hätten dort gewohnt, von denen man sonst nichts wisse. Ausländer, zu denen nur die Signora Bianchi Kontakt habe.

Die Nachbarin, ein weißhaariges Weiblein von gut achtzig Jahren, sehr klein gewachsen und sehr ängstlich, nahm nicht einmal die Kette von ihrer Wohnungstür. Sie sagte nur, daß sie nichts gesehen und gehört hätte. Mit

Signora Bianchi wollte Laurenti nochmals sprechen, wenn die Polizei mit ihrer Arbeit in der Wohnung fertig und in das Haus wieder Ruhe eingekehrt war. Sie jetzt zu bedrängen führte zu nichts. Laurenti kannte die alten Triestiner gut genug, um zu wissen, daß eine solche Unruhe, wie sie seine Kollegen im Moment verursachten, alles andere als vertrauenerweckend auf sie wirkte. Er würde entweder am Abend oder am Sonntag vormittag noch einmal vorbeikommen. Nachdem ihn sowohl seine Frau als auch sein Sohn und seine Mutter zuvor über das Mobiltelefon gefragt hatten, wann endlich mit ihm zu rechnen sei, drängte es ihn jetzt nach Hause. Er ließ sich von dem braven Sgubin in der Via Diaz absetzen.

13 Uhr – hoher Besuch

Gegen Vincenzo Tremani lag kein Haftbefehl vor. Er war immer ungeschoren davongekommen, konnte sich stets entlasten. Immer wieder stand er in der nationalen Presse unter dem Verdacht, ein äußerst einflußreicher Mann zu sein. Doch war es weder der GICO, der Spezialtruppe der Finanzpolizei gegen organisierte Kriminalität, noch der DIA, den nach FBI-Vorbild organisierten Mafia-Jägern, je gelungen, Beweise zu liefern, obgleich sie ihm über lange Zeiträume auf den Fersen waren. Vincenzo Tremani blieb unantastbar.

Er hatte manikürte Hände und sprach niemals laut. Seine leuchtendblauen Augen kontrastierten mit ihrem stechendem Blick zu dem dunklen Teint, der um Mund und Wangen durch starken Bartwuchs geprägt war, und zu dem glänzenden schwarzen Haar mit exakt geföntem Scheitel auf der rechten Seite. Tremani war zweiundvierzig Jahre alt und stammte aus einem angesehenen Elternhaus. Die Familie galt dank ihres alten Vermögens als eine der einflußreichsten in der Barockstadt Lecce. Ohne Tullio Tremani, seinen Vater, entschied man nichts in der Einhunderttausend-Einwohner-Stadt im Süden Apuliens. Vincenzo Tremani, der älteste Sohn, galt als Nachfolger seines Vaters in der Dynastie. An seiner Ausbildung hatte man nicht gespart. Er studierte Jurisprudenz in seiner Geburtsstadt Lecce und Ökonomie in Mailand. Tremani hatte die beiden Studien mit Erfolg abgeschlossen und danach berufliche Erfahrung in einer der großen internationalen Wirtschaftskanzleien Mailands gesammelt. Reederei und Handel waren seine Spezialgebiete. Wenn einer aus seiner Familie vor dem Abschluß eines bedeutenden Geschäfts stand, konsultierte er zuvor Vincenzo. Aber auch andere Menschen kamen zu ihm, um sich Rat zu holen. Weil er häufig auf Reisen war, hatte er einen festen Wochentag eingerichtet, an dem jeder Bürger aus Lecce zu ihm kommen konnte. An diesem Tag gehörte er dem Volk, und er versuchte, möglichst keinen dieser Tage ausfallen zu lassen. Seine Familie war für die Bürger da und die Bürger auch für die Familie. An gegenseitiger Loyalität mangelte es nicht. Jeder wußte, daß Dr. Dr. Vincenzo Tremani sich niemals Notizen machte, nie einen Brief schrieb und auch nur selten das Telefon benutzte. Tremani war davon überzeugt, daß man fast alles im persönlichen Gespräch regeln konnte. Und gerade hatten sie vereinbart, welche Container-Schiffe sie von welchem Hafen aus nach Triest schickten und mit welchen Kapazitäten. Alles wurde von Lecce aus dirigiert. Es brauchte längst keinen eigenen Hafen mehr dazu. Ob das Gerät in Bari lag, in Marseille, Haifa oder Alexandria, spielte keine Rolle. Viel wichtiger war, daß man guten Kontakt zu den Quellen hatte. Und das war mit dem kleinen Kaufmann in Triest schon lange geregelt. Ohne sie hätte der den gewaltigen Auftrag nie bewältigen können. Sie hatten ihn schon lange im Griff, und wenn er Schwierigkeiten machte, wäre sein Leben keine Sekunde mehr sicher.

Tremani war um dreizehn Uhr auf dem Triestiner Flughafen »Ronchi dei Legionari« mit seiner Maschine gelandet, dort, wo sich einst D'Annunzio mit seinen Freiwilligen zum Marsch auf Fiume gesammelt hatte, und unweit der Massengräber der zwölf Isonzo-Schlachten des Ersten Weltkriegs. Ein Mann war immer an Tremanis Seite: Pasquale Esposito. Zweiunddreißig Jahre alt, groß und durchtrainiert, aber ohne die Statur eines Leibwächters, Pilot, Fahrer und Sekretär. Auch er stammte aus Lecce und hatte dank Don Tullios finanzieller Unterstützung die Handelsschule besuchen können. Esposito stammte aus keiner wohlhabenden Familie, aber er war begabt gewesen, was Don Tullio erkannt hatte. Der Tremani-Clan unterstützte viele ärmere Bürger, die dafür der Familie treu ergeben waren.

Esposito hatte die Maschine ausrollen lassen und sie auf der Parkposition für Gäste links vom Flughafengebäude angehalten. Er hatte gewartet, bis der Ton der Turbinen schließlich erstarb, dann die Kabinentür geöffnet und die hydraulische Treppe ausgefahren. Er hatte auch die Limousine ohne Fahrer bestellt, die schon bereitstand. Tremani, mit einem Aktenkoffer in der linken Hand, war bereits vorausgegangen, während Esposito die Maschine abschloß und die zwei Koffer sowie eine Reisetasche zum Wagen brachte. Sie würde nicht gewartet werden müssen, der Flug von Lecce war kurz – sie hätten auch mit einem schnellen Motorboot wenig mehr als einen halben Tag gebraucht, um nach Triest zu kommen, doch Tremani zog das Flugzeug vor.

Im Hotel »Duchi d'Aosta« war wie immer eine Suite auf den Namen Romano Rossi reserviert. Er stieg seit langem in diesem Hotel ab. Sie würden drei Tage in Triest zu tun haben. Für die Geschäfte mit dem Nordosten war der Standort gut. Die Partner aus Ungarn, Slowenien, Kroatien und aus Österreich konnte man leichter hierher bestellen als

171

nach Lecce, und außerdem war man in dieser ruhigen Stadt vor Störungen sicher. Esposito hatte die Termine vereinbart und kannte sie auswendig. Auch er hatte ein gutes Gedächtnis, darin waren sich beide ähnlich.

»Pasquale«, sagte Tremani zu Esposito, als dieser den Laptop in der Suite an die Telefondose anschloß und versuchte, die Internetverbindung herzustellen, »ich will, daß uns Rallo berichtet, wie es um die Konten Kopfersberg bei der Banca Nordeste steht. Er hat uns lange genug verarscht. Rallo muß uns Einsicht gewähren. Haben wir etwas gegen ihn in der Hand?«

»Im Moment nichts Konkretes, wo wir nicht selbst mit drinhängen«, sagte Esposito, ohne sich vom Bildschirm abzuwenden. Aus dem Lautsprecher des Computers klangen die Verbindungsgeräusche, und das Gerät klinkte sich ein. Pasquale schaute die eingetroffenen Nachrichten an. »Sonst haben wir nichts.«

»Und was ist mit seiner Freundin?« fragte Tremani.

»Die alte Zurbano?« Esposito klappte den Bildschirm des Computers zu. »Warum nicht, wenn er nicht kooperiert.«

»Mach mit Rallo einen Termin aus. Gleich heute nachmittag. Du gehst alleine hin. Red mit ihm. Ich will wissen, um wieviel Kopfersberg uns betrogen hat.«

16.15 Uhr

»Machen wir einen Spaziergang, Mamma?« fragte Laurenti seine Mutter, nachdem er mit einem Bärenhunger über die Reste des Mittagessens, die man für ihn beiseite gestellt hatte, hergefallen war und danach einen Kaffee getrunken hatte. Ihm war eingefallen, daß er in der Capitaneria noch den Bericht der kroatischen Behörden abholen wollte, der bei Ettore Orlando auf ihn wartete.

»Wo willst du mich bei dieser Hitze hinschleppen?« In Salerno verließ seine Mutter am Nachmittag nie ihr Haus, frühestens um achtzehn Uhr ging sie wieder auf die Straße. Dafür war sie, so lange sich ihr Sohn zurückerinnern konnte, jeden Morgen schon um sechs auf den Beinen.

»Ein paar Schritte die Rive entlang. Ich muß noch etwas abholen, und auf dem Rückweg trinken wir einen Aperitif auf der Piazza. Außerdem zeige ich dir die Capitaneria, bei dieser Gelegenheit siehst du auch einmal den Porto Vecchio. Man kommt normalerweise nicht hinein.«

»Du wahrscheinlich schon.« Seine Mutter war immer stolz darauf gewesen, daß er es zu etwas gebracht hatte und für ihn nach ihrer Meinung die Gesetze nicht in gleichem Maße galten wie für alle anderen. Aber stolz war sie vor allem auf seine Familie, ihre Enkel, was sie ihm auf dem Spaziergang lang und breit darlegte.

Sie wechselten vor der Stazione Marittima, wo vor einer Stunde die »Sophokles Venizelos« nach Korfu abgelegt hatte, die Straßenseite und gingen den nun einsam in der Hitze liegenden Kai entlang. Das Meer war ruhig und die Sicht klar. Laurenti hatte sein Hemd um einen weiteren Knopf geöffnet, und dennoch schwitzte er. Er fragte sich, wie seine Mutter es schaffte, immer frisch zu wirken, trotz der dunklen Kleider, die sie trug, seit sein Vater vor zehn Jahren gestorben war.

»Schau, was für einen Blick wir heute haben! Dort hinten siehst du das Schloß von Duino, da auf dem Felsen. Dante saß dort im Exil, sagt man, und Rilke schrieb seine Elegien. Links neben dem weißen Turm von Castello Miramare. Und ganz links, Mamma, siehst du die Inseln der Lagune von Grado. Dort ist Patrizia Isabella.« Laurenti zeigte mit dem Arm auf das Meer hinaus und auf die Inselchen, die über weiß glänzenden Lichtstreifen zu schweben schienen, als ritten sie auf dem Rücken einer Fata Morgana.

»Das Meer sehe ich auch zu Hause, Proteo! Und wer zum Teufel ist dieser Rilke? Wann kommt eigentlich Patrizia?«

»Morgen, Mamma. Wir holen sie in Grado ab, bevor wir nach San Daniele fahren. Und Rilke war ein deutscher Dichter.«

»So groß wie Dante?« Sie schüttelte den Kopf. »Ich kenne nur Goethe. Muß Livia eigentlich an der Miss-Wahl teilnehmen?« Seine Mutter war stehengeblieben und hielt ihn am Arm. »Ich meine, das gehört sich einfach nicht.«

»Vielleicht sagst du etwas, Mamma«, Laurenti zuckte mit den Schultern. »Auf mich hören sie nicht.«

»Ja, ja«, sagte seine Mutter, »ich weiß, die Laurentis sind alle Sturköpfe. Aber du mußtest ja unbedingt eine noch sturere Frau heiraten. Ich werde mit ihr reden.«

»Versuch es, vielleicht hast du ja mehr Glück als ich.«

Sie hatten soeben die Brücke über den Canal Grande überquert, und Laurenti sah eine Gruppe von etwa dreißig Personen, die vor der Capitaneria standen und Plakate und weiße Tücher trugen, die an Stöcken befestigt waren.

»Der Mensch ist der Hai! Schützt die Tiere!« lauteten die Parolen. Der Sprechchor stockte immer wieder, als wäre es den Demonstranten bewußt, daß sie nicht sonderlich überzeugend auftraten.

Weit entfernt standen drei Vigili Urbani an ihren Wagen gelehnt und schauten dem Spektakel gelangweilt zu. Einer winkte lasch mit der linken Hand, als er Laurenti sah. Der wachhabende Beamte an der Pforte drückte den elektrischen Türöffner, als er Laurenti erkannte, und salutierte. Im Büro wurden sie von Orlando mit tiefer Stimme überschwenglich begrüßt. Er beuge sich zu der alten Dame hinunter und küßte sie auf die Wangen. Sofort waren die beiden in den Neuigkeiten Salernos versunken.

»Und wie geht es dem Fisch?« platzte Laurenti irgendwann dazwischen.

»Wie ihr gesehen habt, hat er viele Freunde. Sie protestieren dagegen, daß man ihn jagt. Schaut euch dieses Flugblatt an! ›Die anerkannte schweizerische Haistiftung belegt: Jedes Jahr werden etwa siebenhunderttausend Tonnen Haie erlegt. Ein Hai wiegt durchschnittlich zwischen zehn und zwanzig Kilogramm. Das heißt: einhundert Millionen Haie jährlich, zweihundertsiebzigtausend pro Tag oder elftausendvierhundert pro Stunde oder drei Haie pro Sekunde!‹ Ich wußte gar nicht, daß die Schweiz am Meer liegt! Die spinnen doch.«

Laurenti ging ans Fenster und schaute auf das Hafenbecken der Capitaneria und den Porto Vecchio. Er sah die Ferretti 57 des Österreichers unten liegen. »Ich würde mir gerne das Schiff genauer ansehen«, sagte er.

»Gehen wir hinunter. Ich zeige es dir.« Orlando war aufgestanden, und Laurenti überredete seine Mutter mitzukommen, da sie auf diese Weise einen Blick hinter die Kulissen werfen könnte.

»Wie teuer ist eine solche Yacht?« fragte sie Orlando.

»Ungefähr zwei Milliarden Lire. Man kann sagen, jede Pferdestärke des Motors kostet eine Million. Aber damit zu fahren kostet in der Stunde noch mehr. Viertausend-Liter-Diesel-Tank, siebenhundert Liter Wasser...«

Laurentis Mutter blickte ihn erstaunt an. »So viel Diesel?«

»Ach, das geht noch. Da gibt's noch viel größere. Warum?«

»Selbst als die Kinder noch im Haus waren, brauchten wir nie mehr als viertausend Liter Heizöl im Jahr. Wie lange reicht das?«

»Wenn er von hier aus einigermaßen schnell nach Apulien fährt und danach durch die Straße von Messina an Kalabrien vorbei und bis zu euch, dann muß er wieder tanken. Also höchstens zwei Tage.«

Sie schüttelte den Kopf. »Ich verstehe das nicht!«

»Schau, das ist ganz einfach. Wer sich überlegt, ob er sich ein Schiff leisten kann, kann sich kein Schiff leisten.« Orlando zeigte ihnen die Inneneinrichtung, als wäre er selbst der stolze Besitzer.

»Schaut mal! Zwei Badezimmer, vier Schlafzimmer, Salon, Küche mit drei Kühlschränken, Klimaanlage und natürlich die technischen Superlative: Radar, Satellitennavigation, Telekommunikation, Computer usw. Und dennoch kann man ein solches Monstrum alleine fahren. Diese Schiffe verfügen über Manövrierschrauben, dieses hier kann man sogar mit einer Fernbedienung auf Knopfdruck an den Kai steuern, so wie man beim Fernsehen die Programme wechselt. Aber mir wäre es zu behäbig...«

Orlando hörte gar nicht wieder auf zu erzählen. Sie standen im Salon mit seinem cremefarbenen tiefen Teppichboden und der schweren Polstergruppe. Laurenti ließ sie allein und ging wieder nach oben. Er wollte sich das Deck ansehen, wo der Österreicher gestanden haben mußte, als er Besuch bekam.

Wie ist das, wenn man auf Deck ist und ein anderes Schiff kommt? Er stand sehr hoch. Laurenti setzte sich auf den weißen Ledersessel hinter dem Steuer. Der Österreicher, so stellte er sich vor, mußte weit gesehen haben, vielleicht nicht nachts, aber auf jeden Fall noch in der Dämmerung. Überrascht werden konnte man da kaum. Und Orlando sagte, die Fender seien draußen gewesen. Auf welcher Seite? Laurenti schaute über die Reling, sie hingen noch da. Er ging von Bord und den Steg entlang, zwischen dem und der Mole das Schiff vertäut war. Er setzte sich auf den Steg und ließ die Beine baumeln. Er schaute sich den Rumpf des Schiffes an und den Deckaufbau. Die Yacht maß gewiß fünf Meter Höhe. Wie kam man auf See dort hinauf? Über den Landesteg? Aber der war am Heck, warum dann die Fender? Die Badetreppe war ebenfalls am Heck. Mit dem Kran? Kaum. Es sei denn, das zweite Schiff wäre etwa gleich hoch gewesen, so daß man lediglich einen Schritt oder einen knappen Sprung von Deck zu Deck machen mußte. Die Ferretti lag still an ihrem geschützten Platz im Bassin der Capitaneria und spiegelte sich im Wasser. Laurentis Blick glitt wieder am Schiffsrumpf entlang. Dann sprang er auf.

»Ettore! Ettore!« Orlando ließ sich mit einem Whiskyglas in der Hand an Deck blicken. Der Chef der Guardia Costiera und die Mutter des Kriminalkommissars nahmen tatsächlich einen Drink auf Kosten des Vermißten.

»Was gibt's?«

»Hast du im Untersuchungsbericht etwas von Farbspuren eines anderen Schiffes gelesen?«

»Ich habe nicht einmal selbst welche gesehen«, antwortete Orlando.

»Dann komm doch mal her und sag mir, was das hier ist.« Laurenti zeigte mit dem Finger auf einen der Fender. »Dort, hinter dem Fender! Dort ist ein blauroter Fleck von der Größe eines Tausendlirescheins zu sehen. Klar, daß ihr das nicht sehen konntet, so wie ihr das Ding geparkt habt.«

Orlando ging auf die gegenüberliegende Seite und lockerte die Vertäuung, dann kam er zurück und zog die Ferretti mit aller Kraft langsam herüber. Jetzt konnten sie es genau sehen: eine kleine Schleifspur, wie man sie sich beim gewaltsamen Einparken eines Autos zuzieht.

»Gut gemacht, Proteo!« Orlando klopfte ihm auf die Schulter. »Du warst schon immer seherisch begabt.« Er schaute sich die Spur lange an und schwieg. Laurenti war ungeduldig geworden, hielt sich aber zurück. Erst seine Mutter brach das Schweigen.

»Wie lange wollt ihr hier noch diesen lächerlichen Farbfleck anschauen? Das sieht sogar eine alte Frau wie ich, daß hier einer den anderen gerammt hat!«

»Und genau das glaube ich nicht«, antwortete Orlando endlich. »Ich glaube kaum, daß uns das hilft.«

»Warum nicht?« Laurenti hob die Augenbrauen.

»Weil die Yacht die Fender draußen hatte. Das heißt schlicht und ergreifend, daß der Österreicher damit einverstanden war, daß ein anderes Schiff längsseits festgemacht hat. Und wenn die Fender dazwischen sind, berühren sich die Kähne nicht. Gerade dazu sind die Dinger erfunden worden, ihr Landratten. Aber wir schauen es uns dennoch genauer an.«

Er pfiff durch die Finger und winkte einem Beamten, der aus dem geöffneten Fenster des ersten Stocks schaute. »Es gibt Arbeit für die Bestäuber. Ruf sie mal. Wir haben etwas übersehen.«

Auch denen würde es kaum gefallen, am Samstag nachmittag noch einmal Arbeit zu bekommen.

17.40 Uhr

Von der Capitaneria waren Laurenti und seine Mutter auf die Piazza dell'Unità d'Italia gegangen, zum versprochenen Aperitif. Fast alle Tische des »Caffè degli Specchi« auf der Piazza waren belegt. Es dauerte wieder einmal lange, bis der Kellner ihre Bestellung aufgenommen und schließlich die Getränke gebracht hatte. Während er Ausschau nach der Bedienung gehalten hatte, entdeckte Laurenti einige Tische weiter Eva Zurbano, die mit dem Rücken zu ihnen saß und wiederholt auf die Armbanduhr schaute, als warte sie auf eine wichtige Verabredung. Kaum hatten die Zeiger der Turmuhr des Rathauses die Sechs überschritten, kam ein gutaussehender, aber deutlich jüngerer Mann an ihren Tisch, gab ihr die Hand und setzte sich. Er hatte schwarze Haare, war sehr gepflegt und sehr sicher in seinem Auftreten. Und er war ganz offensichtlich kein Triestiner. Mit dieser ausgeprägten Gestik konnte er nur aus dem Süden des Landes kommen. Laurenti hatte ihn zuvor die Piazza überqueren sehen. Er mußte aus dem gegenüberliegenden Hotel gekommen sein. Eine Viertelstunde später erhob er sich schon wieder, ohne etwas getrunken zu haben, und ging denselben Weg zurück.

»Mamma, siehst du den Mann dort?« fragte Laurenti.

»Den Sizilianer, den du die ganze Zeit beobachtet hast, anstatt deine Mutter anzuschauen, wenn sie mit dir spricht?« Der alten Dame war längst klar, wo er mit seinen Gedanken war.

»Ich weiß nicht, ob er Sizilianer ist, aber bitte«, sagte Laurenti, »tu mir einen Gefallen. Ich glaube, er geht ins Hotel. Geh hinter ihm her und krieg raus, wie er heißt und welches Zimmer er hat.«

»Und wie, glaubst du, sollte ich dies machen?«

»Laß dir was einfallen, Mamma! Du bekommst doch auch sonst immer alles raus, was du nicht wissen sollst«, antwortete Laurenti, aber die zierliche achtundsiebzigjährige Dame war schon aufgestanden und eiligen Schrittes losgetrippelt, bevor er zu Ende gesprochen hatte. Mit einer wegwerfenden Bewegung hatte sie ihm zu verstehen gegeben, daß sie es auch ohne seine Kommentare schaffen würde.

Eva Zurbano war ebenfalls aufgestanden. Laurenti bückte sich, damit sie ihn nicht erkannte. Nach einiger Zeit richtete er sich wieder auf. Er nahm einen Schluck aus seinem Glas und schaute über die Piazza. Die Eiswürfel seines Drinks hatten sich noch nicht aufgelöst, als seine Mutter mit einem Hotelprospekt in der Hand zurückkam.

»Romano Rossi heißt er. Der Portier begrüßte ihn sehr unterwürfig. Er hat kein Zimmer. Er wohnt in der Suite für neunhunderttausend Lire die Nacht. Und er bleibt bis Mittwoch.«

Laurenti sah seine Mutter erstaunt an. »Wie hast du das rausbekommen?«

»Einfach, ganz einfach, mein Junge.« Sie reckte sich voller Stolz und tätschelte ihm zärtlich die Hand. »Ich habe nur gefragt, ob sie vier Zimmer frei hätten, ab heute abend, oder zwei Suiten. Da hat der Portier in seinem Buch nachgeschaut, das auf dem Tresen lag. Da stand sehr deutlich der Name Romano Rossi in der Spalte ›Große Suite‹. Das war alles. Ich fragte dann nach den Preisen und so weiter und ließ mir den Prospekt des Hauses geben.«

»Du hättest einen guten Detektiv abgegeben, Mamma«, er hatte schon sein Mobiltelefon in der Hand.

»Laurenti«, meldete er sich. »Sgubin, bist du es?«

»Ja!« Der Unermüdliche hatte also wieder einmal das Schichtende nicht geschafft. »Wollte soeben nach Hause gehen.«

»Kannst du mir noch einen kleinen Gefallen tun? Überprüfe bitte im Computer, ob wir einen Romano Rossi kennen.« Laurenti gab die erforderliche Personenbeschreibung durch und wartete.

»Schade«, murmelte er, nachdem Sgubin ihm berichtete, daß der Computer nichts ausgespuckt hatte. »Wirklich schade.«

18.20 Uhr

Er hatte seine Mutter gebeten, allein zurückzugehen. Die dreihundert Meter des Weges würde sie schon schaffen. Er hoffte, zum Abendessen wieder zu Hause zu sein, natürlich mit einem schlechten Gewissen. Aber er wollte noch an diesem Abend mit der Signora Bianchi sprechen, der Nachbarin des toten Chartow in der Via Ponzanino.

Sowohl sein Wagen als auch die Vespa seines Sohnes standen vor seinem Büro, eine knappe Viertelstunde Fußweg entfernt. Laurenti wühlte in den Hosentaschen und fand nur den Zündschlüssel des Motorrollers. Später könnten sie Lauras Wagen nehmen. Dafür bliebe ihm in San Giacomo die aussichtslose Parkplatzsuche erspart.

Fernsehlärm drang aus einer der Wohnungen in das Treppenhaus der Via Ponzanino 46, in dem er schon einmal an diesem Tag gewesen war. Er stieg in den dritten Stock und klingelte an der Tür neben der versiegelten Wohnung der Chartows. Nach einer Weile hörte er vorsichtige Schritte hinter der Tür und ein langgezogenes »Siiii?«.

»Commissario Laurenti, Signora. Polizia Statale. Wir haben uns heute schon einmal gesprochen, aber ich muß Sie noch etwas fragen.«

Die Tür wurde einen Spaltbreit geöffnet, und Laurenti sah die vorgehängte Sicherheitskette, die niemanden, der die Tür mit Gewalt öffnen wollte, zurückgehalten hätte. Dahinter erschien der weißhaarige Kopf der alten Frau.

»Aber ich habe Ihnen doch schon gesagt, daß ich nicht helfen kann«, sagte sie, »außerdem tragen Sie keine Uniform. Woher soll ich wissen, daß Sie Polizist sind?«

»Hier, sehen Sie, mein Ausweis.« Er hielt ihn an den Spalt der Tür, und die Signora schaute ihn lange an. Sie schüttelte den Kopf.

»Das sagt gar nichts. Sie können alles sein.« Sie verkleinerte bereits den Spalt zwischen Tür und Rahmen.

»Signora, ich bitte Sie. Führte ich Böses im Schild, dann hätte ich wahrscheinlich eine Pistole in der Hand.«

»Das hatten die in der Nacht auch nicht!« Schon schien sie zu bereuen, was sie gesagt hatte.

»Also haben Sie sie gesehen? Können Sie sie beschreiben?«

»Ich habe nichts gesehen.«

»Wir brauchen wirklich Ihre Hilfe, Signora. Glauben

Sie mir, bitte. Ich mache Ihnen einen Vorschlag. Nehmen Sie diesen Ausweis und rufen Sie auf der 113 an und fragen Sie, ob er gültig ist und ich das bin.«

»Und wer bezahlt mir das Telefongespräch?«

»Ich.« Laurenti kramte aus seiner Tasche einen Tausendlireschein hervor und hielt ihn in den Türspalt. Sie nahm ihn nicht.

»Warten Sie.« Sie drückte die Tür zurück ins Schloß. Laurenti bemerkte, daß sie sowohl im zweiten wie auch im vierten Stock Zuhörer hatten. Als er drei knarrende Stufen nach oben ging, fiel im vierten Stock eine Tür ins Schloß. Viel Neugier, wenig Hilfe – das Übliche.

Es dauerte lange, bis er Signora Bianchi wieder durch den Flur ihrer Wohnung tapsen hörte. Gleich danach wurde die Kette aus ihrem Schloß gezogen und die Tür geöffnet.

»Bitte, kommen Sie.«

Er trat ein. Signora Bianchi hängte hinter ihm die Kette wieder ins Schloß. Er stand in einem engen Korridor mit vergilbtem Blumenmuster an den Wänden und braunem Linoleumfußboden. Drei Türen gingen von ihm ab, zwei standen offen, eine kleine Küche, ein Wohnzimmer. Vor dem Küchenfenster stand ein Käfig mit zwei knallgelben Kanaren, die aufgeregt schwatzten, auf dem Herd kochte in einem Topf Wasser, in einem anderen der Sugo.

»Ich störe Sie beim Essen, Signora! Das tut mir leid.« Laurenti hoffte, daß sie ihn nicht zum Essen einlud.

»Es ist noch nicht soweit«, die alte Frau ging in die Küche. »Haben Sie Hunger?«

»Nein, danke. Meine Mutter ist zu Besuch. Wir gehen heute abend aus.«

»Und was macht Ihre Mutter jetzt, wo Sie hier sind? Ist sie ganz allein?« Sie drehte das Gas ab.

»Nein, sie ist bei meiner Frau und meinen Kindern. Und ich bleibe nicht lange.«

»Ja, ich hatte auch einmal eine Familie.« Signora Bianchi war in ihr Wohnzimmer vorausgegangen, in dem auf einem riesigen und sehr alten Fernsehgerät viele altmodische Fotos aufgereiht waren. »Zwei Töchter und einen Mann natürlich ...«

Bevor sie dazu kam, ihre Familiengeschichte auszubreiten, was seine Zeit bräuchte wie bei allen einsamen alten Menschen, fiel ihr Laurenti ins Wort.

»Man sagt, daß nebenan zwei Personen wohnten. Geschwister. Wir kennen nur Leonid Chartow. Wer ist seine Schwester? Ich nehme an, es ist seine Schwester.«

»Sie ist ein nettes Mädchen und schon zwei Tage nicht nach Hause gekommen. Das gab es bisher nicht.«

»Wie heißt sie? Erzählen Sie.«

»Olga. Nach der schrecklichen Sache hoffe ich, daß ihr nichts passiert ist. Sie war auch alleine im Leben, bis ihr Bruder kam. Wie ich. Aber sie kam jeden Tag nach Hause.«

»Signora, können Sie sie beschreiben?«

Es dauerte lange, bis Laurenti eine Vorstellung von Olga hatte. Die kleine Signora Bianchi hatte ihn aufgefordert, sich auf einen durchgesessenen Sessel zu setzen, sie selbst nahm auf dem ebenso alten Sofa Platz. Aus einer verstaubten Flasche hatte sie ihm einen Grappa in ein verstaubtes Glas gegossen. Dann erzählte sie, daß Olga öfters einen Teller Spaghetti bei ihr bekommen hatte und manchmal für die alte Dame einkaufte, insbesondere die schweren Sachen, die man im Haushalt braucht. Signora Bianchi war aufgestanden und ging zum Fernseher, von dem sie aus einer Reihe von Fotografien, die dort nebeneinander aufgereiht waren, eine herunternahm.

»Das ist Olga. Gott schütze sie.« Sie reichte den einfachen Wechselrahmen über den Tisch.

Die Frau auf dem Foto erkannte Laurenti sofort.

»Kann ich es haben?« Und nachdem er das enttäuschte Gesicht der alten Frau gesehen hatte, versprach er, es bald zurückzugeben. Er wollte sich erheben, aber Signora Bianchi sagte plötzlich mit entschiedener Stimme: »Warten Sie!« Sie ging hinaus, und Laurenti hörte, wie die dritte Tür geöffnet wurde, die wahrscheinlich in ihr Schlafzimmer führte. Schnell griff er das Glas und goß den Grappa in die Flasche zurück.

Sie kam mit einem braunen Karton zurück, den sie in beiden Händen trug.

»Olga sagte mir, ich solle dies der Polizei geben, wenn ihr etwas zustoßen würde. An Ihrem Gesicht habe ich gesehen, daß es jetzt an der Zeit ist. Arme Olga.« Sie schaute ihn lange an, bevor sie es ihm reichte.

»Und was ist das?« fragte Laurenti.

»Ich weiß es nicht. Olga hat nur gesagt, daß ich gut darauf aufpassen soll.«

»Haben Sie eine Plastiktüte?«

Laurenti folgte ihr in die Küche. Aus einer der Schubladen zog sie die bedruckte und sorgsam zusammengefaltete Tragetasche eines Supermarktes. Laurenti steckte das Päckchen hinein.

»Wollen Sie es denn gar nicht anschauen?« fragte die alte Frau enttäuscht.

»Wir müssen es zuerst untersuchen. Aber ich werde Ihnen sagen, was drin war. Sobald wir es wissen.« Er gab ihr die Hand. »Vielen Dank, Signora, ich muß jetzt leider gehen. Meine Mutter wartet. Aber ich glaube, Sie haben uns sehr geholfen.«

Er fuhr mit dem Motorroller zurück in die Via del Coroneo und achtete nicht auf die roten Ampeln. Er war aufgeregt und in Eile. Seinen Dienstausweis hatte er auf dem Wohnzimmertisch liegenlassen, neben dem staubigen Glas und der Grappaflasche.

Nach einundzwanzig Uhr traf endlich auch Proteo Laurenti zum Essen ein. Laura war mit Livia, Marco und ihrer Schwiegermutter ins »Tre Merli« gefahren. Es war das einzige Restaurant Triests, das direkt am Meer lag. Die anderen waren durch die Uferstraßen vom Wasser abgeschnitten. Das »Tre Merli« war eine Goldgrube mit Aussicht auf romantische Sonnenuntergänge hinter dem Castello Miramare. Ob sie »richtig« essen wollten oder nur eine Pizza, hatte der Wirt bei der Reservierung gefragt, und als Laura sich danach erkundigte, was dies ausmache, gesagt: »Wir schicken auch niemand weg, wenn er nur eine Pizza ißt.« Sie ahnte aber, daß dies über den Tisch entschied, und natürlich wollten sie ganz vorne am Wasser sitzen.

Proteo hatte telefonisch Bescheid gegeben, daß er nachkommen müßte. Er hatte darum gebeten, daß seine Tochter Livia an diesem Abend anwesend war. Er bräuchte sie dringend, sie müsse ihm helfen. Er hatte einen dicken Briefumschlag dabei, in dem sich ein Stapel Fotokopien befand, in deutscher Sprache, die Livia übersetzen sollte. Das Original und die anderen Unterlagen hatte er in den Safe in seinem Büro geschlossen, nachdem die »Bestäuber« der Spurensicherung, die bereits unwirsch darüber waren, nochmals zum Schiff des Österreichers gerufen worden zu sein, murrend ihr Amt verrichtet hatten.

Parenzo, Kroatien, 20. Juli 1999, 20 Uhr

Parenzo ist aus einer römischen Kolonie an der Westküste Istriens hervorgegangen und war immer eine streitbare Stadt, die viel Leid in ihrer Geschichte ertragen mußte. Als Friedrich I. zum Jahresbeginn 1180 dem Patriarchen Ulrich II. die Besitzungen des Patriarchats Aquileia bestätigte, gehörte dazu auch Parenzo. Doch beanspruchten die Grafen von Görz immer wieder dieses Gebiet, woraufhin die istrischen Städte den venezianischen Schiffen ihre Häfen öffneten. Unter den Venezianern hatte die Stadt einiges auszuhalten. Dann zerstörten es die Genuesen, und im Jahr 1601 reduzierte die Pest die Bevölkerung auf dreihundert Einwohner. Bis 1883 wurde in Parenzo nur Italienisch gesprochen, was nach dem Zweiten Weltkrieg zur Lingua non grata wurde.

Viktor Drakič wußte davon nichts. Mit dem Wagen war er von Triest eine Stunde unterwegs gewesen, hatte den kurzen slowenischen Küstenstreifen durchfahren und überquerte danach die kroatische Grenze. Mit italienischem Kennzeichen wurde man kaum kontrolliert. Der Koffer lag die ganze Zeit auf dem Beifahrersitz. Die Beretta 100 steckte unter dem Armaturenbrett.

Viktor Drakič kannte das Städtchen, das verstopft war von deutschen und österreichischen Touristen, die das Währungsgefälle nutzten und im historischen Zentrum die Läden mit stillosem Goldschmuck besuchten, die sich dort aneinanderreihten. Und Viktor Drakič wußte, daß die Umgebung der Stadt am Meer dünn besiedelt und die flache, aber steinige Küste durch zahlreiche Eilande geschützt war. Er wußte auch, daß dieser Abschnitt der istrischen Halbinsel bis in die achtziger Jahre hinein der Ausgangspunkt für die Schmuggler gewesen war, die sich mit Motorbooten nachts den Weg zwischen den Inseln suchten und Zigaretten nach Italien brachten, die aus den zahlreichen Fabriken Jugoslawiens stammten, die für die amerikanischen Tabakriesen arbeiteten.

Drakič stellte seinen schwarzen Mercedes am Hafen ab, löste die Beretta und steckte sie auf dem Rücken in den Hosenbund. Er griff den Koffer und ging durch das südliche Tor der Stadtmauer. Nach wenigen Metern bog er in eine Nebengasse des belebten Zentrums. Hier war es ruhig. Nach weiteren hundert Metern klopfte er an die Tür eines alten Steinhauses. Ein durchtrainierter Hüne, so groß wie Drakič und mit vernarbtem Gesicht, öffnete, musterte Drakič und tastete ihn oberflächlich ab. Drakič war froh, daß er die Beretta nicht fand. Obgleich er wahrscheinlich keine Chance hätte, sie in diesen Räumen zu benutzen, ohne vorher getötet zu werden, fühlte er sich mit ihr sicherer. Er stieg eine knarrende Holztreppe hoch und trat in die Stube des Hauses. Über dem schweren Holztisch in der Mitte des Raumes baumelte eine helle Lampe, die Gesichter der Männer am Tisch waren im Dunkeln und erst zu erkennen, wenn man selbst saß. Drakič griff den freien Stuhl und setzte sich, während er seinen Gruß in Kroatisch murmelte. Unfreundlich und hart antworteten die Stimmen. Man kannte sich schon seit einigen Jahren, doch beschränkte sich der Umgang auf eine schnelle, emotionslose Abwicklung der Geschäfte.

»Ist alles bereit?« Er legte den Koffer vor sich auf den Tisch.

Sein Gegenüber nickte nur und gab ein Zeichen mit einem Finger der rechten Hand, die er nicht vom Tisch hob. Der Mann links von ihm warf einen Packen Fotografien auf den Tisch vor Drakič, der sie aufnahm und durchblätterte.

»Acht? Wir hatten zehn vereinbart!«

»Die Wege sind schwieriger geworden. Die Grenzen werden stärker überwacht. Der Aufwand ist größer!« Der Mann sprach in kurzen Sätzen.

»Das ist euer Risiko. Zehn!« Auch Drakič verzog keine Miene.

»Die Slowenen spielen nicht mehr mit. Acht!«

»Es ist nicht möglich, einfach die Preise zu erhöhen. Da müssen erst alle zustimmen!«

»Red nicht! Es bleibt dabei: acht!«

»Dann werden wir uns umschauen.« Drakič schob die Fotos zurück. Sie wurden mit einer gelassenen Handbewegung aufgenommen.

»Red keinen Scheiß. Du bekommst keine anderen. Weit und breit nicht. Außerdem brauchst du sie jetzt. Acht!« Die Fotos flogen ungnädig zu Drakič zurück.

»Neun zum Preis von zehn!«

»Neun!« Drei weitere Fotos wurden über den Tisch geschoben.

Drakič schaute sie ruhig an.

»Wann?«

»Wie besprochen. Morgen nacht, zwei Uhr dreißig. Wie beim letzten Mal.«

Drakič nickte und schob den Koffer über den Tisch. Der Mann mit den Fotos zog ihn zu sich und ließ die Verschlüsse aufschnappen. Er öffnete den Koffer und zählte die Dollarnoten. Für Minuten herrschte reglose Stille, in der man nur die Atemzüge der Männer und das Rascheln der Banknoten vernahm. Keiner sprach. Dann endlich nickte der Handlanger. Der Mann ihm gegenüber griff in die Jackentasche und zog eine Schachtel Marlboro heraus. Er öffnete sie und hielt sie Drakič hin, der eine Zigarette herauszog. Der Verschluß eines goldenen Feuerzeugs schnappte auf und Drakič zog an der Zigarette. Auch sein Gegenüber rauchte jetzt, die anderen nicht. Eine Flasche ohne Etikett wurde von jemandem aus dem hinteren Teil des Raumes auf den Tisch gestellt, zwei Gläser wurden gefüllt. Drakič und der andere hoben die Gläser und tranken sie in einem Zug aus. Drakič steckte die Fotos ein, stand auf und murmelte seinen Gruß. So unfreundlich wie am Anfang wurde er erwidert. Die Tür wurde geöffnet und hinter ihm wieder geschlossen. Drakič ging die Holztreppe hinunter, der Hüne am Eingang öffnete die Tür, und Drakič verließ das Haus, bog nach links in die Gasse ab und ging schnellen Schrittes auf die beleuchtete Querstraße zu.

Als er in den Mercedes stieg, merkte er, daß sein Hemd unter dem Jackett schweißdurchtränkt war. Erst auf der Landstraße schob er die Beretta unter das Armaturenbrett zurück. Noch vor Mitternacht war Drakič zurück in Triest.

Triest, 20. Juli 1999

»11. September 1977: Ich habe Angst. Er wird immer schlimmer. Ich schließe dieses Tagebuch jetzt weg. In das Geheimfach meines Schreibtisches. Eines Tages wird es jemand finden und an mich denken. Ich kann nicht mehr.«

Dies war der letzte Eintrag, den Elisa de Kopfersberg vor zweiundzwanzig Jahren in ihr Tagebuch geschrieben hatte. Proteo Laurenti hatte kaum geschlafen in dieser Nacht. Auch Livia nicht, seine schöne Tochter. Sie hatte sich in ihrem Zimmer an den Computer gesetzt und damit begonnen, die kopierten Tagebucheintragungen der Elisa de Kopfersberg vom Deutschen ins Italienische zu übersetzen, was nicht besonders schwierig für sie war. Elisa de Kopfersberg verfügte über eine gestochen klare Handschrift und bediente sich kurzer Sätze. Das Wörterbuch, das auf ihrem Schreibtisch neben dem Computer lag, mußte Livia kaum verwenden. Sie war schon mit mehr als der Hälfte fertig, als ihr Vater kam. Er setzte sich auf ihr Bett und las die ausgedruckten Seiten. Irgendwann stand er auf, trat neben sie und legte seine Hand auf ihre Schulter.

»Danke, Livia. Hör jetzt auf. Das hast du sehr gut gemacht.«

Livia freute sich über das Lob. Endlich gab es wieder eine Brücke zwischen ihnen.

»Es ist schade, daß du keine vereidigte Übersetzerin bist. Mir hast du sehr geholfen«, sagte Proteo. »Für einen Richter braucht das einen Stempel. Du solltest dich bald darum bewerben. Für dieses Mal werde ich dich bezahlen. Denk dir etwas Schönes aus.«

»Ärgere dich bitte nicht mehr über mich, Papà«, sagte Livia und drückte seine Hand. »Ich wünsche mir nur, daß du zur Miss-Wahl kommst. Ich würde mich sehr darüber freuen. Ich mach das hier jetzt fertig, geh du schlafen. Ich lege die Seiten dann später auf den Küchentisch.«

Proteo trank in der Küche noch ein Glas Grappa und ging dann leise ins Schlafzimmer, um Laura nicht zu wecken.

Er war früh im Büro an diesem Sonntag morgen. Es war der große Tag in San Daniele, wo er nicht fehlen durfte. Aber er hätte nicht losfahren können, ohne zuvor die Fakten noch einmal vor sich auszubreiten und sie mit jemand anderem zu besprechen. Er hatte den armen Sgubin angerufen, ihn geweckt und ihm gesagt, er bräuchte ihn dringend. Sgubin fluchte, seit drei Tagen hätte er schon freigehabt, als Ausgleich für den Schichtdienst. Aber sein Pflichtbewußtsein überwog. Er kam kurz nach acht ins Kommissariat, war unrasiert und hatte dicke Ränder um die Augen. Laurenti gab ihm die letzten Seiten der Übersetzung von Elisas Tagebuch zu lesen, und Sgubin schaute ihn fragend an.

»Sgubin, das war mein erster Fall, den ich selbständig bearbeiten durfte, als ich nach Triest versetzt worden war. Ich hatte keine Chance. Konnte nichts beweisen. Und nach zweiundzwanzig Jahren taucht ein Dokument auf, das mir damals viel genutzt hätte. Ich bin mir sicher, der Österreicher wäre nicht so davongekommen. Jetzt hat es ihn aller Wahrscheinlichkeit nach selbst erwischt. Sag mir, was du darüber denkst.«

»Ganz einfach: Jemand hat getan, was diese Frau gehofft hat. Nur frage ich mich, warum er sie umgebracht hat. Oder hat sie sich selbst umgebracht?«

»Es ist ein bißchen lange her für eine Rache, findest du nicht? Schau, da ist noch etwas.«

Er gab ihm die Fotos, die zusammen mit dem Tagebuch in dem Päckchen gewesen waren, das ihm die alte Signora Bianchi übergeben hatte.

Sgubin machte große Augen und blätterte die Fotos sehr langsam durch. Manche Mädchen tauchten immer wieder auf, die Männer waren jedesmal andere. Alle waren unbekleidet und in eindeutigen Positionen.

»Pornohefte?« Sgubin schaute den Commissario fragend an.

»Das glaube ich nicht«, Laurenti schüttelte den Kopf. »Mit solchen Männern doch nicht! Das sind nur Bürohengste.«

»Dann Erpressung.« Sgubin legte die Fotos auf den Tisch, eines neben das andere, und atmete tief durch. »Damit läßt sich viel Geld machen.«

»Mir kommt es so vor, als wurden einige in der Villa aufgenommen. Aber andere, schau, Sgubin«, Laurenti deutete mit dem Finger darauf, »diese hier, glaube ich nicht. Dort hinten siehst du eine Minibar. Das hat man nicht zu Hause. Das ist in einem Hotel.«

»Und auf denen kann man erkennen, daß zwei Frauen dabei waren, eine hat fotografiert.« Sgubin zeigte auf ein nacktes Bein, das aus der Perspektive der Kamera verschwommen am Bildrand zu erkennen war und nicht zu den beiden Fotografierten gehörte.

»Noch etwas«, sagte er dann. »Das ist die Tote vom Golfplatz.« Er hielt Laurenti ein Foto hin. »Da bin ich mir ganz sicher. Wir haben alle ihr Porträt erhalten. Im Borgo wurde nach ihr gefragt, aber die Mädchen kennen sie nicht, weil sie alle nicht lange genug hier sind.«

»Verflucht!« Laurenti schrak auf. »Das habe ich völlig vergessen.« Er kramte in seiner Aktentasche und zog das Foto heraus, das er bei der alten Bianchi mitgenommen hatte. Die ganze Zeit hatte er nur über Elisa und seinen ersten Fall nachgedacht. Er warf das Foto auf den Tisch.

»Ja, das ist sie! Wo haben Sie es her, Commissario? Dann haben wir sie endlich!« Sgubin war erstaunt über die Zauberkünste Laurentis, der ihm nun von seinem erneuten Besuch in der Via Ponzanino erzählte.

»Wir müssen das Melderegister überprüfen«, sagte Sgubin und stand auf. »Ich verstehe nicht, wie Sie das vergessen konnten, Chef.« Sgubin schüttelte den Kopf. Er nahm das Telefon vom Tisch seines Chefs und wählte eine Nummer. Wenig später hatte er einige Notizen auf ein Blatt gekritzelt und legte auf.

Laurenti war verlegen und wütend auf sich selbst. Es war in der Tat die einfachste Routine, um die er sich nicht gekümmert hatte, weil er endlich eine Chance sah, seine Niederlage von einst gegen de Kopfersberg auszubügeln.

»Olga Chartow, gemeldet seit 24. Mai 1996. Geboren am 15. September 1970 in Volovets, Ukraine. Wohnhaft Via Ponzanino Nr. 46. Es muß die Schwester unserer Leiche aus der Via del Castelliere sein.«

Laurenti griff zum Hörer und erkundigte sich nach Eintragungen im Strafregister. Sie warteten. Nach zehn Minuten brachte eine verschlafen aussehende Beamtin den Computerausdruck. Keine Vorstrafen, aber der Vermerk, daß Olga Chartow bis April 1997 als Prostituierte im Borgo Teresiano registriert war.

»Das ist komisch«, sagte Sgubin. »Sie ist vermutlich die einzige ausländische Hure, die geblieben ist.«

»Und wie kam sie an das Tagebuch und die Fotos?« Laurenti ging unruhig umher.

»Sie hat sie gestohlen. Und zwar von Kopfersberg!«

Sgubin hatte zweifellos recht. Das Tagebuch, die Fotos – die Villa.

»Komm«, sagte Laurenti. »Wir fahren hin.«

Tatjana Drakič empfing sie freundlicher als das letzte Mal. Laurenti und Sgubin wurden von einem Mädchen mit weißer Schürze, die sie an der Tür erwartet hatte, in einen kleinen Salon geführt. Die Drakič kam wenig später herein. Sie trug ein weinrotes, ärmelloses Leinenkleid und reichte ihnen zur Begrüßung die Hand. Dann bat sie die beiden Polizisten, Platz zu nehmen und goß sogar eigenhändig Kaffee in drei Täßchen. Überraschende Freundlichkeit. Ihr Bruder mußte sie wohl von Laurentis Klage unterrichtet haben.

»Gibt es Neuigkeiten?« fragte die Drakič.

»Nicht was Herrn de Kopfersberg betrifft, Signora. Haben Sie etwas gehört?«

»Nein, leider nicht.«

»Und von seinem Sohn?«

»Auch nichts!«

»Die Kollegen in Wien haben ihn bisher auch nicht angetroffen«, sagte Laurenti. Als er den fragenden Blick Tatjana Drakičs sah, fügte er beruhigend hinzu: »Man befragt alle Angehörigen in einem solchen Fall. Die österreichischen Kollegen haben uns geholfen.«

Er nahm einen Schluck Kaffee. »Etwas anderes wollte ich Sie fragen, Signora. Wissen Sie von einem Tagebuch, das Elisa de Kopfersberg geführt hat?«

Er zog das in rotes Leder gebundene Tagebuch aus seiner Aktentasche und legte es auf den Tisch.

Tatjana Drakič warf einen flüchtigen Blick auf den Band und nahm ihn dann in die Hand. »Nein, das habe ich noch nie gesehen.«

Dann nahm Laurenti das Foto von Olga Chartow aus der Tasche, das er in der Via Ponzanino erhalten hatte, und legte es neben das Tagebuch. »Kennen Sie diese Frau?«

Tatjana Drakič ließ sich Zeit. »Tut mir leid. Nein.«

»Sind Sie sicher? War sie vielleicht einmal in Begleitung einer Ihrer Gäste hier?«

»Nein, das glaube ich nicht. Aber wenn man eine große Party veranstaltet, dann entgeht einem schon mal jemand. Aber ich würde sagen, nein.«

»Das war schon alles, Signora Drakič. Ich war hundertprozent sicher, daß Sie die Frau kennen würden. Nun wollen wir Sie nicht weiter stören.« Laurenti war aufgestanden, und Sgubin, der die ganze Zeit geschwiegen und nur ausführlich den Salon gemustert hatte, trank schnell den letzten Schluck Kaffee. Man verabschiedete sich freundlich. Sowohl Tatjana Drakič als auch Laurenti waren die ganze Zeit darauf bedacht gewesen, das neu erlangte Einverständnis nicht zu gefährden.

»Es war die Villa«, sagte Sgubin, als sie wieder im Wagen saßen. Er drehte den Zündschlüssel um, fuhr aber noch nicht los. »Diese schöne Frau gefällt mir nicht, Chef! Warum lügt sie?«

»Wir wissen nicht, ob sie lügt, Sgubin. Obwohl es ja gar nicht anders sein kann, unter uns gesagt. Aber vielleicht hat sie lediglich ein gestörtes Verhältnis zur Polizei.«

Sgubin fuhr los. Sie schwiegen. Als sie in die vierspurige Via Carducci einbogen, fuhr Laurenti plötzlich auf und griff Sgubin so fest am Arm, daß der das Steuer verriß, der Wagen einen Schlenker machte und nach Sgubins Vollbremsung zu stehen kam.

»Was ist denn jetzt los?« fragte Sgubin mißmutig und mit gefurchter Stirn.

»Ist ja schon gut! Weißt du was? Wir müssen jemanden finden, der Olga kannte. Aus dem Milieu. Wenn sie schon so lange in Triest war, dann gibt es Leute, die sie kennen. Erinnerst du dich noch an Lilli?«

Sgubin lachte. »Klar, wer kannte die nicht?«

»Sie arbeitet immer noch! Vielleicht weiß sie etwas. Wir brauchen ihre Adresse.«

»Via Tigor 15!« Sgubin war schon auf dem Weg. »Ein bißchen früh vielleicht«, sagte er, »aber sie wird's verkraften.«

»Sag mal, Sgubin, warum hast du ihre Adresse im Kopf?

Bist du etwa ihr Kunde?« Er schaute Sgubin an, der wie ein kleiner Junge rote Ohren bekommen hatte.

»Um Gottes willen, nein! Aber wir haben Lilli schon so oft befragt in den vielen Jahren, daß die Hälfte von der Truppe den Weg mit verbundenen Augen finden würde.« Sie fuhren an den Rive entlang, würden gleich bei den Ausstellungsräumen der »AsteTrieste« in die Altstadt einbiegen und dann durch die engen Straßen der Citta Vecchia schließlich zur Via Tigor kommen. Um diese Zeit war nicht viel Verkehr.

Sgubin hatte den Wagen in einer Einfahrt geparkt und klingelte an der Haustür. Er klingelte nochmals und dann ein drittes Mal. Endlich hörten sie durch die Sprechanlage Lillis Stimme.

»Ma chi è, cazzo!«

»Nur die Polizei, liebste Lilli! Die Herren Sgubin und Laurenti.«

»Kommt später wieder!« Lilli hängte ein.

Sgubin klingelte wieder und lange.

»Vai a farti fottere!« schnauzte es aus dem Lautsprecher.

»Lilli!!!«

»Was wollt ihr, verflucht noch mal? Ich bin noch nicht aufgestanden«, hustete sie kräftig in die Gegensprechanlage.

»Ich kann mir nicht vorstellen, daß wir um diese Zeit stören, Lilli. Und ob du gewaschen bist oder nicht, interessiert uns nicht! Also mach schon auf, sonst wecken wir die Nachbarn. Es dauert nicht lange.«

Endlich drückte sie den Türöffner, und die beiden Polizisten stiegen in den vierten Stock hinauf. Die Tür von Lillis Wohnung stand halb offen. Sie traten in einen langen Flur mit einem alten Parkettboden, der bei jedem ihrer Schritte knarzte.

»Lilli«, rief Sgubin.

»Letzte Tür links«, hörten sie Lilli rufen und folgten

ihrer Stimme in das Schlafzimmer, dessen Vorhänge zugezogen waren. Nur ein schmaler Lichtstrahl fiel durch einen Spalt. Lilli lag im Bett, schlecht abgeschminkt, und hatte sich das dünne Laken unter die Achseln geschoben. Ihre Kleider waren wild über den Boden verstreut.

»Geh in die Küche, Sgubin, und mach mir einen Kaffee, und zwar einen starken«, maulte Lilli und fügte einen Schwall derber Flüche an. Laurenti zog den einzigen Stuhl an ihr Bett. Aus der Küche hörte er Sgubin mit Geschirr hantieren.

»Lilli, glaub bloß nicht, daß ich dir den Abwasch mache«, rief Sgubin. »Wo steht der verfluchte Kaffee?«

»Irgendwo! Wahrscheinlich da, wo er immer steht. Mach die Augen auf«, maulte Lilli schlechtgelaunt. Dann glotzte sie plötzlich noch schlechter gelaunt Laurenti an. »Und du stell mir keine Fragen, bis mir dieser Schwachkopf den Kaffee gebracht hat. Und schau mich nicht so verliebt an. Ist doch nicht das erste Mal, daß du 'ne ungeschminkte Nutte siehst!«

»Sublata lucerna nullum discrimen inter feminas!« Laurenti hob den Finger seiner linken Hand.

»Was redest du da für ein Zeug?!« Lilli runzelte die Stirn.

»›Bei gelöschtem Licht sind alle Frauen gleich.‹ Hat Casanova gesagt, als er hier in Triest war. Bin zwar nicht seiner Meinung, aber er war immerhin ein Fachmann, Lilli!«

»Leck mich am Arsch! Und noch etwas sag ich dir: Solche Drohungen könnt ihr euch in Zukunft sparen. Wenn ich einmal auspacke, dann bleibt kein Auge trocken. Und ich würde es tun.«

Nach einer kleinen Schweigeminute, während der sie die Augen geschlossen hatte, brummte sie: »Also red schon. Was wollt ihr?«

Laurenti hielt ihr das Foto hin. »Kennst du die?«

»Wer kennt die nicht?«

»Sag schon!«

»Die hatte vor einigen Jahren viel Erfolg. Kein Wunder, bei den Titten. Meine waren auch mal so.«

»Und?«

»Und heute sind sie nicht mehr so.«

»Wer ist sie? Was weißt du über sie?«

»Sie heißt Olga.«

»Kanntest du sie gut?«

»Nicht besonders.«

Sgubin kam endlich mit einer großen Tasse Kaffee und gab sie Lilli, die sich im Bett aufsetzte, wobei das Laken von ihrem Oberkörper glitt. Sie kümmerte sich nicht darum. »Na endlich, Plattfuß, das hat vielleicht gedauert.« Sie nahm einen Schluck und dann noch einen. Endlich besserte sich ihre Laune. »Wenn bei dir alles so schwach ist wie der Kaffee, dann kannst du dich umbringen.«

»Lilli«, fragte Laurenti wieder, »was war mit ihr?«

»Das Mädchen hat ziemlich schnell eine Anstellung gefunden. Bei reichen Leuten im Haus. Ich habe sie dann nur noch selten gesehen.« Sie hatte Sgubins Blicke bemerkt und zog das Laken wieder ein Stück höher. »Schau nicht so, weißt ganz genau, wie meine Titten aussehen.«

»Wo war das?« Laurenti hatte Mühe, Lilli beim Thema zu halten.

»Was?«

»Die Anstellung?«

»In der Via dei Porta. Große Villa. Manchmal haben sie ein paar Mädchen aus dem Borgo geholt, aber selten. Sie hatten immer selbst welche.«

»Beim Österreicher?«

»Ja, beim Österreicher!«

»Warst du auch mal dort?«

»Das ist schon sehr lange her. Die brauchen junge Dinger, ohne Falten. Erfahrung interessiert die nicht.«

»Und was war da?«

»Die haben für ihre Gäste halt ein paar Mädchen dagehabt. Männer, die viel zu sagen hatten. Aber es ist immer das gleiche, zuviel Macht treibt das Blut nur in den Kopf.«

»Lilli, schau dir die Fotos an«, Laurenti zog sie aus der Tasche und gab sie ihr.

Lilli stellte die Tasse neben das Bett und blätterte die Fotos durch. »Oh! Cazzo!« sagte sie. »Die bringen verdammt viel Geld.«

»Wie meinst du das?«

»Glaubst du etwa, die Männer sind freiwillig auf diesen Fotos, Blödmann! Wo habt ihr die denn gefunden?«

»Erkennst du jemanden?«

Lilli warf keinen Blick mehr auf die Fotos und gab sie Laurenti zurück. »Olga ist drauf, und einige von den anderen waren mal kurz im Borgo. Aber nicht lange.«

»Und die Männer?«

»Die Männer merke ich mir nie. Das lohnt nicht. Und übrigens, wann verschwindet ihr endlich?«

Die beiden Polizisten verstanden, daß Lillis Sprechstunde jetzt endgültig um war.

»Denk drüber nach, Lilli! Und wenn dir was einfällt, dann laß es uns wissen.« Laurenti war schon auf dem Weg zur Tür, als er Lilli rufen hörte.

»Ich glaube, du bist auch auf dem Foto, Commissario.«

Er blieb zögernd stehen. »Ich? Du machst Witze!«

»Na vielleicht auch nicht«, sagte Lilli. »Und macht die Wohnungstür richtig zu!«

Es war noch eine Stunde Zeit, bevor er sich umziehen mußte, um mit seiner Mutter und Marco über Grado, wo Patrizia Isabella auf sie wartete, nach San Daniele zu fahren. Laura und Livia waren schon früh aufgebrochen. Er kaufte die Sonntagsausgabe des ›Piccolo‹ an der Ecke und ging dann ins leere Kommissariat.

An seinem Schreibtisch blätterte er in der Zeitung, um sich abzulenken, was ihm nicht recht gelang. In einem Gespräch im ›Piccolo‹ stritten der Direktor der Meeresbiologischen Versuchsanstalt des World Wildlife Fund und ein als Haiexperte ausgewiesener Hochseefischer über die Gefährlichkeit des Hais.

»Die Präsenz des Hais in unseren Gewässern«, argumentierte der Direktor des WWF, »ist ein gutes Zeichen für die Qualität unserer Gewässer, weil er ein Indikator für sauberes Wasser ist. Außerdem ist die Gefahr begrenzt. Wirklich gefährliche Vorkommnisse sind hier nie bekannt geworden, auch weil in warmen Gewässern, wie den unsrigen, die Freßlust der Haie merklich abnimmt. Den Badenden rate ich, sich nicht allzuweit hinaus zu bewegen, aber sie können ruhig weiter schwimmen gehen. Wir befinden uns nicht bei Hemingway und nicht in Hollywood, wir sind in Triest.«

Die Meinung des Hochseefischers, Angelweltmeisters und profunden Haikenners, als den der ›Piccolo‹ ihn bezeichnete, war gerade entgegengesetzt.

»Es ist absolut angebracht, vorsichtig zu sein, weil die Haie sehr oft den Thunfischen folgen, die für sie eine leckere Beute sind, und zu dieser Jahreszeit bewegen sich viele Thunfische in der oberen Adria. Es wäre überhaupt nichts Ungewöhnliches, wenn sich deshalb ein weißer Hai nur wenige Meter vor der Küste aufhielte. Es sind Fische, die sich für einige Wochen sehr still verhalten können, weil sie keinen Hunger haben. Aber in den darauffolgenden vierzehn Tagen verspüren sie sehr dringend die Notwendigkeit zu fressen. Dann brechen sie zur Jagd auf jede Beute auf und sind unersättlich. Auch im Hochsommer führen unsere Gewässer ausreichend Sauerstoff für ihre Anwesenheit.«

So war aus dem Blauhai also ein weißer Hai geworden. Der ›Piccolo‹ braucht Stoff für die nächsten Tage und Wochen, dachte Laurenti. Er gähnte, legte die Füße auf den Schreibtisch und nickte in einen leichten Dämmerschlaf, aus dem er zehn Minuten später wieder erwachte. Er fühlte sich plötzlich frisch und ausgeschlafen. Die Zeitung lag noch immer auf seinem Schoß.

Parenzo/Triest, 21. Juli, 1999
nach Mitternacht

Man hatte ihnen gesagt, sie würden gegen halb elf abgeholt. Die Gruppe von fünfunddreißig Personen, vorwiegend Männer zwischen zwanzig und dreißig Jahren, saß im Unterholz bei Lovrec. Niemand sprach, niemand hatte Gepäck. Sie besaßen, was sie auf dem Leib trugen oder unter ihren Kleidern versteckt hatten, ihre Dokumente und vielleicht ein paar Dollar. Das große Geld hatten sie am Morgen abgegeben. Sie hatten Jahre dafür gearbeitet und den Großteil ihres spärlichen Besitzes in der Heimat verkaufen müssen, um die fünftausend Dollar zu beschaffen. Aber sie hatten eine Hoffnung.

Viele von ihnen waren schon seit Wochen unterwegs, und keiner wußte, wo sie sich befanden. Auf diesem Platz im Wald waren die ersten von ihnen vor drei Tagen eingetroffen. Man hatte ihnen Wasser und einige Lebensmittel dagelassen. Sie hatten auf dem Waldboden geschlafen. Einer hatte hohes Fieber, zwei andere waren von Zecken gebissen worden. In den folgenden Tagen wurde die Gruppe immer größer. Immer wieder kamen Neue zu ihnen auf die Lichtung. Fünf Sprachen waren zu hören gewesen, bis an diesem Abend alle nur noch schweigend darauf warteten, daß es weiterging. Man hatte ihnen gesagt, daß dies die letzte Etappe sei, und sie mußten noch einmal viel Geld bezahlen. Wenn alles gutginge, dann hätten sich in einigen Stunden die Strapazen und Ängste der letzten Wochen gelohnt.

Irgendwann sahen sie, daß die Lichter der beiden Lieferwagen gelöscht wurden, die von der Straße auf den Waldweg abgebogen waren, und hörten nur noch das Geräusch der Dieselmotoren. Fünf Männer kamen zu ihnen, einer, der in lautem Befehlston sprach, schien mehr zu sagen zu haben als die anderen. Ihre Sprache verstanden die meisten nicht, wohl aber die Gesten. Sie hasteten zu den Lieferwagen. Eng aneinandergepfercht paßten sie alle auf die Ladeflächen. Die fensterlosen Türen wurden hinter ihnen zugeschlagen, und sie mußten sich aneinander festhalten, um vom Schaukeln der anfahrenden Transporter nicht herumgeworfen zu werden, obgleich kaum Platz zum Umfallen war. Die Fahrt dauerte nicht lange. Die Türen wurden aufgerissen, kaum daß die Lieferwagen angehalten hatten. Die fünf Männer trieben sie zur Eile an und wiesen ihnen einen kleinen Weg, der von der Straße in ein Gebüsch führte. Sie sahen eine schwarze Wasseroberfläche zu ihrer Rechten. Es war ein Tag vor Neumond und stockfinster. Mühsam gingen sie hintereinander auf einem Weg, dessen Untergrund federnd unter ihren Schritten nachgab. Nach zehn Minuten sahen sie nahe am Wasser die Glut von Zigaretten glimmen.

Der Limski zaljev war ein Meeresarm, der fünfzehn Kilometer südlich von Parenzo fjordartig in die istrische Halbinsel einschnitt. Befahrbar war er in großen Teilen nur durch sehr flache Boote. Felder, Wiesen und Gestrüpp führten an seinem Anfang bis ans Ufer, und nur vereinzelt stand ein Bauernhaus in einiger Entfernung vom Wasser. Nahe am Limski zaljev wurde der Boden sumpfig. Ein kleiner Fußweg, über Jahrzehnte ausgetreten, führte von der E 751 zur Rtic Kric, der Landspitze gegenüber Vrsar.

Zwei hochmotorisierte Schlauchboote hatten in der Dämmerung den kleinen Hafen Parenzos verlassen und suchten wenig später im Kanal den Weg um die Muschelzuchten herum. Gegenüber dem Weiler Sveti Mihovil hatten sie an einem alten Steg zwischen Gestrüpp festgemacht. Auf jedem Boot waren zwei Männer. Dunkel gekleidet, breitschultrig, groß. Ihre kurzgeschnittenen Haare betonten die Sehnen und Muskelstränge am Hals. In der

Dunkelheit sah man sie zuerst nur schemenhaft und erkannte dann die Glut ihrer Zigaretten. Im Boot hatte jeder von ihnen eine dunkelblaue, wattierte Weste liegen, denn trotz des heißen Wetters konnte es bei anhaltend hohem Tempo auf See frisch werden. Ihre Boote waren nachtblau lackiert, die Kennzeichen mit schwarzer Folie überklebt, die schnell abzureißen war. Zwei Außenbordmotoren mit über sechshundert PS trieben diese flachen und wendigen Boote auf eine Geschwindigkeit von zweiundvierzig Knoten. Das Steuer befand sich etwa zwei Meter vor dem Heck, die weiteren acht Meter bis zum Bug waren drei Meter breit und leer. Sie boten auf jedem der beiden Schlauchboote Platz für zwanzig aneinandergedrängte Menschen, die sich an den Leinen, die von Bordwand zu Bordwand gespannt waren, festhalten mußten, wenn das Boot hart über die Wellen jagte.

Neun junge Frauen, keine über zwanzig Jahre alt, deren Figuren bei den vier Männern in den Schlauchbooten aufgeregtes Geflüster und derbe Sprüche auslösten, waren kurz nach dreiundzwanzig Uhr auf den Steg geführt worden. Jede trug eine Handtasche und eine kleine Reisetasche. Man hatte ihnen befohlen, sich dunkel zu kleiden. Kopftücher verhüllten so gut es ging ihre blondierten Haare. Nur an die Schuhe hatte man nicht gedacht. Wer hohe Absätze trug, mußte sie ausziehen. Die Männer hatten ihnen befohlen, sich auf einem der beiden Boote auf den Boden zu setzen. Als sie ihnen dabei halfen, wurden sie zudringlich. Aber die Mädchen achteten nicht darauf, flüsterten untereinander in verschiedenen slawischen Sprachen. Als eine rauchen wollte, herrschte einer der Männer sie an. Er selbst rauchte. Ihnen war es verboten. Schweigend mußten sie warten.

Ein Mann, der vorausgegangen war, hatte der Gruppe zu verstehen gegeben, daß sie warten müßte. Dann war er wieder in der Dunkelheit verschwunden, aber man hörte eine aufgeregte Unterhaltung. Als der Mann zurückkam, rief er seine Kumpane zu sich. Flüsternd wies er auf die Boote und auf die fünfunddreißig Illegalen. Zwei Männer zogen russische Armeepistolen hervor, die sie unter ihren Jacken verborgen hatten. Dann wurde der Befehl gegeben, daß die Gruppe weitergehen sollte, hinunter zu den Booten. Als sie an dem Anführer vorbeikamen, wurden sie eindringlich gemustert. Vier von ihnen, die er herausgesucht hatte, befahl er, an seiner Seite stehenzubleiben. Den Kranken, der Fieber hatte, stark schwitzte und sich nur mühsam auf den Beinen halten konnte, ließ er gehen. Mit ihm hätten sie nur unnötige Probleme, wenn sie ihn nicht bald loswurden. Als die letzten vorbeigegangen waren, wollten auch die vier Ausgemusterten zu den Booten gehen. Der Anführer gab ein kurzes, hartes Kommando, und die beiden Männer mit den Pistolen stellten sich ihnen in den Weg. Sie kämen später mit, hatte man ihnen gesagt, morgen oder übermorgen, doch hatten sie dies nicht verstanden. Sie wußten lediglich, daß sie nicht weiterkämen, daß kein Weg an den Pistolen vorbeiführte. Der Anführer bedeutete ihnen, daß sie zurückgehen müßten. Sie gehorchten. Jeder von ihnen hatte das auf seiner bisherigen Reise schon erlebt. Sie mußten Tage warten, bis ein neuer Weg gefunden wurde. Sie waren noch nicht weit gegangen, als sie das Brummen der startenden Außenbordmotoren hörten. Der erste blieb einen Augenblick stehen, zögerte, ging dann aber weiter.

Das Wetter war günstig. Die Dunkelheit hatte sich über den Golf gelegt, und die Fischkutter mit ihren hellen Scheinwerfern, die die Makrelen und Sardinenschwärme in die Netze lockten, standen weit draußen. Die Schiffsdiesel surrten monoton. Nach Stürmen, nach Gewittern und bei günstiger Witterung standen die Fischer oft direkt vor der Küste, und das Licht der Halogenlampen spiegelte sich weit über das Wasser bis zu den steil ins Meer abfallenden Felswänden. Dann war eine unbemerkte Landung unmöglich. Die Küste des Triestiner Golfs wurde immer wieder für illegale Transporte genutzt. Die italienischen Behörden hatten ihre ganze Aufmerksamkeit auf die Verbindung zwischen Albanien und Apulien gelegt, eine Strecke, die mit schnellen Booten in höchstens zwei Stunden zu machen war und vor allem von der Mafia zum Schmuggel von Zigaretten und Menschen genutzt wurde. Nach Norden schleuste man erst seit kurzem auf dem Seeweg. Hier rechneten die Behörden kaum damit. Die Strecke schien zu abgelegen, war keine klassische Balkanverbindung, und der Golf von Triest war überdies mit einem undurchlässigen Radarnetz überzogen. Die dunkelblauen Schlauchboote brauchten für Hin- und Rückweg gerade mal eine Stunde. Vom Radar wurden die Kunststoffboote nicht erfaßt. Sie hatten sich parallel zur kroatischen Küste gehalten, waren ohne Scheinwerfer, nur mit den Navigationsinstrumenten, eine knappe Meile vor der Küste gefahren, ohne in Gefahr zu geraten, anderen Schiffen zu begegnen. Kurs Nord-Nordwest vorbei an Parenzo, Cittanova d'Istria, Umago – bis zur Punta Salvore hatten sie ohnehin nicht viel zu befürchten. Erst dann, an der slowenischen Grenze, wenn sie auf Kurs Nordost zu wechseln hatten, mußten sie wachsam sein. Auf dem letzten Drittel der Strecke waren viele private Schiffe unterwegs, aber sie mußten vor allem auf die großen Schiffahrtswege in die Häfen von Capodistria und Triest achten. Viele Frachter lagen zwischen diesen Punkten vor Anker. Außerdem arbeiteten die Behörden Sloweniens und Italiens eng zusammen, um den Schiffsverkehr in diesem Teil des Meeres zu regeln. Aber es gab eine große Erleichterung: Das Leuchtfeuer des »Faro della Vittoria« von Triest ist das hellste in der nördlichen Adria. Noch auf eine Entfernung von zweiunddreißig Meilen konnte man es erkennen. Sie hatten sich nur zweieinhalb Meilen westlich von ihm zu halten, um an die Costa dei Barbari zu gelangen. Unterhalb der senkrecht abfallenden Felswände der Steilküste und nicht weit von dem Punkt entfernt, an dem die Yacht des Österreichers gefunden worden war, suchten sich die beiden dunkelblauen Boote den Weg durch die Felder der Muschelzuchten. Die neun Mädchen stiegen als erste aus und machten sich daran, den schmalen Pfad zur Küste hinaufzusteigen. Sie hatten Mühe, in ihren Stöckelschuhen, aber es waren Seile gespannt, die ihnen Halt gaben. Oben auf dem Parkplatz wurden sie von zwei schwarzen Mercedeslimousinen erwartet. Die anderen einunddreißig Illegalen sollten auf der Strada Costiera von zwei Lieferwagen übernommen werden, die sie weiter auf ein Gehöft zwischen Palmanova und San Giórgio di Nogaro bringen sollten.

Die beiden Motorboote drehten kurz vor zwei Uhr ab, Richtung Süden, dahin zurück, woher sie gekommen waren. Die Rückfahrt ohne Last ging natürlich sehr viel schneller. Die vier Männer waren gut gelaunt. Sie hatten in kurzer Zeit sehr viel Geld verdient.

Um 2.30 Uhr fuhren die beiden Autos in die Einfahrt der Villa in der Via dei Porta. Man hatte den Mädchen die Zimmer mit den vergitterten Fenstern im Halbparterre zugewiesen und hinter ihnen abgeschlossen. Man würde sich am anderen Tag um sie kümmern. Es gab viel zu tun. Sie mußten eingekleidet werden. Man mußte ihnen sagen, was sie zu tun hatten. Das war bisher Olga Chartows Aufgabe gewesen. Tatjana Drakič mußte diese Tätigkeit jetzt selbst übernehmen, bis sie einen Ersatz gefunden hatte. Und die Mädchen brauchten neue Pässe, gültige Papiere mit Aufenthaltsbewilligung. Auch das dauerte zwei Tage.

Triest, 21. Juli 1999

Für Montag früh acht Uhr war die Sitzung beim Questore angesetzt. Die Laurentis hatten auf dem Hof von Lauras Mutter in San Daniele übernachtet, und Proteo mußte um sechs Uhr aufstehen, obgleich das Fest früh begonnen hatte und spät endete. Die alte Dame war so beliebt, daß zum Mittagessen um die fünfhundert Gäste erwartet wurden, die zum Teil sehr weite Anreisen auf sich genommen hatten.

Die Tafel war auf dem kiesbelegten Platz vor dem Wohngebäude aufgebaut. Normalerweise standen hier Lieferwagen, Gabelstapler und Autos, und am Gutshaus vorbei fuhren die Lastwagen zum nahe gelegenen Produktionsgebäude, wo die Familie ihre luftgetrockneten Schinken produzierte, die mit dem San Daniele-Gütezeichen in alle Welt verkauft wurden. Der Kies auf dem Platz glich dem eines Schloßparks, und Sonnenschirme spendeten Schatten für die Gäste, die an drei langen Tischreihen, die quer zur vierten mit dem Ehrenplatz standen, Platz genommen hatten.

Der Wirt des »Cacciatore« war mit dem Essen beauftragt worden und hatte schon am Vortag die Küche und einige angrenzende Zimmer des Haupthauses in Beschlag genommen. Zur Begrüßung gab es Pinot-Spumante aus Cormòns. Chardonnay und Cabernet-Franc kamen aus Chile, vom Weingut des dritten Sohnes der alten Dame und Lauras jüngerem Bruder. Dessertweine und Digestivi kamen aus dem Collio.

Laura war mit Livia schon am frühen Morgen nach San Daniele gefahren und hatte ihre Mutter, die nun doch aufgeregt war, unterstützt. Als aber die Gäste eintrafen, hatte sich Sofia Tauris nicht wie von ihren Kindern vorgesehen auf das bordeauxrote Sofa im Schatten einer immergrünen alten Magnolie gesetzt, auf deren Ästen noch üppig die letzten Blüten thronten. Die alte Dame war zäh und ohnehin jeden Tag mit dem Gut beschäftigt, seit sechsundfünfzig Jahren. Sie hatte für jeden ihrer Besucher ein nettes Wort und nahm strahlend die Komplimente und Glückwünsche entgegen. Auf und neben einem Tisch, der sich bald schon als zu klein herausstellte, wurden die Geschenke aufgestellt. Die ersten Gäste waren um zwölf Uhr eingetroffen, aber erst gegen vierzehn Uhr ließ man sich an der Tafel nieder. Die große Geburtstagsrede hielt der älteste Sohn, der die Firma führte. Er erinnerte daran, daß Sofia Tauris' Eltern noch einfache Bauern gewesen waren und erst die sturköpfige Tochter den Bauernhof zum lukrativen Betrieb umgestaltet hatte. Schinken war im Menu des Festessens nicht vorgesehen. Nach dem Antipasto, einem Misto aus marinierten Fischen, folgten die Wünsche des Bischofs, der zugleich das Geburtstagskind, die Gäste und die Tafel segnete. Nach dem ersten Gang, Tagliatelle mit Sommertrüffeln, kam die Eloge des Präsidenten der Vereinigten Schinkenproduzenten, der im Gegensatz zum Geistlichen kaum ein Ende fand und die Köche nervös werden ließ. Als Hauptgang gab es Perlhühner von ganz ausgezeichnetem Geschmack, und dann kam der Bürgermeister zum Zug. Vor dem Dessert, gegen sechzehn Uhr, als schon viele Gläser Wein getrunken waren, erhoben immer wieder einzelne Gäste ihr Glas auf die Jubilarin, doch als diese kaum mehr ein Ende fanden und immer komischer wurden, stand die alte Dame auf und bat mit beiden Händen winkend um Ruhe. Mit fester Stimme dankte sie ihren vielen Gästen für ihre Freundschaft, Freundlichkeit und Wohlgesonnenheit und erhob schließlich ihr Glas auf sie. Gegen siebzehn Uhr löste sich die Tafel allmählich auf. Die Kinder hatten sich längst abseits in Grüppchen zusammengefunden und die Erwachsenen unter sich gelassen. Die letzten Gäste gingen gegen zwanzig Uhr, als es auf der Hochebene bereits frisch wurde. Der

Küchenchef hatte ein kleines Abendessen vorbereitet, die Tafel abgeräumt und Geschirr und Gläser in einem Lieferwagen verstaut.

Die achtzigjährige Sofia Tauris war schon immer hart im Nehmen, und selbst wenn sie müde war, ließ sie es sich nicht anmerken. Es war viele Jahre her, daß sie alle ihre Kinder und Enkel um sich gehabt hatte. Es war ihr großer Festtag. Erst gegen zwei Uhr war endlich Ruhe.

San Daniele liegt über achtzig Kilometer von Triest entfernt, und mit mindestens einer Stunde Fahrt mußte man trotz Autobahn rechnen. Proteo Laurenti war nicht ausgeschlafen, und mehrfach versperrte ihm ein tiefes Gähnen für Sekunden den Blick auf die Straße. Er ließ den Tag Revue passieren. Wie groß war seine Freude darüber gewesen, Patrizia Isabella, seine Lieblingstochter, endlich wiederzusehen. Sie hatte ihm bei einem kleinen Spaziergang begeistert von den Unterwasser-Archäologen erzählt und von den Fundstücken aus dem römischen Handelsschiff. Besonders eine kleine bronzene Minerva-Statue hatte es ihr angetan. Laurenti war sicher, daß seine Tochter eines Tages eine berühmte Archäologin werden würde.

Als er endlich von der Autobahn abgebogen war und auf die Strada Costiera fuhr, drängte sich die Arbeit wieder in den Vordergrund. Er fuhr an der Costa dei Barbari vorbei, an der Trattoria Costiera, wo die Yacht gefunden worden war, und dann die Viale Miramare stadteinwärts. Die ersten Rentner hatten schon wieder ihre Liegen auf der Uferpromenade aufgebaut.

Er traf pünktlich zur Sitzung beim Polizeipräsidenten ein. Es sollte die erste Besprechung sein nach der Verstärkung der Kontrollen wegen illegaler Einwanderung. Laurenti wußte nicht, warum der Questore und die Kollegen ihn so verhalten, beinahe finster grüßten. Er schob es auf die frühe Stunde und daß nicht nur er mehr Schlaf gebraucht hätte, um die Welt in ihrer ganzen Schönheit zu sehen.

»Meine Herren«, sagte der Questore, der die letzte Ausgabe des ›Piccolo‹ in der Hand hielt, »ich weiß gar nicht, mit was ich beginnen soll. Bis vor einer Stunde war ich noch in bester Stimmung. Die ist aus zwei Gründen leider schlagartig verschwunden: zum einen sind unsere Küsten nicht mehr sicher, und zum anderen«, nun hielt er mit der linken Hand den ›Piccolo‹ hoch, »zum anderen wird unsere Polizia Statale als eine Gruppe von Vollidioten dargestellt. Ich weiß nicht, ob Sie schon den Artikel gelesen haben. Doch darüber später. Zunächst der ursprüngliche Anlaß für diese Sitzung: die Illegalen. Tenente Colonello, bitte!«

Der Carabinieri-Offizier war wieder einmal in kompletter Uniform erschienen, die er sonst nur bei offiziellen Anlässen anlegte – und im Winter, wenn der dicke Stoff ihm den Mantel ersparte und ein besonders kantiges Aussehen verschaffte. Bei dieser Hitze war es der reine Wahnsinn. Er hob seinen eckigen Schädel und schob das Kinn nach vorne.

»Heute nacht um zwei Uhr achtzehn«, hob er an, »haben wir an der Costa dei Barbari einunddreißig Illegale festgenommen. Fünf Afghaner, fünf Bangladescher, sechs Rumänen, acht Kurden, drei Russen, zwei Pakistani, zwei Iraker. Kurden und Iraker haben politisches Asyl beantragt. Bei den Befragungen stellte sich heraus, daß sie mit zwei Schlauchbooten hergebracht worden waren. Dauer der Fahrt etwa eine halbe Stunde. Nach Berechnung unserer Kollegen der Seetruppen ist der Ausgangspunkt zwischen Pirano und Rovigno zu vermuten. Aus irgendwelchen Gründen waren ihre Abholer nicht oder zu spät gekommen. Eine unserer Streifen entdeckte sie, wie sie auf der SS 14 Richtung Sistiana gingen.«

»Danke, Tenente Colonello. Das ist eine ernste Situation«, sagte der Questore. »Die Schleuser suchen neue Wege. Wir müssen davon ausgehen, daß dies nicht das erste und nicht das letzte Mal war. Ich erinnere an die alten Landestellen der Zigarettenschmuggler. Bis Ende der Achtziger benutzten sie verschiedene, schwer zu überwachende Küstenabschnitte, von Muggia bis in die Lagune von Grado. Die Costiera haben sie allerdings immer gemieden. Wie sieht es mit den Kontrollen der Küstenwache aus?«

»Wenn sie denselben Bootstyp wie in Apulien verwenden, also schnelle Schlauchboote«, analysierte der Maggiore der Guardia Costiera, einer der leitenden Offiziere Ettore Orlandos, »dann sind sie mit dem Radarnetz nicht zu orten. Letzte Nacht war es stockfinster, da sind die Chancen durchzukommen groß, selbst wenn wir die Zahl der Patrouillenboote verdoppeln. Außerdem ist keines unserer Schiffe so schnell wie diese Geschosse. Gehen Sie von einer Differenz von etwa zehn Knoten aus, also Lancia gegen Porsche.«

»Sie müssen die Patrouillen verstärken, Maggiore«, sagte der Questore eindringlich.

»Das habe ich schon veranlaßt. Auch nachts fahren jetzt alle Schiffe. Wir spannen abends dort Taue, dicht unter der Wasseroberfläche, in denen sich die Schiffsschrauben verheddern müßten. Für unsere Männer ist das eine harte Zeit: tagsüber der Hai, von dem nicht bekannt ist, ob es sich um einen Blauhai oder einen weißen handelt, nachts die Küste. Wir haben Phase Gelb gegeben.«

Das bedeutete Voralarm: Urlaubssperre und keine freien Tage zum Ausgleich des Schichtdienstes. Seine Männer würden nicht begeistert sein.

»Was haben die verstärkten Straßenkontrollen gebracht?« Der Questore bat um die Berichte.

Es war nicht zu vermehrten Festnahmen gekommen, dennoch ordnete er an, daß man das Konzept weiterverfolgen und insbesondere die nächtlichen Streifen an der Küste verstärken müsse.

»Um es noch einmal ganz deutlich zu machen«, sagte der Questore ernst, »das Innenministerium hat gemeldet, daß fünfzigtausend Flüchtlinge aus Klein- und Vorderasien in den Ländern der ehemaligen Sowjetunion auf Weitertransport Richtung Westen warten. Es kommt einiges auf uns zu. Auch in Montenegro und Albanien sieht es nicht gut aus. Tausende Roma fliehen vor den zurückgekehrten Kosovaren.«

»Vielleicht sollten wir«, schlug der Tenente Colonello der Carabinieri vor, »nichts an die Presse weitergeben. Dann gelingt es uns womöglich, in einer der kommenden Nächte die Schleuser zu erwischen. Bisher verfolgte man ja nur die Immigranten. Ich plädiere wie immer dafür, das Leck da zu stopfen, wo es ist.«

»Ganz im Gegenteil«, der Questore hatte die Hand gehoben, als wollte er warnen, »Sie haben doch selbst gehört, die Boote sind zu schnell und zu wendig. Eine Zahl aus Apulien macht das deutlich: In den letzten zwölf Monaten haben die Kollegen dort 187 schnelle Motorboote beschlagnahmt, jedes einige hundert Millionen Lire wert. Das heißt: jeden zweiten Tag ein beschlagnahmtes Schiff. Die Mafia kratzt das nicht, beim Zigarettenschmuggel reden sie von lediglich zwei Prozent Schwund. Nein, wir müssen die Medien um Zusammenarbeit bitten. Für elf Uhr haben wir eine Pressekonferenz zu dem Thema angesetzt. Es muß überall bekannt werden, daß es hier kein Durchkommen gibt.« Er ließ seine Hand zurück auf den Tisch sinken und griff energisch nach dem ›Piccolo‹. Er hielt ihn fast drohend hoch. »Da wir gerade bei den Medien sind: die zweite Sache, die mir heute früh die Laune verdorben hat.«

Er wandte sich an Laurenti. »Commissario«, begann er, »ich dachte, Sie sind ein glücklich verheirateter Ehemann mit tadellosem Ruf!« Laurenti hatte keine Ahnung, worauf er hinauswollte. Er sah nur, daß der Carabinieri-Offizier seine Gesichtszüge nicht mehr kontrollieren konnte.

Ein schadenfrohes Grinsen umspielte seinen Mund. Die beiden Kollegen von der Guardia Costiera und der Guardia di Finanza blickten angestrengt ins Leere. Der Questore hatte die Titelseite des Lokalteils der Zeitung aufgeschlagen und hielt sie Laurenti hin. Der erstarrte beinahe vor Schreck, traute seinen Augen nicht und riß dem Polizeipräsidenten das Blatt aus den Händen.

»Die Polizei versagt!« Die Schlagzeile zog sich in fetten, großen Lettern über die gesamte Blattbreite. Der Untertitel war nicht besser: »Lasche Kontrollen und eine disziplinlose Truppe. Ein Commissario im Zwielicht.« Und darunter ein Foto aus dem Borgo Teresiano, das in der Nacht, als er sich für eine halbe Stunde von der Party der Galeristen davongeschlichen hatte, heimlich aufgenommen worden sein mußte. Der Commissario war deutlich im trauten Gespräch mit Lilli zu erkennen. Das Foto zeigte Lilli mit entblößten Brüsten, die sie mit beiden Händen emporhielt. Das hatte die alte triestinische Hure gestern also mit ihrer Andeutung gemeint. Die Bildlegende lautete »Freitag, 23.30: Der Leiter der Kriminalpolizei, Commissario Proteo Laurenti, ist auch nach Dienstschluß immer bei der Sache.« Natürlich war der Artikel von Luigi Decantro unterzeichnet.

Laurenti hatte einen hochroten Kopf und war sprachlos. Er kochte vor Wut und rang um Haltung. »Verfluchte Sauerei. Ich kann es nicht glauben«, stammelte er. »Entschuldigen Sie, ich habe die Zeitung noch nicht gelesen.« Der Schweiß stand ihm auf der Stirn. »Wie konnte das passieren?« Und im stillen fragte er sich, wie Rossana Di Matteo dies hatte zulassen können.

»Genau das, Commissario«, sagte der Questore, »frage ich Sie auch.« Er nahm die Zeitung wieder an sich und zitierte einige Abschnitte.

»Ein Jounalist des ›Piccolo‹ hatte Gelegenheit, zwei Nächte mit auf Streife zu gehen. Er wies zuvor in mehreren Artikeln auf die Mißstände im Borgo Teresiano und auf die

Untätigkeit der Polizei gegenüber der Ausbreitung der Prostitution hin. Das Ergebnis dieser Recherche ist mehr als ernüchternd, man könnte es fast als deprimierend bezeichnen.« Dann beschrieb er langatmig Uhrzeit und Routen, die sie genommen hatten. Offensichtlich wollte er sich dramatisch dem Höhepunkt nähern. »Während die beiden Polizisten trotz der Anwesenheit des Journalisten, den man zuvor mit stundenlangen Erläuterungen fadenscheiniger Statistiken für dumm zu verkaufen suchte, darum bemüht waren, möglichst wenig zu arbeiten, jagten die Carabinieri Verbrecher, illegale Einwanderer und das Laster. Die Poliziotti sparten auch nicht mit eindeutigen Ausdrücken über die Carabinieri.« Der Carabinieri-Offizier grinste immer dreckiger, er kam schließlich gut davon. Laurenti hingegen schäumte vor Wut. Der Questore las weiter: »Auch die Razzia im Borgo blieb ergebnislos. Vier Streifenwagen sperrten die Straßen ab und das fahrende Kommissariat wurde hinzugezogen. Doch waren nur wenige Prostituierte anwesend, obgleich es Freitag nacht, also der Beginn des Wochenendes war, was relativ seltsam ist. Bisher herrschte an solchen Tagen Hochbetrieb. Dafür wollte es der Zufall, daß Commissario Laurenti entdeckt wurde, wie er eine der Damen ›befragte‹ (siehe Foto). Laurenti ist offiziell damit beauftragt, der Prostitution in Triest ein schnelles Ende zu bereiten. Nun drängt sich die Frage auf, ob seine Anwesenheit in dieser Nacht die Präsenz der Prostituierten und damit den Erfolg der Razzia verhindert hat. Der Commissario ist verheiratet, hat einen Sohn und zwei Töchter, von denen sich eine für die Wahl zur Miss Triest bewirbt.«

Der Questore warf die Zeitung auf den Tisch. »Ich befürchte, Laurenti, daß Sie nachher bei der Pressekonferenz anwesend sein müssen. Man wird Sie viel fragen. Aber erzählen Sie jetzt erst einmal uns, welcher Teufel Sie da geritten hat.«

Laurenti berichtete stockend von den Erfolgen der erhöhten Überwachung im Borgo, die der wahre Grund für die geringere Präsenz der Huren war. Er erklärte die Absprache mit dem »Piccolo«, die das Ziel hatte, daß man die Bürger durch einen Bericht über die Intensität der Polizeiarbeit beruhigen wollte, was nun allerdings völlig nach hinten losgegangen war. Und er legte dar, daß er das Vorgehen sehr sorgfältig mit Fossa, dem Leiter des Streifendienstes, abgesprochen hatte, der die besondere Zuverlässigkeit dieser beiden Polizisten, Vicentino und Greco, in höchsten Tönen gelobt hatte. Dann erzählte er von den Beschwerden der Nachbarn in der Via dei Porta, die von der Polizei zwar aufgenommen, aber nie bearbeitet worden waren. Laurenti redete schnell und entwarf einen finsteren Zusammenhang zwischen dem Verhalten Fossas und dem Bericht in der Zeitung. Proteo Laurenti sprach von Verrat.

Man hatte beschlossen, über Fossa nicht außerhalb des Kreises, der beim Questore versammelt war, zu sprechen, und gleichzeitig die Möglichkeiten einer Untersuchung erörtert, ohne die Ermittlungen im Fall Kopfersberg zu stören, sollte es wirklich einen Zusammenhang mit Fossa geben. Der Questore hatte vorgeschlagen, daß man ihn in der nächsten Zeit genau beobachten müsse. Erst wenn der Verdacht sich erhärtete, wollte man zu offiziellen Maßnahmen schreiten.

»Sie wissen alle, meine Herren«, schloß er die Sitzung, »wie schwer ein einmal öffentlich geäußerter Verdacht wieder auszuräumen ist, auch wenn er sich später als unerheblich herausstellt.«

Laurenti wußte, was er meinte. Er war schwer angeschossen. Er hatte nicht mehr viel Zeit, sich auf die Pressekonferenz vorzubereiten, und fürchtete sich davor, durch die Flure zu gehen. Es würde das reine Spießrutenlaufen werden.

»Und die Sache mit Ihrer Tochter, Miss Triest?« fragte der Questore, als man sich längst vom Tisch erhoben hatte.

»Das ist die einzige richtige Mitteilung in diesem Artikel«, räumte Laurenti ein.

Der Carabinieri-Colonello grinste immer noch. Die beiden anderen wünschten ihm Glück.

»Versuchen Sie, es zu verhindern«, sagte der Questore.

Laurenti begrüßte Marietta schlechtgelaunt und winkte ab, als sie ihm in sein Büro folgen wollte, um die Sache aus erster Hand zu erfahren. Die Zeitung lag aufgeschlagen auf ihrem Schreibtisch. Laurenti schloß die Tür hinter sich. Als erstes mußte er Laura anrufen. Seine Frau hatte sowenig wie alle anderen Gäste der Party am Freitag abend bemerkt, daß er sich für kurze Zeit davongeschlichen hatte. Immerhin lange genug, damit er den sich aufdrängenden Verdacht ausräumen mußte. Laura war noch in San Daniele beim Frühstück. Sie fluchte laut und hörte dann lange schweigend zu.

»Das geht vorbei, Proteo«, sagte sie zum Schluß. »Das wird einige Tage hart für dich, aber sie wissen doch, wer du bist. Dein Ansehen ist nicht so leicht zu ruinieren. Ich möchte wissen, warum Rossana das durchgelassen hat. Sie muß das in Ordnung bringen. Ich rufe sie gleich an.«

»Ruf sie später an«, bat Proteo. »Ich muß ihr erst selbst einmal die Meinung sagen.«

Er suchte die Nummer des ›Piccolo‹ heraus und ließ sich mit Rossana Di Matteo verbinden. Marietta hörte ihn durch die geschlossene Tür. Er schrie zwar nicht, war aber völlig außer sich.

Rossana entschuldigte sich damit, daß sie gestern einen freien Tag genommen habe und nach Istrien gefahren sei, um sich am Strand zu erholen. Der Vorfall war ihr äußerst peinlich, und sie versprach, alles daranzusetzen, ihm aus dieser Sache herauszuhelfen.

»Was sind das für Freunde, die, wenn es darauf ankommt, nicht eingreifen?« rief er empört ins Telefon.

»Es tut mir wirklich leid, Proteo. Ich sage es noch mal: Es tut mir leid!«

»Ich werde durch dieses Arschloch zum Gespött des ganzen Landes, Rossana! Gut, daß das Schwein einen Vater hat, der ihn beschützt«, sagte Proteo. »Ich könnte ihn umbringen.« Damit warf er den Hörer auf die Gabel und rief Marietta herein.

»Ich möchte, daß du unauffällig den Dienstplan Fossas beschaffst! Und kein Wort zu irgend jemand. Das ist eine Anweisung. Ich will jetzt von niemand gestört werden und vor allem kein falsches Mitleid oder Solidaritätsbekundungen!«

Via dei Porta

Tatjana Drakič hatte die Mädchen schon um sieben Uhr wecken lassen. Sie selbst war lange nicht mehr so früh aufgestanden. Ihr Bruder Viktor kam um neun, bis dahin mußten alle eingekleidet, frisiert und geschminkt sein. Tatjana Drakič sprach eindringlich mit jeder einzelnen von ihnen, ließ sie die Fragebogen ausfüllen, Namen und Vornamen, die der Eltern, der Geschwister, den Geburtsort, das Geburtsdatum, wo sie wohnten, welche Schulen sie abgeschlossen oder welchen Beruf sie erlernt hatten. Als der erste Durchgang geschafft war, rief sie wiederum jede einzeln herein und fragte ihre Angaben alle noch einmal ab. Anhand der Fragebogen konnte sie leicht feststellen, wenn eine gelogen hatte. War das der Fall, schrie Viktor sie an und drohte ihnen. Schlagen durfte er sie jetzt nicht, Gesicht und Körper hatten makellos zu sein für die anschließenden Fotografien und für die nächsten Tage. Die Mädchen waren genug geschlagen worden in den letzten Wochen. Sie zuckten schon zusammen, wenn er nur die Stimme hob. Aber das Versprechen einer gültigen Aufenthaltsbewilligung hielt sie bei der Stange.

Tatjana Drakič registrierte jede Nuance im Verhalten der Mädchen. Sie verfolgte deren Gesten und Mimik, die Art, wie sie sprachen und über welche Fertigkeiten sie verfügten. Im Haus waren drei ihrer Vorgängerinnen angestellt, mit Olga waren es vier gewesen. Sie hatten sich für dieses Privileg besonders qualifiziert. Eine Moldawierin führte die Küche, eine Ukrainerin war als Friseuse beschäftigt. Gefügig waren sie alle gemacht worden. Teils mit Gewalt, teils mit der Drohung, daß ihre Angehörigen, Vater, Mutter, Großeltern und Geschwister, für Ungehorsam büßen würden. Sie ahnten, daß dies keine leeren Drohungen waren. Jenseits der Grenzen waren sie so lange mißhandelt worden, bis ihr Widerstand gebrochen war. Tatjana Drakič versuchte herauszufinden, ob eine von ihnen sich für eine »höhere« Tätigkeit eignete. Für sie ließe sich ein anderer Preis verlangen, und vielleicht hatte eine von ihnen sogar die Fähigkeit, Olga zu ersetzen, wenn man sie entsprechend heranzog.

Die Friseuse hatte an diesem Morgen viel zu tun. In zwei Stunden müßten die Mädchen über glaubwürdige paßbildfähige Gesichter verfügen. Sie hatten so »italienisch« wie möglich auszusehen und sollten gut geschminkt sein. Für die Fotos würden sie mit billigem Schmuck behängt, den man ihnen nach den Aufnahmen wieder abnahm.

Viktor Drakič machte diese Arbeit Spaß. In einem der Zimmer war ein einfaches Fotostudio eingerichtet, es gab eine gelbe, eine schwarze und eine blaue Leinwand, die man als Hintergrund von der Decke herabrollen konnte. Lampen und zwei Kameras waren aufgebaut, eine einfache

Paßbildpolaroid und eine automatische Spiegelreflex. Nach den Paßbildaufnahmen brauchte er noch andere Fotografien der Mädchen, die deutlich mehr zeigten als ihre Gesichter. Sie mußten in Stellungen posieren, die die Kunden reizten. Nur so konnte er sie mit Gewinn weiterverkaufen.

Zum Mittagessen würde er seine Verbindungsperson zur Ausländerbehörde treffen und ihr die Unterlagen übergeben: Pässe, Personalien und Paßfotos. Einen Tag später erhielt er die neuen Dokumente, die notwendig waren für den Verkauf an die Partner in Rimini. Bruno de Kopfersberg hatte alles bestens organisiert. Mit diesen Dokumenten holte er das Doppelte ihrer Investitionen heraus. Die Kunden zahlten bar und in Dollar. Für die Russen rechnete sich gerade in der Hochsaison die Investition schnell. Die Mädchen sahen nichts von dem, was die Freier bezahlten. Viktor Drakič würde der Überbringerin der Dokumente morgen abend einen Briefumschlag mit zehn Millionen Lire zustecken. Alle waren zufrieden, und das Risiko war gering. Ab Dienstag konnte nichts mehr passieren. Bis dahin blieben die Mädchen unter Verschluß. Doch auch diese Zeit war nicht verloren, denn bevor sie weitergereicht wurden, brauchte man sie in der Villa. Darauf mußten sie noch vorbereitet werden.

10.12 Uhr

Einen Anruf stellte Marietta trotz seines Verbots, ihn zu stören, durch. Es war Ettore Orlando. Nachdem er ihn seines Mitgefühls versichert hatte, platzte er mit seiner Neuigkeit heraus: »Man hat Kopfersberg gefunden.«

»Was?« Laurenti war überrascht.

»Sie haben ihn auf der Höhe von Chioggia aus dem Wasser gezogen. Es handelt sich eindeutig um Kopfersberg. Er hat also höchstens zwei Stunden am Haken gehangen, bis es ihm die Hände abriß.«

»Was sagst du da? Was hat es ihm abgerissen?«

»Die Hände, habe ich gesagt. Er muß sich in irgend etwas verfangen haben. Der Autopilot hält die eingestellte Geschwindigkeit bei. Wenn etwas bremst, dann erhöht sich der Schub der Maschinen. Ist doch klar, daß dann irgend etwas reißt. Das schwächste Glied natürlich, wie immer der Mensch. Aber er sah auch sonst nicht sehr gut aus, sie haben die Bilder gerade übermittelt. Irgendein Fischlein muß Gefallen an ihm gefunden haben. Aber das ist nicht der Grund für seinen Tod. Er hatte Wasser in den Lungen.«

»Also ertrunken. Und wie wurde er identifiziert?« Laurenti wollte die letzte Gewißheit, daß kein Irrtum vorlag. »Fingerabdrücke gab's wohl kaum?«

»Wo denkst du hin! Das ist sowieso schwierig, wenn einer aus dem Wasser gezogen wird. Weißt du, wie deine Finger aussehen, wenn du eine Viertelstunde in der Badewanne gelegen hast? Seine Hände oder das, was davon übrigblieb, wird man wahrscheinlich irgendwann einmal zusammen mit einer Nato-Bombe aus dem Meer ziehen. Der Mann trug eine Hose, in der seine Papiere steckten. Daraufhin waren die übrigen Tests schnell erledigt. Man mußte nicht lange suchen.«

»Liefern sie an?« Es war der Fachjargon für die Überstellung der Leiche.

»Wohin hättest du ihn denn gern?«

»Am liebsten in die Via dei Porta«, sagte Laurenti.

»Er kommt in den nächsten Tagen in Galvanos Partykeller. Bist du eigentlich froh über diese Nachricht?«

»Ja und nein, um ehrlich zu sein. Es bleiben zu viele Fragen offen. Das einzige, was wir mit Sicherheit wissen, ist die Tatsache, daß er tot ist. Sonst nichts.«

11 Uhr – Sitzungssaal der Questura

Innerhalb der knappen Zeit, die ihm geblieben war, hatte sich Laurenti so gut wie möglich vorbereitet. Er hielt den Bericht der Kontrollen der letzten Tage in Händen. Man hatte jeden Tag einige der Prostituierten im Borgo festgenommen, die nicht über gültige Papiere verfügten, und umgehend abgeschoben. Er verstand nicht, und würde es nie verstehen, weshalb die Damen und ihre Zuhälter dieses Risiko eingingen, denn sie wurden im Schnellverfahren außer Landes geschafft. Aber trotzdem mußte es sich irgendwie lohnen. Er fand es lächerlich, als er versuchte, eine Statistik zu erstellen: vier Festgenommene von fünfzehn Kontrollierten waren doch immerhin 26,7 Prozent, andererseits waren 15 statt 13 Huren wiederum eine Steigerung um 15 Prozent. Die Statistik hatte der Teufel erfunden, sie konnte ihm nicht helfen.

Im Sitzungszimmer der Präfektur hatten RAI und Tele Quattro die Kameras aufgebaut, zwei Mikrofone des Rundfunks standen auf dem Tisch, ferner waren sechs andere Journalisten im Raum, zwei davon vom ›Piccolo‹. Einer der beiden war Decantro. Er wagte es also, sich sehen zu lassen. Das war alles, was die Medien in diesem Winkel des Landes aufzubieten hatten.

Zur Linken des Questore saß der Tenente Colonello, der mit wichtigtuerischem Zähneblecken davon berichtete, wie man die Illegalen aufgegriffen hatte und wie erfolgreich die Carabinieri ihre Arbeit erledigten. Immerhin sparte er sich die Häme gegen die Polizia Statale. Zu seiner Rechten saß Laurenti und hoffte insgeheim, daß seine Sache vielleicht doch keine Erwähnung fand. Aber die Journalisten waren daran viel mehr interessiert als an den dunkelblauen Schlauchbooten, über die sie selbstverständlich im gewünschten Ausmaß berichten würden.

»Wie stellt sich der Questore zu den Vorwürfen, die heute im ›Piccolo‹ zu lesen sind?« fragte der Korrespondent der nationalen Nachrichtenagentur.

»Es gibt keinen Grund, an der Integrität des Commissario zu zweifeln«, hob der Polizeipräsident an. »Commissario Laurenti ist ein angesehener Polizist mit großen Verdiensten. Auch die Arbeit der Polizei steht außer Frage. Ich habe mit den beiden Beamten gesprochen, mit denen Decantro unterwegs war. Sie weisen die Vorwürfe weit von sich. In der Nacht von Freitag auf Samstag haben sie vierundvierzig Personen kontrolliert, sie haben zwei Führerscheine eingezogen, sechs Autos wurden auf ihre Anweisung hin abgeschleppt. Sie schritten dreimal wegen Ruhestörung ein, haben im Borgo Teresiano elf Strafzettel ausgestellt und allein dort über zwanzig Fahrzeuge überprüft. Ferner verhafteten sie einen gewalttätigen Betrunkenen, lösten eine Schlägerei in einer Bar auf und kontrollierten eine Person, die in der Öffentlichkeit ihre Notdurft verrichtete. Bei einer Schichtdauer von zehn Stunden bedeutet dies durchschnittlich alle achteinhalb Minuten eine Maßnahme. Da kann man von Undiszipliniertheit nicht sprechen. In der Nacht von Samstag auf Sonntag ...« Die Aufzählung ähnelte der von zuvor. Die Strategie des Questore hieß offensichtlich Einlullen der Journalisten. Sie waren damit nicht zufrieden, und ihre Ungeduld wurde zuerst durch wiederholtes Räuspern und dann durch unüberhörbares Gemurmel deutlich. Endlich ließ der Questore Fragen zu.

»Stimmt es, daß der Commissario Beziehungen zum Milieu hat?«

Laurenti hatte keine Lust, noch länger zu warten. Er rückte schon seit geraumer Zeit unruhig auf seinem Stuhl hin und her.

»Ja!« Er machte eine dramaturgische Pause. Alle starrten ihn an. »Ja, ich habe Beziehungen zum Milieu, und zwar die, die ein Polizist üblicherweise hat. Wir haben Verbindungsleute und Informanten, weil es bei bestimmten Ermittlungen ohne diese Verbindungen keinen Erfolg gibt.«

»Und was haben Sie die Dirne Freitag nacht genau gefragt?« Der Jounalist hielt die Zeitungsseite mit dem Bild hoch. Einige von ihnen lachten.

»Ich habe sie gefragt, ob sie noch immer im Geschäft ist. Wir kennen diese Dame seit über fünfundzwanzig Jahren. Sie leidet unter der Konkurrenz und unter ihrem Alter. Ich war auch am Sonntag morgen noch einmal bei ihr zu Hause, falls mich jemand gesehen haben sollte. Begleitet übrigens von einem Beamten, um alle Mißverständnisse gleich auszuschließen, Signori. Es handelte sich noch immer um dieselbe Befragung.« Laurenti schaute lauernd ins Publikum.

Dann berichtete er, daß die Prostituierten sich nur kurz in der Stadt aufhielten, weil sie meist bloß eine dreimonatige Aufenthaltsbewilligung besaßen, eine halbjährige, wenn sie bei einer Behörde als »Künstlerinnen« durchgegangen waren. Längere so gut wie nie. Die Mädchen mußten reisen, um nicht aufzufliegen, und ihre Zuhälter hielten oft weitere Pässe für sie bereit, die dann verwendet wurden, wenn die Fristen abgelaufen waren. Oder sie schickten sie in ein anderes Land, wo das Spiel das gleiche war.

»Es ist auch«, fuhr er fort, »ein entscheidender Beitrag zur Sicherheit der Bürger, wenn die Polizei die Mädchen im Auge hat. Warum, glauben Sie, verlangt selbst die Alleanza Nazionale die Rücknahme der ›Legge Merlin‹, was nichts anderes heißt, als die Bordelle im ganzen Land wieder zuzulassen.«

In der Tat hatten die Postfaschisten in den vergangenen Wochen immer wieder diese Forderung öffentlich gestellt.

»Nicht die Prostituierten, meine Damen und Herren,

sind die Gefahr. Heute sind sie die Opfer. Junge Mädchen aus Rußland, Rumänien, Albanien, Afrika und Südamerika. Entführt oder von den eigenen Familien für ein paar tausend Deutsche Mark oder Dollar verkauft. Mit dem Versprechen auf Arbeit als Hausangestellte und einer Aufenthaltsbewilligung kommen sie illegal ins Land. Man bedroht sie, vergewaltigt sie, foltert und schlägt sie, bis sie jeden Widerstand aufgeben. Sie werden von Stadt zu Stadt verfrachtet und wissen meistens nicht einmal, wo sie sich gerade befinden. Nein, meine Damen und Herren, es ist besser, wir wissen, wo sie sind, dann können wir sie besser schützen« – er hörte Zwischenrufe – »und so versuchen, an ihre Zuhälter heranzukommen, die Banden im Hintergrund, die unsere öffentliche Ordnung wirklich gefährden.«

»Wenn ich Sie richtig verstehe, haben Sie soeben Partei für die Prostitution ergriffen«, sagte die Reporterin des Privatradios.

»Für die Frauen, die gegen ihren Willen zu Prostituierten gemacht werden, Signora, nicht für die Prostitution! Und für die öffentliche Sicherheit. Man erreicht nichts, wenn man ein Problem, das man nicht loswird, nur verdeckt, wie Signor Decantro dies fordert.« Er sah den jungen Mann, der seinem Blick auswich, scharf an.

»Und was haben Sie dann im Borgo wirklich gemacht?« fragte die Journalistin weiter.

»Ich habe mir von dieser Dame, mit der ich abgelichtet bin, die Situation schildern lassen.«

Heiterkeit erhob sich im Saal.

»Zumindest wissen Sie jetzt über deren Oberweite ziemlich gut Bescheid!«

Er hatte diese selbstgerechte Journalistin mit ihrer spitzwinkligen Brille noch nie leiden können.

»Wir fragen uns, wie es dann zu einem solchen Bericht kommen konnte. Etwas ist doch immer dran«, sagte sie.

Laurenti war nahe daran zu platzen. Daß ein so miserabler Nichtskönner wie Decantro ihn hier vorführen durfte, schrie nach Rache.

»Fragen Sie den sauberen Signor Decantro, der diesen Unsinn geschrieben hat«, Laurenti wies auf ihn. »Er sitzt unter Ihnen.«

Natürlich ließ sich Decantro nicht lange bitten.

»Ich habe nichts anderes geschrieben als das, was ich mit eigenen Augen gesehen habe«, er war aufgestanden. »Niemand von Ihnen wäre zu einem anderen Ergebnis gekommen! Anständige Bürger haben ein Recht auf eine anständige Stadt und auf Sicherheit. Wenn bei einer Razzia im Borgo niemand festgenommen wird, obwohl an jeder Ecke ausländische Huren stehen, dann stimmt was nicht. Dann fragt man sich doch wohl zu Recht, weshalb gerade in einer Freitagnacht der Commissario in einer eindeutigen Situation anzutreffen war.«

Die Kameras waren auf Decantro geschwenkt, der seine große Stunde hatte.

»Gerade wir Journalisten«, erklärte er pathetisch, »tragen eine besondere Verantwortung. Hätte ich nicht vor einiger Zeit im ›Piccolo‹ auf die Mißstände im Borgo Teresiano hingewiesen, dann wäre überhaupt nichts passiert, und das Übel würde weiterwuchern, bis es irgendwann nicht mehr zu beherrschen ist. Das ist die Pflicht der Medien!« Seine moralische Rechthaberei ging den anderen schnell auf die Nerven.

»Wird der Commissario suspendiert, bis die Vorwürfe gegen ihn geklärt sind?« fragte der Korrespondent der ANSA.

»Es gibt keine Vorwürfe gegen ihn«, antwortete der Questore. »Es gibt lediglich unbegründete Behauptungen.«

»Unbegründet?« Decantro versuchte seinen letzten Auftritt. »Ich weiß, was ich gesehen habe.«

Laurenti war bereit, ihn zu schlachten. »Signor Decantro«, sagte er ganz ruhig. »Seit wann sind Sie Journalist?«

»Was hat das denn damit zu tun. Ich arbeite schon lange in diesem Beruf.«

»Ich bin seit siebenundzwanzig Jahren Polizist und seit vierundzwanzig Jahren in Triest. In dieser Zeit hatten wir mit dem, was Sie zu Ihrem Thema gemacht haben, nie ein größeres Problem. Daß Sie Freitag nacht nicht auf Ihre Kosten gekommen sind, liegt daran, daß wir Donnerstag nacht einige Festnahmen hatten. Ansonsten läßt sich feststellen, daß in Triest ein zum Rest des Landes gegenläufiger Trend herrscht. In Italien wird gegenüber dem Vorjahr durchschnittlich ein Zuwachs von dreißig Prozent bei Straftaten verzeichnet, in Triest liegen wir siebzehn Prozent unter dem Vorjahr.«

»Mit Statistiken wurde ich schon am Freitag zur Genüge gestopft. Ich glaube nur, was ich sehe.«

»Der ›Piccolo‹ hat diese Statistik vor einer Woche veröffentlicht, Signor Decantro. Sie hätten sie lesen können, wenn Sie lesen können. Stimmt es, daß Sie Volontär bei der Zeitung sind? Und wußten Sie eigentlich, daß ich Sie auf Streife geschickt habe?«

»Ich muß mich nicht beleidigen lassen«, schnaubte der junge Mann.

»Meine Herren, wir sollten sachlich bleiben«, der Questore griff ein, bevor Laurenti zum Todesstoß ansetzen konnte, der ihm keine Sympathie gebracht hätte. »Ich möchte alle Anwesenden beruhigen, es gibt keinen Grund zur Sorge. Nehmen wir es als gutes Zeichen, daß Signor Decantros Erwartungen enttäuscht wurden. Dank der hervorragenden Zusammenarbeit aller Ordnungskräfte«, an dieser Stelle schaute er sowohl den Colonello als auch Laurenti an, »ist die Stadt ruhig und wird es auch in Zukunft bleiben . . .«

Die Pressekonferenz wurde wenig später beendet, und

die drei Polizeibeamten verließen den Raum. Auch die Journalisten verliefen sich schnell. Der Carabinieri-Offizier war beim Questore geblieben, er würde ganz sicher hinter seinem Rücken über ihn reden, dachte Laurenti, der sich auf den Weg ins Büro machte, wo er sich über Fossa Gedanken machen mußte. »Üble Provinzposse«, fluchte er und machte sich mit hochgezogenen Schultern und gefurchter Stirn davon.

Sein Mobiltelefon riß ihn aus den Gedanken. Es war noch einmal Ettore Orlando.
»Ich habe noch eine Nachricht für dich«, sagte er. »Der junge Kopfersberg ist aufgetaucht.«
»Und woher weißt du das?«
»Weil er sich anmelden mußte, als er mit seinem Motorboot ankam. Ich dachte, das interessiert dich.«
»Sehr! Vielen Dank! Wann ist er angekommen?«
»Soeben. Er hat noch nicht einmal festgemacht. Er ist am Molo Sartorio.«
Laurenti hatte noch immer die Schlüssel des Motorrollers seines Sohnes in der Tasche. Er machte auf dem Absatz kehrt. Es wäre das beste, sich sofort mit Spartaco de Kopfersberg zu unterhalten.

Nach wenigen Minuten bog er an der Pescheria auf den Parkstreifen ab und schlängelte sich auf dem holprigen Pflaster aus großen Steinquadern zwischen den geparkten Autos durch zu den Landestegen. Dort stellte er den Motorroller ab und ging zu Fuß weiter. Zu dieser Stunde herrschte viel Betrieb im Hafen. Montags blieben die meisten Geschäfte geschlossen, und ihre Inhaber nutzten das schöne Wetter. Viele Liegeplätze waren leer, die Frühaufsteher hatten längst abgelegt. Wer hier einen Liegeplatz hatte, gehörte zu den Privilegierten. Natürlich war es teuer, das Boot mitten in der Stadt liegen zu haben, vor allem aber waren die Plätze rar, und wer einmal einen hatte, gab ihn nicht einmal dann auf, wenn er vorübergehend kein Schiff besaß. Laurenti erkundigte sich beim Hafenmeister des Yachtclubs, wo sich die Gastliegeplätze für Motoryachten befanden, und erntete einen herablassenden Blick. Motorschiffe standen offensichtlich nicht sehr hoch in seiner Achtung.

Ein solches Motorboot hatte Laurenti noch nie gesehen. Die »Corbelli« war enorm lang und sehr flach. Für gemütliche Urlaubsfahrten war sie nicht gerade gemacht, eher für durchtrainierte Geschwindigkeitsfanatiker. Am Heck wehte eine Flagge, die er nicht kannte.

Ein etwa dreißigjähriger dunkelblonder und braungebrannter Mann mit auffallend hellen Augenbrauen brachte soeben sein Gepäck an Deck und warf es mit der rechten Hand auf die Mole. Laurenti hatte sich auf einen Poller gesetzt und beobachtete ihn aus einiger Entfernung. Der Mann hatte es nicht besonders eilig und ging mehrfach unter Deck zurück. Endlich verschloß er die Luke und sperrte auch die Steuereinheit ab. Dann sprang er auf den Steg, an dem das Schiff backbord festgemacht hatte, und ging zur Mole. Er hängte sich eine schwarze Ledertasche an einem langen Riemen über die linke Schulter, klemmte sich eine Aktentasche unter den linken Arm und nahm mit der Rechten einen offenbar schweren Koffer auf. Er ging Richtung Ausgang. Laurenti erhob sich, als er näher kam, und suchte nach seinem Dienstausweis. Er fand ihn nicht in der Brieftasche, wo er sonst immer steckte. Spartaco de Kopfersberg schaute ihn neugierig an. Er hatte erkannt, daß er von diesem Mann angesprochen werden würde. Laurenti blieb keine Zeit, zu überlegen, wo er seinen Ausweis gelassen hatte, er würde sich schon wiederfinden.

Doch im selben Moment ging ihm etwas anderes durch den Kopf. Der junge Kopfersberg kannte ihn nicht, warum sollte er sich also jetzt zu erkennen geben und eine Befragung durchführen, die wahrscheinlich genauso unergiebig blieb wie die bisherigen? Das könnte er auch später noch tun. Warum sollte er ihn nicht erst einmal beobachten? Die linke Hand des jungen Mannes steckte in einem Verband, das konnte Laurenti helfen.

»Guten Tag«, grüßte er Spartaco freundlich. »Darf ich Sie fragen, was das für ein Schiff ist? So eines habe ich noch nie gesehen.«

»Es ist eine Corbelli«, antwortete der junge Mann, machte aber keine Anstalten stehenzubleiben.

»Oh, Sie sind verletzt. Kann ich Ihnen helfen? Geben Sie mir den Koffer.« Er hatte ihn schon in der Hand, bevor der andere überhaupt auf den Gedanken kommen konnte, abzulehnen.

»Bis zur Straße kann ich Ihnen helfen«, fuhr Laurenti fort. »Das Schiff ist sicher sehr schnell?«

»Danke«, sagte Spartaco und nahm die Aktentasche in die rechte Hand. »Es gibt kaum schnellere, da haben Sie recht.«

»Und von wo kommen Sie, wenn ich fragen darf? Die Flagge kenne ich nicht.«

»Das Schiff liegt in Jugoslawien«, antwortete Spartaco. Aber die jugoslawische Flagge, das wußte Laurenti, sah anders aus.

»Wie schnell ist es?« Laurenti spürte, daß er keine zu persönlichen Fragen stellen durfte, wenn er das Gespräch in Gang halten wollte.

»Um die siebzig Knoten«, antwortete der junge Kopfersberg. »Je nach Wind und Wetter.«

»Hundertdreißig Kilometer? Auf dem Wasser? Sensationell! Und von Jugoslawien? Wie lange fährt man da?«

Spartaco schaute auf die Uhr. »Etwas mehr als sechs Stunden. Wenn Sie die Nerven haben und die Kondition. Es haut ganz schön auf die Knochen. Aber heute war das Wetter gut, kaum Seegang.«

Sie waren jetzt beinahe am Eingang des Hafengeländes angekommen und unterhielten sich wie zwei Sportler, die stolz auf Rekorde sind.

»Faszinierend. Das würde ich auch gerne einmal machen.« Laurenti gab sich noch immer interessiert. »Muß man da nicht unterwegs tanken?«

»Keine Sorge, der Tank ist groß genug. Für eine Strecke reicht das gut.«

Laurenti stellte den Koffer ab, als sie am Parkplatz angekommen waren, und verabschiedete sich. »Ich muß in diese Richtung«, er machte eine Kopfbewegung zur Pescheria. »Sie werden sicher abgeholt?«

»Ja, es müßte gleich jemand kommen.«

»Buongiorno, und schönen Aufenthalt in Triest.«

»Vielen Dank für die Hilfe. Buongiorno, Signore«, Spartaco de Kopfersberg lächelte, aber Laurenti hatte sich schon abgewandt und ging. Es war nicht auszuschließen, daß der oder die Abholer ihn erkannten. Hinter einem Lieferwagen blieb er stehen und beobachtete Spartaco, der keinen schlechten Eindruck auf ihn gemacht hatte.

Es dauerte nicht lange, bis ein schwarzer Mercedes mit getönten Scheiben vorfuhr. Viktor Drakič, Romano Rossi und der Fahrer stiegen aus. Sie begrüßten den Sohn des Österreichers. Der Fahrer lud das Gepäck in den Kofferraum, dann fuhren sie los. Laurenti startete den Motorroller. Er wäre mit diesem Gerät innerhalb des Stadtgebiets nicht abzuhängen. Auch wenn er auf Distanz blieb, konnte er sich bestens zwischen den Autos durchschlängeln. Wenn nur das Benzin reichte. Besorgt mußte er mit einem Blick auf die Tankuhr feststellen, daß sich der Zeiger seit Samstag nicht bewegt hatte und offensichtlich defekt war.

Der Mercedes wendete an der Piazza Venezia und fuhr bis zum Corso Italia, wo er vor dem Gebäude der Banca Nordeste anhielt. Der Fahrer blieb im Wagen, die anderen stiegen aus und gingen in die Bank.

Der Wagen wartete bei der Bushaltestelle. Parkplätze gab es hier nicht, sowenig wie in allen Straßen des Stadtzentrums.

Laurenti hatte keine Lust zu warten. Er rief mit dem Mobiltelefon nach einer Zivilstreife und übergab das Objekt seiner Beobachtung. Dann kehrte er ins Büro zurück.

Verkehrsprobleme

Die Vigili Urbani hatten alle Hände voll zu tun. Das Verkehrsaufkommen in der Stadt war innerhalb der letzten beiden Jahre extrem gestiegen. Endlich nahm auch der Tourismus zu. Die Hotels meldeten Rekordauslastung.

Auch der Schwerverkehr hatte zugenommen. Die Anek-Lines, die Griechenland-Fähre, hatte ein neues Schiff eingesetzt mit dreifach höherer Ladekapazität für Schwerlastwagen als die alte »Sophokles Venezelos«, die freilich immer noch ihren Dienst versah. Diese Kolosse von Fährschiffen überragten die sechsgeschossigen neoklassizistischen Häuser vor der Stazione Marittima um viele Meter. Aber auch die Türkei-Verbindung, die nach dem Erdbeben beinahe komplett zusammengebrochen war, lief wieder auf vollen Touren. Sogar stärker als zuvor, weil sich die EAUI, die »European Agency for Urgent Interventions« in Wien, entschieden hatte, die Hilfslieferungen für das Erdbebengebiet über Triest zu leiten und nicht mehr über Apulien. Die Medien hatten ununterbrochen darüber berichtet, wie die Container für das Kosovo seit Monaten in praller Sonne im Hafen von Bari festsaßen, wie die Waren verdarben und niemand sich verantwortlich fühlte. Oder wie ihr Inhalt in Albanien, im Kosovo oder in Montenegro geplündert und aufgeteilt wurde, ohne je zu den eigentlichen Empfängern zu finden. Solche Nachrichten gefährdeten die Spendenaktionen unter der Bevölkerung und bestärkten das Vorurteil über die Verschwendung auf Europaebene. Und Triest profitierte davon, daß jetzt dieser Verkehr über die Stadt geleitet wurde. Triest wurde endlich einmal in allen Medien genannt. Schiffslinien und Containerfirmen hatten Angebote abgegeben, und auch die Schiffsmakler hatten der EAUI ihre Dienste als Generalunternehmer angeboten. Die Behörde bediente sich schon immer dieser Dienstleister für die Hilfen in viele Teile der Welt, weil sie selbst nicht über das fachliche Know-how verfügte und nicht über den Ehrgeiz, dieses zu erwerben. Den Auftrag erhielt die kleine triestinische Firma TIMOIC, die offenbar dank ihrer Schwestergesellschaft ATW in Wien über bessere Kontakte zu der Behörde verfügte als alle anderen. Die großen Agenturen und Speditionsunternehmen waren über diese Entscheidung der EAUI befremdet. In den Fernsehnachrichten wurde die Entscheidung für Triest einhellig begrüßt, doch hatte man in Interviews die Hoffnung ausgedrückt, daß sie nicht wieder auf dem Rücken der Notleidenden ausgetragen würde.

Das Verkehrsproblem begann schon nördlich der Alpen. Im Juni war der schreckliche Unfall im Tauern-Tunnel und damit eine der Hauptverbindungen nach Italien ausgefallen. Das Verkehrsministerium hatte auf den Autobahnen ein generelles Überholverbot für Lastwagen erlassen. Die Fahrer protestierten über Wochen mit kilometerlangen Fahrzeugschlangen im Bummelverkehr. Die Brenner-Strecke war zum Inferno geworden, der Gotthard nicht viel besser, und dann fiel wiederum wegen eines LKW-Unfalls auch noch die westlichste Verbindung durch den Montblanc-Tunnel aus. Wer in diesem Jahr mit dem eigenen Wagen Urlaub in Italien machte, hatte allein für die Anreise eine zinnerne Sankt-Antonius-Plakette verdient.

Auch auf der Autobahn, die auf dem Karst um Triest

herumführt und im Osten steil auf Meereshöhe abfällt, so daß Lastwagen nur im Schrittempo fahren können, gab es kein Durchkommen mehr. Sie mußten über die vierspurige Sopraelevata, die an den Werften vorbeiführt, bis zum Campo Marzio fahren, vorbei am grauen, langgestreckten Betongebäude des Großmarkts für Fisch und Gemüse, und hinter dem alten Bahnhof links in die Riva Traiana einbiegen, um zur Verladestation Ausonia zu kommen, wo die Monstren im Abstand von je einem halben Meter nebeneinander eingeparkt wurden, bis die Abfertigung begann. Am Molo VI und VII lagen die Containerschiffe. Verladen wurde rund um die Uhr.

12.40 Uhr

Sgubin wartete bereits in seinem Büro. Er hatte sich in die Zeitung vertieft, die Laurenti den Tag verdorben hatte.

»Eine Riesenschweinerei«, sagte er. »Ich möchte wissen, wer da dahintersteckt. Das kann Ihnen nicht allein dieser dämliche Volontär eingebrockt haben. Da versucht jemand, Sie auszuhebeln.«

Laurenti hatte sich diesen Gedanken bisher verboten. »Was denkst du?« Er war neugierig auf die Meinung des Assistente Capo. »Und laß endlich das ›Sie‹ weg. Wir kennen uns lange genug.«

»Danke, Chef«, Sgubin war verlegen. »Soweit ich weiß, sind Sie zur Zeit an drei Problemen dran: das Borgo, der Österreicher und die Chartows.«

»Nur Leonid Chartow, Olga gehört den Carabinieri.«

»Ich glaube übrigens auch, daß es jemand auf dich abgesehen hat«, Marietta war aus dem Vorzimmer herübergekommen und setzte sich zu ihnen.

Laurenti war endlich soweit, diese Solidaritätsbekundungen ertragen zu können, sie taten ihm sogar gut.

»Gibt es irgendeinen Zusammenhang?« Sgubin malte zwei Kreise auf ein Blatt Papier.

»Das ist das Borgo, das die Villa des Österreichers. Was gibt es noch?«

»Sgubin, willst du jetzt wirklich malen?«

»Ich muß das immer vor mir sehen! Ist ja nur ein Versuch. Was gibt's noch?«

»Olga und Leonid«, sagte Laurenti widerwillig.

Sgubin malte einen neuen Kreis, in dem sich zwei weitere befanden. Es sah aus wie die Schnittzeichnung von zweieiigen Zwillingen im Mutterleib.

»Olga hat früher im Borgo gearbeitet«, sagte Laurenti, »und Lilli hat mir am Freitag gesagt, daß sie in der Villa angestellt war.«

»Das hat sie bei unserem Besuch am Sonntag morgen erzählt.« Sgubin zog einen weiteren Strich.

»Und Elisa, die Frau des Österreichers«, sagte Laurenti. »Mal weiter oben noch einen Kreis hin.«

»Noch was?« Sgubin schaute sowohl Laurenti als auch Marietta fragend an.

»Das Tagebuch und die Fotos.«

Sgubin skizzierte unbeholfen ein Buch unter den Kreis für Elisa. Die Fotos fügte er als Rechtecke neben die Villa ein.

»Der Anruf«, sagte Marietta. »Hat dir der Questore nicht gesagt, daß der Präsident der Schiffahrtsvereinigung sich schon am zweiten Tag nach Kopfersberg erkundigt hatte?«

Laurenti dachte einen Augenblick nach, nickte und sagte zögernd: »Und Cardotta hat Samstag früh angerufen. Der Vorsitzende der FI.«

»Das hast du bisher noch nicht erzählt«, sagten Marietta und Sgubin gleichzeitig. Sgubin malte weitere Kreise auf das Blatt.

»Und was wollte er?«

»Druck machen wegen Kopfersberg. Er sei wichtig für die Stadt, wegen der Türkei-Hilfe, die über die TIMOIC läuft.«

»Glaubst du wirklich, daß da ein Zusammenhang besteht?« fragte Marietta.

»Keine Ahnung!« Laurenti zog die Mundwinkel nach unten. »Auffallend ist das schon. Schreib bei der Villa die Namen hin, Sgubin, und mal noch einen Kreis für die Firma mit Eva Zurbano und mit Viktor Drakič.«

Sgubin holte ein neues Blatt und übertrug sein Geschmiere jetzt lesbarer in die Mitte der leeren Seite. Dann zerknüllte er das alte und warf es in weitem Bogen Richtung Papierkorb, den er knapp verfehlte.

»Decantro nicht vergessen«, sagte Sgubin und ergänzte das Blatt.

»Und«, Laurenti zögerte, stand auf und schloß die Tür zu seinem Büro. »Was ich jetzt sage, bleibt absolut unter uns. Kein Wort nach draußen, Sgubin. Es ist nicht sehr schön und ist vielleicht auch falsch: Fossa!«

Sgubin war zusammengezuckt und schaute ihn mit offenem Mund an.

»Fossa?« Er sprach den Namen gedehnt und sehr langsam aus.

»Ja, Fossa könnte etwas mit der Villa in der Via dei Porta zu tun haben. Könnte! Wie gesagt, ich habe keinen genauen Anhaltspunkt und bin mir darüber im klaren, daß es sehr gewagt ist, einen Beamten wie Fossa zu verdächtigen. Er steht kurz vor seiner Pensionierung, ist seit was weiß ich wieviel Jahren Leiter des Streifendienstes, wird von allen respektiert, vielleicht sogar verehrt, und dennoch paßt mir eine Sache nicht: Wenn er die Schicht führte, ist die Polizei nie eingeschritten, wenn sich die Nachbarn in der Via dei Porta beschwerten. Man hat zwar die Anzeigen aufgenommen, aber nie jemand geschickt. Und er hatte mir versprochen, daß Decantro mit zwei zuverlässigen Männern fährt. Vicentino und Greco hat er mir wärmstens empfohlen.«

»Die?« Sgubin verzog das Gesicht. »Das sind ›pezzi di merda‹! Warum hat er das gemacht? Und warum hast du mir nichts gesagt? Ich hätte Decantro übernehmen können.«

»Du kannst nicht überall sein, Sgubin«, sagte Marietta.

Sgubin malte zögerlich und mit dünnem Strich ein sehr klein geratenes »F.« auf das Blatt, dann verband er die Kreise mit weiteren Linien. Und dann schüttelte er den Kopf.

»Ich kann es mir einfach nicht vorstellen. Fossa!« Er schaute zweifelnd in die Runde.

»Ich mir auch nicht, Sgubin«, sagte Laurenti, »aber sag mir, warum er mir die Sache mit Decantro vermasselt hat! Ich kann im Moment überhaupt nichts mehr ausschließen. Und, verdammt noch mal, behaltet das für euch. Wirklich, schwört mir, kein Wort nach draußen!«

Marietta hob die Hand, Sgubin nickte. Sie schwiegen einen Augenblick. Dann betrachtete Laurenti noch einmal das Blatt.

»Da ist außerdem Romano Rossi«, er schrieb den Namen auf eine freie Stelle zwischen den Kreisen für die Villa und die Firma.

»Wer?« fragten Marietta und Sgubin wie aus einem Mund.

»Romano Rossi! Hab ich doch erzählt!«

»Und wer ist dieser Rossi?« fragte Marietta.

»Meine Mutter hat Rossi am Freitag abend identifiziert. Er wohnt im ›Duchi d'Aosta‹, und ich vermute, daß es nicht sein richtiger Name ist. Sgubin, ich dachte, ich hätte dich nach ihm gefragt. Er hat Eva Zurbano getroffen. Und vorhin haben sie den jungen Kopfersberg am Hafen abgeholt. Ich war selbst dort.«

Sgubin warf den Stift auf den Tisch und wollte sich entrüsten. Doch Marietta war schneller.

»Nichts gegen deine Mutter«, sagte Marietta, »aber so geht es nicht! Wir könnten vielleicht längst wissen, wer Rossi ist, wenn du etwas gesagt hättest. Im richtigen Moment reden hat noch nie geschadet!«

»Ist ja gut!« Laurenti hob die Hand. »Es ist eben ein bißchen viel gewesen in der letzten Zeit. Zuviel für so wenige Tage. Mir ist einiges durch die Lappen gegangen.«

»Ich mache mich gleich auf die Suche nach Romano Rossi. Das hätte ich aber wie gesagt auch schon am Samstag tun können. Dann wären wir jetzt schlauer. Schauen wir doch, was der Computer hergibt, wenn wir ihn schon haben.«

»Der Computer weiß nichts. Sgubin hat es doch schon versucht«, sagte Laurenti. Er wußte, daß sie recht hatte mit dem Vorwurf. »Ich kann euch unmöglich wegen jeder Kleinigkeit die Freizeit versauen, das ist doch einzusehen.«

»Übrigens hat Proteo mich angerufen. Es war Samstag abend. Ich hab's vergessen.«

»Gleich zwei Verkalkte auf einmal«, unterbrach ihn Marietta unwirsch, doch Sgubin ließ sich nicht beirren.

»Ich habe acht Tage vollen Dienst und Überstunden geschoben. Es war das letzte vor meinem Dienstschluß am Samstag ... Also laß es! Aber wohin sind Rossi und der junge Kopfersberg denn gegangen?« fragte Sgubin. »Haben Sie ihn, äh, hast du sie beobachten können?«

»Ich bin ihnen bis zur Banca Nordeste auf dem Corso Italia gefolgt. Sie sind alle drei hineingegangen.«

Sgubin hatte den Stift wieder aufgenommen, malte ein Feld für Rossi in die Nähe der Firma und oberhalb des Kreises mit der Villa.

»Wieso alle drei? Wer noch?« Marietta verstand nicht.

»Drakič, Rossi und Kopfersberg.«

»Drakič? Davon hast du auch nichts gesagt«, sagte Sgubin. »Wer von beiden?«

»Viktor Drakič.«

Sgubin malte einen neuen Kreis für die Bank auf das Blatt.

»Aber wer ist Rossi? Hier ist die Zurbano. Und hier sind der junge Kopfersberg, Drakič und außerdem die Banca Nordeste.« Sgubin hieb an dieser Stelle mit dem Stift so heftig auf das Papier, daß ein kleines Loch zurückblieb und von der Mine ein kleiner dunkler Fleck auf der Schreibtischplatte.

»Kein unsympathischer Mann, dieser Rossi. Das einzige, was gegen ihn spricht, ist, daß er einen Aufpasser dabeihat, dem man ansieht, daß er sein Fach versteht. Der Rest sieht nach Geschäft aus. Dann wäre Rossi aber eine sehr, sehr große Nummer. So viele Geschäftsleute mit Gorilla gibt es nicht. Ich kann mir nicht recht vorstellen, daß in die Sache mit der Türkei ein so großes Kaliber verwickelt ist. Andererseits, um was sollte es sonst gehen?«

»Dann schreib doch bitte mal ›Türkei‹ dazu«, sagte Marietta.

»Haben wir noch etwas vergessen?« fragte Laurenti.

»Ja, Chef. Die vielen Mädchen in der Villa. Die sehen nicht gerade nach Türkei-Hilfe aus.«

Laurenti nickte. »Na mach schon!«

Sgubin malte einen neuen Kreis zwischen die Villa und das Borgo und verband die drei Kreise mit einer Linie.

»Ein interessantes Bild!« Sgubin hielt das Blatt hoch. »Findet ihr nicht auch? Ein Kunstwerk!«

Alles hing plötzlich mit allem zusammen, bis auf Decantro und die beiden prominenten Anrufer. Die Türkei-Hilfe hing in der Luft, und eine Verbindung zu dem zweiundzwanzig Jahre alten »Fall Elisa«, der offiziell nicht zu den unaufgeklärten Fällen zählte, gab es nur über das Tagebuch, das Olga mit den Fotos bei ihrer Nachbarin deponiert hatte. Aber warum befanden sich diese eigentlich bei

Olga? Fossa konnte ebenfalls nicht zugeordnet werden. Und auch über Rossi wußten sie noch zuwenig. Um ihn würde Marietta sich kümmern.

Sgubin, der erst ab Dienstag wieder Dienst hatte, beschloß gegen die Einwände, die Laurenti anstandshalber äußerte, sich krank zu melden. Nur so würde Fossa nicht merken, daß er an den Ermittlungen beteiligt war. Er würde sich noch einmal die Villa vornehmen. Laurenti wollte bald mit Spartaco de Kopfersberg wegen des Mordes an seinem Vater sprechen. Auch die Ermittlungen im Fall Chartow warteten. Und wer Laurenti ein Bein stellen wollte, blieb nach wie vor ein Rätsel.

Laurenti war erschöpft, obgleich es erst Mittag war. Er spürte ein bohrendes Gefühl von Hunger und hatte dennoch keinen Appetit. Er beschloß, nach Hause zu fahren und sich eine halbe Stunde hinzulegen. Der Schock, der ihn heute früh getroffen hatte, war groß. Wie immer, wenn er unter Streß stand, hatte er großen Durst und trank eine Flasche Wasser nach der anderen. So fühlte er sich sonst nur, wenn er das Behandlungszimmer seines Zahnarztes verlassen hatte. Er wußte, nur mit einer halben Stunde Schlaf fände er jetzt wieder zu sich.

Er trat hinaus in die Hitze. Die Luft schien zu stehen. Er schaute zum Himmel und sah, daß sich ein dünner weißer Dunst über das Blau gelegt hatte. Die Luftfeuchtigkeit mußte über achtzig Prozent betragen, die Außentemperatur mindestens fünfunddreißig Grad. Bei der Hitze würde er den Wagen ohnehin nicht benutzen. Er drückte den Anlasserknopf des Motorrollers, der zwar gleich ansprang, aber nur ein paar Sätze machte und dann unter hohlem Röcheln den Dienst versagte. Die Tankanzeige stand noch immer auf Viertel voll. Laurenti fluchte laut. Wenn, dann ging alles auf einmal schief. Tage, die beschissen anfingen, gingen beschissen weiter. Laurenti schob den Motorroller in die Gegenrichtung, er konnte ihn ohne Motor die Straße hinunterrollen lassen, auch gegen die Fahrtrichtung der Einbahnstraße. Kurz vor der Libreria Einaudi war eine Tankstelle, die hoffentlich geöffnet war. Die entgegenkommenden Autos hupten. Ihm war das egal. Wenig später verstellte ihm die Besatzung eines Streifenwagens den Weg. Die Tankstelle war bereits in Sicht. »Auch das noch«, fluchte er, doch die Beamten winkten, als sie den Commissario erkannten, und gaben den Weg frei.

Sechs Liter paßten in den Tank, zwölftausendachthundert Lire. Doch als Laurenti seine Brieftasche suchte, war sie nicht mehr in seiner Hosentasche. Der Schweiß stand ihm auf der Stirn, große dunkle Flecken bildeten sich auf seinem blauen Hemd. Er erinnerte sich, daß er die Brieftasche auf seinem Schreibtisch hatte liegenlassen, zur Erinnerung, damit er nicht vergaß, sich um seinen Ausweis zu kümmern. Wie ein kleiner Junge stand er vor dem Tankwart und stammelte, daß er sein Geld vergessen habe und am Nachmittag wiederkommen wolle und bezahlen würde. Versprochen!

»Da kann ich ewig warten«, maulte der Tankwart. »Der Roller bleibt hier stehen, oder ich rufe die Polizei. Geben Sie mir den Schlüssel.«

»Ich bin die Polizei«, schrie Laurenti.

»Ach ja? Zeigen Sie mir Ihren Ausweis!«

»Porcaputtana, ich habe doch gesagt, er ist da, wo das Geld auch ist!« Laurenti suchte am Lenker nach dem Anlasserknopf. »Vertrauen, mein Freund, man muß die anderen nicht gleich terrorisieren!«

»Jetzt reicht's!« Den Tankwart überkam der Zorn. Er rüttelte heftig an der Vespa, als Proteo zu starten versuchte. Laurenti war vor Wut ganz weiß im Gesicht, er hatte den rechten Arm gehoben und die Faust zum Schlag geballt. Doch der Tankwart ließ nicht los. Sie schauten sich wütend an.

»Das ist doch der aus der Zeitung!« Ein zweiter, älterer Tankwart war hinzugekommen. »Wart mal!« Er ging in das Kassenhäuschen und kam mit dem ›Piccolo‹ zurück. Mit dem Finger deutete er auf das Foto.

Laurenti war am Ende. Da stand er nun mit dem Motorroller seines Sohnes, und plötzlich fiel ihm auch noch ein, daß er seit drei Tagen mit dem unversicherten Gefährt unterwegs war. Wie hatte ihm das entgehen können! Für einen Augenblick nahm er die anderen nicht mehr wahr, dann kamen die Stimmen der Männer wieder näher. Beide hatten ihm die Rücken zugekehrt, blickten in die Zeitung und kommentierten den Artikel. Laurenti überlegte kurz, ob er einfach abhauen sollte.

»Laß ihn fahren. Der hat genug am Hals«, sagte der ältere Tankwart. »Wann bringen Sie das Geld?«

»Sobald ich kann«, sagte Laurenti, ließ den Motorroller an, der stotterte, bis die Luft aus dem Vergaser gewichen war, und machte sich grußlos davon. Er mußte jetzt sehr vorsichtig fahren, es durfte ihm auf keinen Fall etwas passieren. Und er fuhr noch hundert Meter weiter gegen die Einbahnstraße.

Proteo wurde durch die Stimmen Lauras, der Kinder und seiner Mutter geweckt, die aus San Daniele zurückgekommen waren. Er hatte sich, nachdem er endlich die Wohnung erreicht hatte, geduscht und im Morgenmantel auf das Sofa im Wohnzimmer gelegt. Zum Einschlafen hatte er noch einen Blick in die Zeitung geworfen, ein todsicheres Schlafmittel.

Er war in einen traumreichen Schlaf gefallen. Tatjana Drakič tauchte darin auf, die beiden Kopfersbergs, Lilli, seine Mutter und der häßliche Tote von Montebello, mit dem durch den Kopfschuß zersprengten Schädel und dem ausgelaufenen Hirn, an dem der Hund genagt hatte. Und immer wieder die Villa, Tatjana am Pool und viele hübsche, blonde und nackte Mädchen mit slawischen Gesichtszügen. Die Zeitung lag noch über seinem Körper, er hatte sie nicht ganz losgelassen, als er eingeschlafen war. Wie lange hatte er geschlafen? Er hatte Durst und fühlte sich zerschlagen. Langsam setzte er sich auf, stützte sein Gesicht in beide Hände, rieb sich die Augen, gähnte lange und stand dann auf. Plötzlich flog die Tür zum Wohnzimmer auf.

»Papà?« Sein Sohn Marco war erstaunt, seinen Vater zu Hause anzutreffen.

»Ciao, Marco«, Proteo freute sich. Seine Familie war wieder da. »Seid ihr endlich zurück.«

»Ja und nein«, sagte Marco, »ich hole nur mein Badezeug und gehe gleich schwimmen. Wo ist der Schlüssel für den Motorroller?«

»Hast du bezahlt?«

»Gleich heute früh, in San Daniele auf der Post. Oma hat mir das Geld gegeben.«

»Glückspilz!«

Laurenti begrüßte die anderen mit einem matten Winken und bat Livia, ihm einen Kaffee zu machen. Dann ging er ins Bad, duschte lange und kam allmählich zu sich.

Er fühlte sich jetzt besser, da seine Familie wieder da war und er sich mit Laura besprechen konnte. Eineinhalb Stunden hatte er geschlafen, viel länger, als er wollte. Es war 16 Uhr.

Restaurant des Hotels »Duchi d'Aosta«

Die Zivilstreife, die vor der Bank zwei Stunden auf die Rückkehr der drei Besucher gewartet hatte, war den Herren gefolgt. Sie hatten sich mit dem Wagen zum Hotel »Duchi d'Aosta« bringen lassen, wo sie zusammen zu Mittag aßen. Auch Benedetto Rallo, der Direktor der Banca Nordeste, war dabei. Rallo, dessen Foto er zufällig in der Brieftasche Eva Zurbanos entdeckt hatte und der ein enger Vertrauter des alten Kopfersberg gewesen war.

Mit knurrenden Mägen hatten sich die Zivilbeamten im Schatten des ehemaligen Gebäudes des Triestiner Lloyd niedergelassen und eine Zigarette nach der anderen geraucht. Viele Triestiner fragten sich, wer dem Hotel die Genehmigung erteilt hatte, auf der Piazza Unità diesen scheußlichen pavillonartigen Vorbau für das Restaurant zu errichten. Er ragte wie ein Fremdkörper auf die Piazza und zerstörte die klare geometrische Konzeption, wie sie im neunzehnten Jahrhundert angelegt worden war. Unter den alten Gebäuden, die damals dem neuen Platz weichen mußten, hatte sich auch die »Locanda Grande« befunden, in der am 8. Juni 1768 Johann Joachim Winckelmann auf seiner Rückreise nach Rom ermordet worden sein soll. Auch ein Mordfall, der einmal aufgeklärt schien und heute zweifelhaft ist. Aus jener Zeit blieb lediglich der üppig verzierte Brunnen der vier damals bekannten Kontinente erhalten. Die beiden Beamten schlenderten immer wieder zu ihm und kühlten sich die Handgelenke im Wasser. Auch Laurenti kam vorbei, auf dem Rückweg zum Büro.

Das Mittagessen zog sich lange hin. Spartaco de Kopfersberg, Viktor Drakič, Benedetto Rallo, Vincenzo Tremani und sein Schatten Pasquale Esposito saßen noch immer im klimatisierten Pavillon und waren inzwischen beim Kaffee angelangt. Laurenti erfuhr von den Beamten, daß es fast nichts zu berichten gab, dann überquerte er die Piazza mit ihrem von der Sonne aufgeheizten Asphalt.

Er konnte nicht wissen, daß Spartaco de Kopfersberg ihn durch das Fenster wiedererkannte.

»Da ist der Mann«, sagte er zu Viktor Drakič und wies

mit der ausgestreckten Hand auf Laurenti. »Der hat mir heute morgen den Koffer getragen.«

Drakič sah Spartaco erstaunt an. »Du hast heute schon mit einem Bullen gesprochen?«

»Polizei?« Spartaco war erstaunt.

»Ja«, sagte Drakič, »der Typ da untersucht den Fall deines Vaters. Wußtest du das nicht?«

»Keine Spur«, antwortete Spartaco, »er hat sich nur nach dem Boot erkundigt. Ich dachte, er wäre ein Spaziergänger.«

»Dann weiß er also, daß du in der Stadt bist.« Drakič drehte mit zwei Fingern den Ring an seiner linken Hand. »Er wird dich bald befragen. Ich wundere mich nur, weshalb er sich nicht gleich zu erkennen gegeben hat.«

»Vielleicht war es doch ein Zufall?«

»Niemals! Alberne Polizistentricks«, Tremani mischte sich mit scharfer Stimme ein, die anderen am Tisch verstummten sofort. »Ich bin mir sicher, daß er nicht lange auf sich warten läßt. Sie haben zwar keine Eile, aber auch keine Geduld. Und vor allem nichts in der Hand. Bleib ruhig, Spartaco, und freundlich. Es wird nicht das letzte Mal in deiner Karriere sein, daß sie dich befragen. Aber was soll passieren?«

»Die Geschäfte gehen weiter«, erklärte Spartaco de Kopfersberg entschieden. »Mein Vater hätte es auch so gewollt.«

»Und doch bleibt die Sache mysteriös«, sagte Benedetto Rallo. »Ihr Vater hat sich immer sicher gefühlt. Er war zuverlässig. Wer hat ein Interesse daran gehabt, ihn umzubringen?«

»Tremani? Weißt du nicht doch etwas?« Spartaco schaute ihn lange bewegungslos an.

»Die Antwort liegt ausschließlich bei euch!« Vincenzo Tremani war nicht aus der Ruhe zu bringen. Er schaute Drakič forschend an, aber der zuckte mit den Achseln.

»Was schaust du mich an? Ich weiß von nichts. Die Russen waren es nicht. Mit den Freunden in Rimini habe ich gesprochen. Sie hatten keinen Grund zur Klage. Ganz im Gegenteil. Auch ich würde gerne wissen, wer unsere Geschäfte zu stören versucht«, antwortete Drakič. »Auch von unseren Freunden aus Lecce würde ich gerne ein eindeutiges Nein vernehmen.«

»Er hat uns nicht gestört«, sagte Tremani kalt. »Wer profitiert denn von seinem Tod, Drakič? Hast du schon einmal darüber nachgedacht? Du und Spartaco!«

»Wir?« fragte Drakič.

Tremani schaute aus dem Fenster. »Stell dich nicht dümmer an, als du bist, Viktor. Was ist mit Eva?« fragte er. Es war offensichtlich, daß Tremani der Mann mit der größten Autorität unter ihnen war. »Hast du mit ihr gesprochen?«

»Ja«, antwortete Drakič mißmutig, »auch Eva sagt, sie habe keine Ahnung.«

»Hast du sie wirklich eingehend befragt? Sie ist doch seine Vertraute geblieben?« wollte Tremani wissen.

Benedetto Rallo rieb sich nervös das rechte Handgelenk.

»Ich habe sie durch den Fleischwolf gedreht«, antwortete Viktor Drakič. Er schaute Tremani mit kaltem Blick an. Rallo räusperte sich und rutschte unruhig auf seinem Stuhl hin und her. Er hatte seine Geliebte bereits einige Tage nicht gesehen und war nicht auf dem laufenden.

»Vielleicht sollte sie doch bald die Firma verlassen«, antwortete Tremani.

»Das habe ich ihr auch gesagt«, antwortete Drakič. »Ich glaube, sie hat verstanden.«

»Darüber entscheide nur ich!« sagte Spartaco kalt. »Ich leite jetzt die Firma. Es passiert nichts ohne mich! Ist das klar? Auch dir, Viktor?«

Einen kurzen Augenblick lang herrschte verblüffte Ruhe.

»Die Nachfolge regeln wir, wenn uns die Gäste verlassen haben. Bis dahin erledigt jeder seine Dinge, wie geplant. Spartaco übernimmt solange die Rolle seines Vaters. Und über die Zukunft reden wir danach.« Vincenzo Tremanis Stimme war auf einmal nicht mehr sanft, sondern rauh, hart und drohend. Lediglich die Lautstärke blieb unverändert.

»Und nichts Unbesonnenes! Das Geschäft ist für alle lohnenswert. Die Fracht nimmt zu. Wir haben die Lieferwege fest im Griff, die Zulieferer und die Spediteure bezahlen wie vereinbart. Jetzt kommt noch der Bedarf an Wohncontainern hinzu. Es bleibt nicht mehr bei den üblichen Hilfslieferungen. Und noch etwas...« Tremani hielt einen Augenblick inne. Keiner wagte, etwas zu sagen. Spartaco de Kopfersberg schaute ernst, Drakič flocht die beiden Enden seiner Serviette zu einem Knoten, den er erst langsam und dann mit einem Ruck zusammenzog. Rallo stand trotz der Klimaanlage der Schweiß auf der Stirn.

»Man versucht nur einmal, uns zu hintergehen. Merkt euch das! Dein Vater hat es versucht, Spartaco! Aber ich bin großzügig. Ich nehme zu deinen Gunsten an, daß du nichts davon wußtest. Und auch du nicht, Drakič!«

»Ich verstehe nicht...«, hob Spartaco an, doch Tremani unterbrach ihn.

»Nur soviel: dein Vater hat Gelder abgezweigt.« Er wies auf den Bankdirektor. Rallo nickte.

»Ich mußte es sagen«, versuchte er sich gegenüber Spartaco zu verteidigen. Er wand sich, räusperte sich zweimal, bevor er fortfuhr. »Ich warne euch«, sagte er dann, »laßt Eva in Ruhe! Ohne sie bedeutet ohne mich!«

»Das ist ja interessant«, Viktor Drakič sah ihn zynisch an. »Keine Emotionen, Rallo! Banken gibt es wie Sand am

Meer. Vergiß nie das Geschäft!« Er blickte auf Tremani und hoffte auf Zustimmung.

»Nichts ohne mich!« Spartaco de Kopfersberg schlug mit der Hand auf den Tisch. »Das gilt für alle! Auch für die Freunde aus Lecce!« Und etwas leiser: »Ich sage das nur einmal!«

Tremani lächelte. »Regt euch nicht auf. Denkt an morgen. Und macht keine Dummheiten!«

Er rückte seinen Stuhl vom Tisch und stand auf. Auch Pasquale Esposito erhob sich.

»Auf bald«, sagte Tremani.

16.25 Uhr

Zumindest in einem Punkt seiner Beschreibung von Polizisten hatte Vincenzo Tremani recht, soweit es Proteo Laurenti betraf: Er war ungeduldig. Er war ungeduldig bis zum Erbrechen und hatte sich darin nie geändert. In seinem Beruf, aber auch privat. Er war es mit anderen und mit sich selbst. Als er Laura kennenlernte, war sie wegen seiner Ungeduld mehrmals vor ihm geflohen. Trotz ihrer Zuneigung zu diesem seltsamen Mann, der dem konventionellen Bild eines Polizisten schon wegen seiner Begeisterung für Malerei und Literatur nicht so recht entsprach, hatte sie lange gezögert, seinem Werben nachzugeben. Laurenti hatte seine spätere Frau mehr als ein Jahr hofiert, ihr Blumen geschickt, sie zum Essen ausgeführt, Bücher geschenkt, sie mit seinen Aufmerksamkeiten so überschüttet, daß sie eines ganz bestimmt wußte: Wenn sie sich diesem Mann hingäbe, dann ließe er sie wie ein trotziges Kind nie mehr los. Das hatte Laura auf Distanz gehalten, und Proteo hatte so sehr darunter gelitten, daß er sich immer wieder völlig zurückzog, sich in seine Bücher vertiefte und auch die engsten Freunde vor den Kopf stieß.

Aber Laura ging ihm nie aus dem Kopf. Und irgendwann hatte er gewonnen, hatte sie gewonnen und sich selbst dabei fast verloren.

Nur seine Ungeduld war nicht von ihm gewichen. Auch an diesem Spätnachmittag spürte er sie, als er auf dem Weg in sein Büro an der Questura vorbeikam, wo der Leiter der mobilen Streifen seinen Dienst versah. Mit ihm, Fossa, hatte er eine Rechnung offen. Fossa, davon war Laurenti überzeugt, hatte ihm einen Prügel in die Speichen geworfen. Laurenti hatte ihm blind vertraut und war dafür bitter bestraft worden.

Obgleich sie beim Polizeipräsidenten Stillschweigen vereinbart hatten, stürmte Laurenti nun doch in die Questura. Er konnte seine Wut nicht mehr im Zaum halten. Er raste mit langen Schritten und wütendem, starrem Blick durch die Eingangshalle. Die uniformierte Beamtin mit dem fettigen Haar und den kalten Augen, die von einem Podest aus darüber wachte, daß kein Unbefugter das Polizeipräsidium betrat, schaute ihm verblüfft hinterher.

Fossa hatte sich schon den ganzen Tag darüber gewundert, daß kein Zeichen des Commissarios kam, kein wütender Anruf von seiner Assistentin. Dieses loyale Aas Marietta hatte Fossa noch nie leiden können.

Laurenti riß die Tür zum Büro der Einsatzzentrale auf und stürmte durch den langen Raum mit den Bildschirmen. Er raste an den Beamten vorbei, die zwischen Stellwänden die elektronischen Pulte mit den unzähligen Lämpchen und Knöpfen und den Funkverkehr über Kopfhörer und Mikrofone bedienten. Am Ende dieses Raumes lag Fossas Büro. Er hatte Laurenti bereits durch die große Glasscheibe beobachtet und war aufgestanden. Fossa trug ein kurzärmliges, weißes Uniformhemd mit Schulterklappen. Auf Laurentis blauem Hemd hatten sich schon wieder die obligaten Schweißflecken ausgebreitet. Wie Streithähne standen sie voreinander.

»Was hast du dir dabei gedacht, Fossa?« Laurenti hatte Zeigefinger und Daumen seiner rechten Hand an ihren Spitzen zusammengeführt und bewegte seinen Unterarm wippend vor und zurück.

»Worüber regst du dich auf«, antwortete Fossa, »was können meine Leute dafür, wenn du mit Nutten gesehen wirst?«

»Davon spreche ich nicht!« Laurenti war laut geworden, und die Beamten draußen bekamen große Ohren. »Du hattest Anweisung, zuverlässige Beamte auszuwählen. Statt dessen suchst du die größten Idioten aus, die du finden konntest. Warum, Fossa, warum? Sag mir, warum du das getan hast!«

»Ich bin mir keiner Schuld bewußt! Vicentino und Greco sind absolut in Ordnung. Die Medien berichten doch sowieso, was sie wollen. Und außerdem war ich es, der dir von dieser idiotischen Idee, einen Schmierfinken mit auf Streife zu schicken, abgeraten hat!«

Fossa wollte sich setzen, doch Laurenti faßte ihn an der Schulter und zog ihn wieder zu sich heran. Fossa wand sich aus dem Griff. Nur wenige Zentimenter trennten ihre Köpfe voneinander.

»Fossa! Du hast gegen die Anweisungen gehandelt. Ich werde ein Disziplinarverfahren gegen dich einleiten.«

»Mach, was du willst, Laurenti! Das kümmert mich einen Dreck! In nicht einmal eineinhalb Jahren hab ich's hinter mir. Daran ändert auch ein Verfahren nichts. Und befördert werde ich ohnehin nicht mehr. Das habe ich schon lange begriffen. Mach, was du willst!«

»Ich verlange einen schriftlichen Bericht von dir, Fossa! Bis morgen früh um acht Uhr! Und bring mir die Akten von Vicentino und Greco gleich mit! Du wirst dich noch wundern.« Laurenti stieß seinen Zeigefinger wiederholt auf die Brust des um einen Kopf größeren und zwei Schultern breiteren Fossa. »Dies ist ein Befehl! Hast du verstanden? Riskier nicht zuviel, Fossa! Das geht ins Auge!«

Die Beamten im Saal waren aufgestanden und standen im Halbkreis um die Widersacher herum. So etwas hatte es schon lange nicht mehr gegeben.

Fossa wußte, daß er nicht übertreiben durfte. »Zu Befehl«, sagte er, schlug die Hacken zusammen, salutierte und stand einen Augenblick stramm. Er hatte ein verwegenes Lächeln im Gesicht. »Ich habe es gehört, jetzt habe ich zu tun!«

»Um acht morgen früh«, sagte Laurenti scharf, »Punkt acht!« Dann drehte er sich um und stürmte wütend aus dem Büro. Die Tür, die immer offenstand, schlug er mit einem so lauten Knall hinter sich zu, daß die große Glasscheibe bebte. Drei Männer traten zur Seite und machten den Weg für ihn frei.

»An die Arbeit!« Laurenti sah gefährlich aus. Er wußte, daß Fossa unter seinen Leuten hohes Ansehen genoß und daß alle Polizisten und Polizistinnen in diesem Raum zu ihm hielten. Alle. Außerdem hatten sie gehört, wie der Commissario sich über zwei von ihnen ausließ und waren schon allein deswegen gegen ihn. Murrend gehorchten sie, als sie feststellen mußten, daß Laurenti nicht aus dem Büro raste, sondern wartete, bis sie sich wieder an ihre Plätze begeben hatten.

»Damit das klar ist«, sagte Laurenti mit lauter Stimme, »wer unzuverlässig ist, bekommt Ärger. Immer und grundsätzlich!«

Fossa hatte die Tür wieder geöffnet und machte hinter Laurentis Rücken zwei beruhigende Handbewegungen, woraufhin die Beamten sich über ihre Pulte beugten und die Kopfhörer aufsetzten. Laurenti ließ die Tür offenstehen. Er wußte, daß gleich nach seinem Abgang geflucht und geschimpft würde, aber wenigstens erst dann, wenn einer von ihnen aufgestanden war, um die Tür zu schließen.

Sogar auf der Straße kochte er noch vor Wut. Irgendwann merkte er, daß die Leute, die ihm auf dem Gehweg entgegenkamen, ihn irritiert ansahen, wie er so grimmig daherging. Er blieb einen Augenblick stehen. Obwohl er seit zwanzig Jahren nicht mehr rauchte, hatte er auf einmal Lust auf eine Zigarette. Er ging langsam weiter und bestellte sich in der nächsten Bar einen Kaffee. Und mußte plötzlich lachen.

Immerhin hatte er Fossa den Feierabend versaut. Der mußte sich, ob es ihm paßte oder nicht, hinsetzen und den Bericht verfassen. Daran führte kein Weg vorbei. Tat er es nicht, gäbe es wirklich Aufsehen, und das konnte Fossa auf keinen Fall wollen. Laurenti spürte, daß es richtig war, Fossa diese Szene gemacht zu haben, auch wenn sie beim Polizeipräsidenten etwas anderes vereinbart hatten. Von den anderen Verdächtigungen hatte Laurenti nichts erwähnt, und Fossa müßte sich eigentlich in Sicherheit wiegen. Das war wichtig, wenn sie erfahren wollten, was hinter den Kulissen vor sich ging.

Triest, 22. Juli 1999

Als Laurenti um Viertel vor acht in sein Büro kam, lag Fossas Bericht bereits auf seinem Schreibtisch. Er blätterte lustlos darin herum und überflog die zweieinhalb Seiten nüchterner Darstellung der Streifenfahrt mit Decantro, in der natürlich keine Verfehlung eingestanden wurde und die mit der Bemerkung schloß, daß es sich bei den Kollegen Vicentino und Greco um zuverlässige Beamte handele, denen man in jedem Fall vertrauen könne. Danach blätterte Laurenti in den beiden Dienstakten, in denen ebenfalls nie ein Tadel eingetragen worden war. Fossa verstand seine Leute zu schützen.

Um acht kam Marietta fröhlich vor sich hin singend in ihr Büro, knipste die Kaffeemaschine an und rief ein munteres »Guten Morgen, Proteo« durch die offenstehende Tür. Wenig später war auch der bleiche Sgubin da, und sie setzten sich an den Besprechungstisch, um die Ergebnisse ihrer Ermittlungen auszutauschen. Sgubin hatte die Zeitung aufgeschlagen und Laurenti ein Foto des Hais gezeigt, das ein Amateur für den alljährlichen Fotowettbewerb um die schönsten Bilder der Stadt aufgenommen hatte. Erst zu Hause am Computer hatte er laut ›Piccolo‹ entdeckt, welch sensationeller Schnappschuß ihm gelungen war. Das Foto hatte er in der Nähe der »Lanterna« aufgenommen, wo nebenan die türkischen Frachter liegen. Vom linken und rechten Bildrand ragten die mächtigen Buge zweier Frachter ins Zentrum. Zwischen ihnen war nur wenig Platz geblieben, im Hintergrund konnte der Betrachter schemenhaft die weiße Kulisse des Castello Miramare erkennen. Und im unteren Teil des Fotos durchschnitt tatsächlich die beeindruckende Rückenflosse eines Hais die Wellen. »Ein Kandidat für den ersten Preis«, damit schloß der Text. Laurenti gab Sgubin die Zeitung zurück, nachdem er sie flüchtig durchgeblättert hatte. Über ihn war heute eigenartigerweise nichts zu finden.

Die zweite Sensation tischte Marietta auf. »Ich war gestern mit meinem geschiedenen Mann essen. Bei den ›Due Triestini‹, bei dir um die Ecke in der Via Diaz, in dieser alten Trattoria. Und weißt du, wer da war? Signora Fossa! Sie hat mich hoffentlich nicht gesehen. Bei ihr am Tisch saß ein Mann, der Viktor Drakič ähnlich sah, so wie ich ihn von Fotos kenne.«

Laurenti war wie elektrisiert, und Sgubin stieß einen Pfiff aus.

»Die alte Fossa mit Drakič?« Laurenti trommelte mit dem Bleistift auf die Tischplatte. »Was haben sie gemacht? Eine Affäre können die beiden wohl kaum miteinander haben.«

»Er könnte es gewesen sein, habe ich gesagt«, wiederholte Marietta. »Sie haben lediglich etwas getrunken. Die Fossa wartete schon ein Weilchen. Er kam durch den hinteren Eingang, aus der Via Cadorna. Ich bin mir nicht sicher, aber ich glaube, die Fossa hat ihm was gegeben. Auf jeden Fall hat sie aus ihrer Handtasche eine Mappe gezogen und auf den Tisch gelegt. Ich konnte nicht sehen, was auf dem Tisch geschah. Nach zehn Minuten ist Drakič, wenn er es war, aufgestanden und wieder gegangen. Die Fossa steckte irgend etwas in ihre Tasche zurück, wartete eine Weile, bezahlte und ging dann auch, aber auf die Via Diaz hinaus.«

»Und dann?« fragte Sgubin. »Wohin ist sie gegangen?«

»Keine Ahnung. Ich konnte ihr doch nicht folgen. Mein Ex hatte sich schon beschwert, daß ich ihn nie anschaute.«

»Die Fossa!« Laurenti war aufgestanden und kratzte sich am Hinterkopf. »Arbeitet sie noch auf der Präfektur?«

»Soweit ich weiß, ja. Aber ich schau nach.« Marietta ging in ihr Zimmer und holte das Ämterverzeichnis. »Elvira Fossa«, rief sie triumphierend, »stellvertretende Leiterin der Ausländerbehörde. Hier!«

Keiner von ihnen konnte Elvira Fossa leiden. Sie saß für die Alleanza Nazionale im Gemeinderat und engagierte sich schon lange in dieser Partei für Recht und Ordnung und gegen die Zulassung der Zweisprachigkeit, die seit Mussolini verboten blieb. Nach Decantros Berichten über den angeblichen Sündenpfuhl Triest hatte sie wüst gegen Ausländer gewettert und von »Überfremdung« gesprochen. Sie war Anfang Fünfzig, dreißig Jahre mit ihrem Mann verheiratet, kinderlos. Ihr Vater war bereits Funktionär der Mussolini-Partei gewesen. Auf sein Konto ging in Triest die Italianisierung alles Nichtitalienischen, unter ihm wurde kräftig umgetauft: aus dem Familiennamen Ptaček wurde Pace, aus Giuppanovich wurde Giuppani, aus Goldschmidt wurde Orefice. Nur die von Kopfersbergs, die sich gleich nach dem Ersten Weltkrieg zu de Kopfersberg gewandelt hatten, kurzfristig de Coppero geworden waren, hatten sich gleich im Herbst 1943 unter der Nazibesatzung im sogenannten »adriatischen Küstenland« wieder zu de Kopfersberg gemausert. Weshalb sie allerdings das »de« stehenließen?

Elvira Fossas Vater war Anfang der Achtziger gestorben. Hunderte hatten ihm das letzte Geleit gegeben. Seine politische Gesinnung wurde in den Nachrufen deutlich. Gegen ihn war in der Nachkriegszeit nicht lange ermittelt worden, seine Rolle während der deutschen Besatzung wurde nie angerührt und das Verfahren bald eingestellt. Seine Tochter hatte statt eines Priesters auf der Trauerfeier eine flammende Rede für die Nation gehalten, die sich wie eine Wahlkampfrede anhörte. Was sie mit dem Slawen Viktor Drakič zu tun haben konnte, war Laurenti ein Rätsel. Es ging also um etwas anderes.

»Weshalb zum Teufel hat Elvira Fossa Drakič getroffen?« Laurenti schaute seine beiden Kollegen nachdenklich an. »Was haben sie ausgetauscht, wenn sie überhaupt etwas ausgetauscht haben? Marietta, du mußt zu Drakič gehen und feststellen, ob er es wirklich war. Laß dir was einfallen. Geh hin und frage, ob ich dort meinen Dienstausweis vergessen habe. Er ist seit Samstag verschwunden. Und wenn du schon losgehst, kannst du dann bitte da unten an der Tankstelle für mich bezahlen: ich hatte kein Geld dabei. Aber laßt uns zuerst hier weiterreden. Sgubin, wie heißt du eigentlich mit Vornamen?«

»Antonio«, Sgubin räusperte sich verlegen. Er war für alle immer nur Sgubin gewesen, und nun fragte der Commissario nach seinem Vornamen. »Die TIMOIC hat im ›Duchi‹ sechs Zimmer gebucht und im ›Savoya Palace‹ fünf.« Er mußte die ganze Zeit unter Druck gestanden haben, bis er diese Nachricht loswerden konnte. Er legte eine Liste mit den Namen auf den Tisch. Laurenti schaute sie lange an. Italiener, Österreicher oder Deutsche, slawische Namen, ein Engländer. Fast alle hatten einen Doktortitel, fiel ihm auf. Es war keine Frau dabei. Er strich das Papier auf dem Tisch glatt.

»Für wann?«

»Heute.«

»Nicht schlecht.«

»Und noch etwas«, platzte Sgubin heraus. Er hatte ungeduldig darauf gewartet, daß er den zweiten Teil seiner Ermittlungen loswerden konnte. »Romano Rossi...«

Laurenti fuhr auf.

»...Romano Rossi heißt Vincenzo Tremani...«

»Oh, mein Gott!« Laurenti wußte Bescheid, jedem Polizisten war dieser Name bekannt. »Sacra Corona Unità.«

»Was nie bewiesen wurde«, korrigierte Marietta. In der Tat konnten die Behörden Verbindungen des Tremani-Clans zur apulischen Mafia vor Gericht nie nachweisen.

»Sein Begleiter ist sein Sekretär: Pasquale Esposito. Das

Flugzeug steht in Ronchi. Esposito war der Pilot und fährt auch den Wagen.« Sgubin lächelte triumphierend und wartete auf Lob.

»Wie zum Teufel hast du das herausbekommen?« Diese Frage des Commissarios war ihm Anerkennung genug.

Er griff in die Brusttasche seines Hemdes, zog verschiedene Polaroids heraus und legte sie auf den Tisch.

»So«, sagte er lediglich. »Ich hab ihn und Pasquale fotografiert und die Fotos durch den Computer geschickt.« Damit zog er einen Computerausdruck heraus und legte ihn auf den Tisch. Laurenti schaute ihn nicht an, er kannte die Daten Tremanis und seines Schattens auswendig.

»Wo hast du ihn aufgenommen?«

»Gestern nachmittag im ›Duchi‹!«

»Warst du auch dort?«

»Ja.«

»Dann haben dich auch die Zivilen gesehen, Sgubin.«

»Nein, aber ich habe sie gesehen.«

»Wie hast du das gemacht? Hat dich niemand entdeckt?«

»Der Concierge war mir einen Gefallen schuldig. Hab mal vor einiger Zeit ein Auge zugedrückt.« Sgubin lächelte. »Niemand hat etwas bemerkt.«

»Leute, jetzt wird's ernst!« Laurenti trommelte wieder mit dem Bleistift auf den Tisch. »Ich habe Rossi-Tremani mit Eva Zurbano zusammen gesehen. Samstag nachmittag. Gestern das Treffen mit Drakič und Spartaco Kopfersberg. Die Pugliesen haben also mit dem Österreicher zu tun.«

»Du meinst, die machen Geschäfte mit der TIMOIC?« fragte Marietta.

»Wenn dem so ist, dann können es eigentlich nur die Hilfslieferungen sein. Was ist daran bloß so lukrativ?« Sgubin schüttelte den Kopf.

»Wenn du den Auftrag hast, hast du Macht. Deine Lieferanten müssen bluten. Du kannst räuberische Preise nehmen, kannst Geld waschen, schmuggeln. Alles was dein Herz begehrt. Allerdings geht das nur, wenn die Behörde mitmacht. Du brauchst einen mit Einfluß, der sich schmieren läßt.« Laurenti schwieg einen Augenblick. »Ob die Pugliesen Kopfersberg umgebracht haben? Dann ist entweder ein Machtkampf im Gange, oder Kopfersberg hat sie geleimt.«

»Das glaube ich nicht«, wandte Sgubin ein, »ich glaube eher, daß die was vorbereiten. Warum sonst die Hotelbuchungen. Vollversammlung?«

»Na ebendeshalb«, sagte Marietta, »nur eines paßt nicht. Man bringt die Kontrahenten doch eher nach einer solchen Zusammenkunft um, nicht vorher.«

»In Kriminalromanen schon! Außer« – Laurenti rieb sich nachdenklich den Nacken – »man will gleich vorweg ein Exempel statuieren und den anderen zeigen, von wo der Wind weht. Aber wir müssen auf jeden Fall davon ausgehen, daß die Mafia schon wieder die Finger in der Aufbauhilfe hat. Die Sache wird verflucht groß. Dann müssen wir die DIA informieren und die Kollegen von der GICO. Aber vielleicht nicht sofort . . .«

Es gab ständig Streit um Kompetenzen zwischen den Behörden und den mit Sondervollmachten vollgestopften Mafia-Jägern der DIA. Die regionale GICO, die Abteilung für organisierte Kriminalität der Guardia di Finanza, deren Kollegen man kannte, war da viel umgänglicher.

»Das eine schließt das andere nicht aus«, sagte Marietta und besah sich die Namensliste der Hotelbuchungen. »Wissen wir, wer diese Menschen sind?«

»Dazu hatte ich noch keine Zeit«, entschuldigte sich Sgubin.

»Schon gut«, sagte Laurenti. »Marietta wird sich darum kümmern.«

»Was hast du eigentlich getan?« fragte Marietta.

Laurenti erzählte von seinem Gespräch mit dem jungen Kopfersberg an der Mole. Er wollte Spartaco noch heute befragen, am besten gleich.

Via dei Porta

Die Vorbereitungen in der Villa und im Garten hatten schon am frühen Morgen begonnen. Auf einer der Terrassen waren Tische fürs Buffet aufgestellt worden, um den Pool herum hatte man weitere Liegesessel plaziert, Champagner, Rot- und Weißwein wurden angeliefert und ausreichende Mengen anderer Getränke. Man rechnete mit dreißig Gästen, einige aus dem Ausland, einige aus der Stadt, dazu die neuen Mädchen. Mit den Gastgebern zusammen waren es über fünfzig Personen, für die gesorgt werden mußte. Viktor Drakič hatte bereits seinen Verbindungsmann bei den Behörden informiert, daß in dieser Nacht wieder mit Beschwerden der Nachbarn gerechnet werden mußte, und das Versprechen erhalten, daß nichts passieren würde. Dafür hatte er sich mit einem Briefumschlag bedankt, der drei Millionen Lire enthielt. Um acht hatten er und seine Schwester mit den neuen Mädchen die Spielregeln für den Abend gepaukt. Die Mädchen waren seit dem Morgen »legal« im Land. Viktor Drakič hatte sie einzeln in sein Zimmer gerufen und die neuen Ausweise mit der Aufenthaltsbewilligung gezeigt. Aber er hatte die Pässe gleich wieder an sich genommen und nur versprochen, daß sie sie in den nächsten Tagen für die Weiterreise erhalten würden. Er sagte ihnen nicht, daß die Pässe dann in die Hände der neuen Herren wechselten, die die Mädchen, die nicht einmal mehr im Besitz ihrer alten Dokumente waren, damit weiter erpressen konnten.

Jetzt saß Drakič mit Spartaco de Kopfersberg im Arbeitszimmer des Österreichers. Spartaco hatte demonstrativ den Platz seines Vaters am Schreibtisch eingenommen, Viktor Drakič saß ihm auf dem unbequemeren Stuhl gegenüber.

»Es ist gut, daß wir heute die Party haben. Noch vor der Beisetzung. Wir können mit jedem einzelnen sprechen und versichern, daß sich nichts für sie ändert.« Spartaco legte die Gästeliste zurück. Die Namen entsprachen den neuen Perspektiven ihrer Geschäfte. »Haben wir alles im Griff? Die neuen Mädchen sind schön und gehorchen. Heute nachmittag kommt Wolferer, wir fahren mit ihm an den Hafen, damit er sieht, wie gut es mit seinen Containern läuft. Er muß einen erstklassigen Eindruck kriegen, damit er ein reines Gewissen hat. Wir werden ihn heute abend Cardotta vorstellen. Am Nachmittag kommt der Präsident der Schiffahrtsvereinigung, mit ihm kommen wir überall durch. Wer holt ihn ab?«

»Eva fährt nach Ronchi«, antwortete Viktor Drakič. »Sie bringt ihn um zwölf Uhr dreißig ins Büro. Danach gehen wir zum Mittagessen ins ›Nastro Azzuro‹.«

»Das ist gut«, Spartaco war beruhigt. »Eva kann das. Was gibt's noch?«

»Wie geht es weiter, Spartaco?«

»Genauso wie bisher.«

»Das glaube ich nicht. Es ist Zeit für Veränderungen!«

»Weshalb?«

»Weil der Platz deines Vaters frei und das Geschäft größer geworden ist. Deshalb, Spartaco, deshalb müssen wir ein wenig umstrukturieren. Tremani erhebt größere Ansprüche, wie wir gestern erfahren haben. Und Eva brauchen wir nicht mehr. Sie war ein Relikt deines Vaters und hängt zu sehr an den alten Geschäften. Du bist in Wien und nicht in Triest...«

»Wie du siehst, bin ich hier«, sagte Spartaco. »Und ich bleibe hier. Wien können wir von Triest aus steuern. Oder du übernimmst Wien, Viktor.«

»Das ist ausgeschlossen. Ich muß hier sein. Wer regelt sonst die Sache mit den Mädchen?«

»Deine Schwester, wie bisher.«

»Tatjana hat nichts ohne mich gemacht, Spartaco. Und willst vielleicht du künftig rüberfahren und in einer Sprache verhandeln, die du nicht sprichst?« Viktors Argument war unwiderlegbar.

»Dann Eva«, sagte Spartaco. »Das wäre vielleicht die Lösung.«

»Sie wird kaum von hier weggehen. Außerdem traue ich ihr nicht mehr. Seit dein Vater tot ist, hat sie die Bindung ans Geschäft verloren. Sie ist das kleinste Rad am Wagen und hat mich nie akzeptiert. Wenn wir Probleme mit ihr bekommen, halte ich es sogar für möglich, daß sie Zeugenschutz beantragt und uns verpfeift.«

»Halte ich für ausgeschlossen: dann ist auch Rallo dran und seine Bank. Das wird sie nicht riskieren. Sei nicht so hysterisch, Viktor!«

Drakič wurde wütend. »Paß auf, was du sagst, Spartaco! Wenn ich hysterisch wäre, hätte ich den Krieg und alles danach nicht überlebt. Sei vorsichtig! Du vergißt, mit wem du es zu tun hast. Dein Vater hat es nie vergessen. Du bist naiv, Spartaco. Ich sage dir, Eva ist ein Problem. Rallo wird wegen ihr nicht aussteigen. Den haben wir fest im Griff. Ich werde mich um sie kümmern. Nach der Party. Morgen. Tu nicht so, als ob es dir nicht in den Kram paßte, Spartaco! Eva hat mir von der Szene erzählt, die du ihr gemacht hast. Das war dumm. Sehr dumm! Sie könnte keiner Fliege etwas zuleide tun, regt sich ja schon über unser neues Geschäft mit den Mädchen auf. Und du Idiot meinst, sie hätte zusammen mit Bruno deine Mutter aus dem Weg geräumt. Wirklich, du spinnst. Sie ist gefährlich, weil sie keine guten Nerven hat. Und noch etwas: Wo warst eigentlich du in der Nacht von Dienstag auf Mittwoch? Was hast du mit deiner Hand gemacht?«

»Das reicht, Viktor«, rief Spartaco außer sich. »Ich weiß, daß du ein Schwein bist. Und ich weiß auch, daß ich das Geschäft ohne dich nur schwer führen könnte. Aber übertreib es nicht! Sag, was du willst!«

»Eva muß weg!« sagte Drakič fast tonlos.

»Dann mach, was du willst. Aber ich erwarte, daß sie niemals gefunden wird. Du kannst von Glück sagen, daß die Bullen wegen Olga bisher noch nicht hier aufgetaucht sind. Von großem Glück! So blöde, sie da oben liegenzulassen, kann man doch nicht sein. Wozu gibt es die Löcher im Karst? Da kommt es auf einen mehr oder weniger nicht an, der da reinfällt. Und du läßt sie einfach liegen. Stell dir vor, Tremani erfährt das, der schüttet sich aus vor Lachen. Ist die Sache mit den Bullen heute abend geregelt?«

Viktor nickte. Diese Runde ging an ihn, obgleich der andere glaubte, gewonnen zu haben. Eva würde ihm künftig nicht mehr im Weg stehen. »Außerdem will ich auch für Wien Prokura, Spartaco. Und wir werden künftig anders aufteilen. Wir sind bald nur noch zu dritt, nicht mehr zu fünft. Wir müssen Pläne machen. Ich habe einige lukrative Ideen.«

»Nicht nur du, Viktor!« sagte Spartaco und zeigte mit einem Bleistift auf sein Gegenüber. »Auch ich habe nachgedacht. Die Lage da unten stabilisiert sich, in Albanien und Jugoslawien nimmt das Geschäft stark zu, und die . . .«

Irgend jemand hatte das Telefon durchgestellt. Es war also wichtig. Laurenti bat Spartaco, noch am Vormittag ins Kommissariat zu kommen. Sie verabredeten sich für halb zwölf.

»Was will der denn«, fluchte Spartaco.

»Der will sehen, wie du trauerst«, antwortete Viktor. »Vergiß das nicht! Uns hast du bisher nichts von der Trauer eines jungen Mannes gezeigt, der soeben Vollwaise geworden ist. Dem Bullen gegenüber würde ich es an deiner Stelle aber nicht vergessen.«

10.05 Uhr

Als Marietta Laurenti mitteilte, was sie über die Gästeliste in Erfahrung gebracht hatte, klopfte es zaghaft an der Tür.

»Permesso«, fragte eine dünne weibliche Stimme.

Sie drehten sich zur Tür.

»Signora Bianchi«, rief der Commissario. »Welche Überraschung, kommen Sie herein!« Er stellte ihr seine Assistentin vor und bugsierte die alte Dame, noch bevor sie etwas sagen konnte, zum Besprechungstisch. »Jetzt sehen Sie selbst, daß alles in Ordnung ist, Signora, nicht wahr? Nachdem Sie ja meinem Ausweis nicht so richtig getraut hatten.«

»Genau deshalb bin ich hier«, sagte die alte Dame und öffnete ihre Handtasche. Sie fingerte lange darin herum, bis sie endlich fand, was sie suchte. »Hier, Commissario«, sagte sie, »den haben Sie bei mir vergessen.«

»Sie sind ein Schatz, Signora, wirklich! Möchten Sie ein Glas Wasser? Marietta, bring der Signora bitte etwas zu trinken. Sie hat den ganzen Weg von San Giacomo hinter sich, bei der Hitze.«

»Mit dem Autobus«, lächelte Signora Bianchi, »es ist des Aufhebens nicht wert, Commissario!«

»Trotzdem müssen Sie auf sich achtgeben, Signora!«

»Ach was«, sie winkte ab, »ich weiß schon, was Sie meinen. Ich lese auch Zeitung. Aber seien Sie beruhigt, ich bin hier geboren, und der Sommer hat mir immer gutgetan. Auch die größte Hitze. Mit dem Winter habe ich mehr Probleme. Aber es sollte bald einmal regnen zwischendurch. Ein Gewitter täte allen gut. Auch Ihnen, Commissario, nach allem, was Sie in der Zeitung durchmachen müssen.«

»Reden wir besser nicht davon, Signora«, sagte Laurenti.

»Nun«, sagte sie, »ich will nicht länger stören.«

Laurenti brachte die alte Dame hinunter.

»Sie wollten mir doch verraten, was in dem Päckchen war«, Signora Bianchi schaute ihn bittend an.

»Ein Tagebuch, Signora.«

»Ich wußte gar nicht, daß sie eines führte, Commissario. Hilft es Ihnen denn?«

»Ja, Signora Bianchi. Sehr.«

»Und Sie wollten mir das Foto von Olga zurückgeben. Brauchen Sie es noch lange?«

»Ein paar Tage noch, Signora. Ich bringe es Ihnen vorbei, sobald es geht«, sagte Laurenti. Er glaubte wirklich daran, es nicht zu vergessen. »Versprochen.«

»Das arme Mädchen. Sie fehlt mir sehr.«

Er brauchte nicht lange zur Questura. Der Polizeipräsident war in seinem Büro, und auch ohne Termin wurde Laurenti gleich vorgelassen. Er berichtete, was sich zusammenbraute. Auch die Begegnung zwischen Elvira Fossa und Viktor Drakič sparte er nicht aus.

Der Questore war bestürzt. »Das ist eine ernste Sache, Laurenti«, sagte er. »Schaffen Sie das alleine?«

»Nicht ohne Ihre Hilfe, Questore!« Laurenti skizzierte ihm seinen Plan. Fossa mußte vom Questore einen Auftrag bekommen, der ihn möglichst bald und unauffällig aus der Stadt brachte. Er war, wenn Laurentis Annahmen zutrafen, eine ernste Gefahr. Fossa hatte sich für den Nachtdienst eingeteilt, das hatte Sgubin in Erfahrung gebracht. Und er hatte jedesmal Nachtdienst gehabt, wenn eine Party in der Villa war. Man brauchte ein großes Aufgebot für den Abend. Zuverlässige Leute, und mehr, als die Polizia Statale aufbringen konnte. Sie vereinbarten einen Termin für vierzehn Uhr. Der Maggiore der Guardia di Finanza, der Leiter der GICO und Ettore Orlando, der über die Küstenwache befahl, sollten ebenfalls daran teilnehmen. Der Questore hatte ein Einsehen mit Laurenti, als dieser bat, die Carabinieri draußen zu lassen. Die Sekretärin wurde angewiesen, daß die Sitzung streng geheim war. Kein anderer als die Teilnehmer durfte davon erfahren.

11.30 Uhr

Spartaco de Kopfersberg war pünktlich. Er trug trotz der Hitze einen schwarzen Zweireiher und als Zeichen seiner Trauer eine schwarze Krawatte. Es gelang ihm, sich erstaunt zu geben, als er den Commissario sah.

»Sie?« Er zog das Wort in die Länge.

»Buongiorno. Gut, daß Sie gleich kommen konnten.« Laurenti überging die Bemerkung und bat ihn, Platz zu nehmen.

»Um ehrlich zu sein, hatte ich schon gestern mit einem Gespräch, ich meine mit einem offiziellen Gespräch, gerechnet. Immerhin wurde mein Vater ermordet.« Spartaco schluckte trocken, zog dann die Sonnenbrille aus der Brusttasche seines Jacketts und setzte sie auf.

Auch eine Art, Betroffenheit zu zeigen, dachte Laurenti.

»Lassen Sie mich gleich zur Sache kommen, Signor de Kopfersberg. Wie war Ihr Verhältnis zu Ihrem Vater?«

»Ich habe jetzt keine Eltern mehr, Commissario«, antwortete Spartaco mit einem Räuspern.

»Das weiß ich. Ich habe damals im Fall Ihrer Mutter schon ermittelt. Ich war überzeugt davon, daß Ihr Vater sie umgebracht hat, aber ich konnte es nicht beweisen. Ich habe auch Sie noch in Erinnerung. Sie waren damals sechs Jahre alt und brüllten wie am Spieß.«

»Wundert Sie das?« Spartaco mußte sich beherrschen.

»Natürlich nicht. Aber es ist durchaus üblich, daß ein solcher Schock bei einem Kind den Eindruck hinterläßt, daß der überlebende Elternteil schuld am Tod des anderen ist. Wir haben selbst einen solchen Fall in unserer Umgebung. Deswegen meine Frage, wie Ihr Verhältnis zu Ihrem Vater war.«

»Verdächtigen Sie mich?«

»Dazu später, Signor de Kopfersberg. Ich möchte erst einmal wissen, wie Sie zu ihm standen, um zu erfahren, wie Ihre Bereitschaft zur Zusammenarbeit mit der Polizei ist. Die von Frau Drakič war nämlich eher bescheiden und die der Angestellten der Firma auch.«

Laurenti goß ihm ein Glas Wasser ein.

»Danke! Mein Vater hat mich immer gefördert. Wir hatten ein sehr gutes Verhältnis, Signor Laurenti. Auch wenn ich mit der Wahl seiner neuen Frau nicht besonders einverstanden war. Immerhin war Eva Zurbano für mich zu einer Ersatzmutter geworden. Und mein Vater hat sich mit einer Frau zusammengetan, die kaum älter ist als ich. Deshalb hat sich unser Kontakt in letzter Zeit aufs Geschäftliche beschränkt.«

»Können Sie sich vorstellen, wer Ihren Vater umgebracht hat?«

»Nein, Signor Laurenti.« Spartaco hatte die Sonnenbrille wieder abgenommen und hielt sie mit zwei Fingern am linken Bügel. »Er hatte meines Wissens keine Feinde.«

»Geschäftlich?«

»Neider schon, Feinde nicht. Es wird Ihnen kaum entgangen sein, daß nicht alle glücklich darüber waren, daß wir die Abwicklung der Türkeihilfe bekamen. Aber das sind solide Firmen mit nüchternen Geschäftsleuten an der Spitze. Das ist für die lediglich ein Geschäft weniger. Das ist Wettbewerb. Deshalb bringt man niemanden um.«

»Und die anderen Geschäfte?«

»Vergessen Sie's«, Spartaco winkte ab. »Nur das übliche.«

»Wer wird die Firma weiterführen?«

»Ich natürlich.« Spartaco trank einen großen Schluck Wasser.

»Bleiben Sie in Triest?«

»Das weiß ich heute noch nicht, Signor Laurenti. Er ist noch nicht einmal beerdigt. Wann wird übrigens sein Leichnam freigegeben? Müssen wir noch lange warten?«

»Das kann ich noch nicht sagen. Die Obduktion sollte abgeschlossen sein, auf den Bericht warten wir noch.«

»Kann ich ihn sehen?« Spartaco hatte die Sonnenbrille wieder aufgesetzt.

»Sie müssen sogar, Signor de Kopfersberg. Irgend jemand muß ihn schließlich ganz offiziell identifizieren. Auch wenn an seiner Identität kein Zweifel besteht. Sie wissen ja: Vorschriften. Über den Termin werde ich Sie informieren. Wo sind Sie zu erreichen?«

»Im Hause meines Vaters.«

»Wo waren Sie in der Nacht von Dienstag auf Mittwoch?«

»In Bar, Montenegro.« Jetzt fiel es Laurenti ein. Die Flagge an der Corbelli war die montenegrinische.

»Dort liegt auch Ihr Boot?«

»Ja.« Spartaco de Kopfersberg fingerte mit seiner rechten Hand ein Päckchen Camel Light aus der Jackentasche und schaute den Commissario fragend an.

»Rauchen Sie nur! Es stört mich nicht.« Spartaco steckte sich eine Zigarette an. »Warum liegt Ihr Schiff in Montenegro?« fragte Laurenti.

»Weil es da billiger ist.« Das war allerdings eine merkwürdige Aussage. Eine solche Yacht mußte ein Vermögen kosten, von Wien nach Montenegro war es weit und teuer. Ob es überhaupt einen Flughafen gab dort unten? »Aber vor allem«, fuhr Spartaco fort, »ist weiter südlich das Meer am schönsten. Unverdorbene Natur, Signor Laurenti. Und wir haben viel mit diesen Ländern zu tun. Man ist mit dem Schiff manchmal schneller als mit anderen Verkehrsmitteln.«

»Ich habe schon gehört, daß man dort Geld verdienen

kann, wenn man über die richtigen Kontakte und die richtigen Waren verfügt. Aber niemand von uns traut dieser Art Geschäfte.« Laurenti schaute wie beiläufig auf den Aschenbecher.

»Ach, wissen Sie, da werden von den Medien viele Vorurteile verbreitet. Man muß halt vor den anderen dasein. Insbesondere nach dem Krieg im Kosovo boomt es. Man kann sehr viel Geld verdienen, wenn man die richtigen Waren beschafft. Einfache Fertighäuser, medizinische Apparaturen, Medikamente und Elektrogeräte. Sie glauben nicht, wieviel Tausende Transistorradios und kleine Fernsehgeräte wir dorthin verkauft haben.«

Laurenti wollte es gar nicht wissen. Ein großer innerer Zorn überkam ihn, wenn er an diesen Krieg dachte und daran, wer davon profitierte, während die Bevölkerung litt und täglich um ihr Leben fürchtete. Junge Frauen trauten sich nicht mehr ohne Begleitung auf die Straße, nachdem bekanntgeworden war, daß organisierte Banden sie entführten, gefügig machten und verkauften.

»Ich nehme an, es gibt Zeugen dafür.«

»Aber sicher! Ich kann Ihnen die Abrechnungen unserer Handelspartner zeigen. Doch sagen Sie, was hat das mit meinem Vater zu tun?«

»Ich meinte für Ihre Anwesenheit in Bar, nicht für Ihr Geschäft.«

»Sie glauben doch nicht etwa, daß ich . . .« Spartaco de Kopfersberg hatte für einen Augenblick seine Beherrschung verloren. Schnell fing er sich wieder. »Ich habe ein Alibi. Ist es das, was Sie meinen? Wenn Sie wollen, schreibe ich Ihnen einige Namen und Telefonnummern auf. Haben Sie ein Blatt Papier?«

»Lassen Sie nur, Signor de Kopfersberg.« Laurenti winkte ab. »Wir fragen das immer. Sie stehen ja nicht unter einem konkreten Verdacht. Den können Sie mir immer noch liefern. Außerdem messen wir Bescheinigungen aus

Montenegro wenig Wert zu. Dort sitzt über die Hälfte der fünfhundert meistgesuchten Kriminellen Italiens fett in irgendwelchen Villen und lamentiert, daß sie in ihren ehrenwerten Geschäften gestört werden. Das wird auch Ihnen nicht entgangen sein.«

»Damit haben wir aber nichts zu tun. Unsere Geschäfte sind korrekt!«

»Natürlich, natürlich! Aber sagen Sie mir: Wann haben Sie Ihren Vater zum letzten Mal gesehen?«

»Vor meinen Ferien, vor drei Wochen etwa.« Spartaco de Kopfersberg erwähnte mit keinem Wort, daß er seinen Vater in Zara getroffen hatte. Laurenti nahm es ungerührt zur Kenntnis.

»Und wo haben Sie Ihre Ferien verbracht?«

»Na, da unten, im Süden. In den Koronaten und sogar in der Ägäis.«

»Große Entfernungen! Aber mit einem Boot wie Ihrem ist das ja offensichtlich möglich, wie Sie mir gestern sagten.«

»Warum haben Sie eigentlich dieses Spiel gestern getrieben, Signor Laurenti?« Kopfersberg lächelte ironisch. »Ich fand es ja nett, daß Sie mir den Koffer getragen haben. Aber deswegen waren Sie sicher nicht gekommen.«

»Sie kennen doch die Vorurteile über die Polizei, Signor de Kopfersberg.« Auch Laurenti lächelte. »Lange Leitung, kurzer Verstand. Ich schaue mir die Dinge gerne erst einmal an. Tote haben keine Eile mehr.« Er war aufgestanden, und auch Spartaco hatte sich erhoben. »Ich werde Sie ganz sicher noch ein paarmal brauchen, *Herr* de Kopfersberg. Ich rufe Sie dann an.«

»Ci vediamo, wir sehen uns«, antwortete Spartaco.

Ganz, ganz sicher, dachte Laurenti, schon bald. »Ach, was haben Sie eigentlich mit Ihrer Hand gemacht?«

»Das Leben ist gefährlich, Signor Laurenti. Selbst eine Thunfischdose ist tückisch bei entsprechendem Seegang.«

Er hielt den Verband hoch. »Im Hochsommer werden vier Wochen damit zur Hölle. Glauben Sie mir!« Dann ging er.

Laurenti war schlagartig guter Laune. Er griff zum Telefon und rief die Spurensicherung an. Wenig später war einer der Bestäuber da und stülpte ein Plastiktütchen über Wasserglas und Aschenbecher. Mit dem Zigarettenstummel und den Fingerabdrücken von Spartaco de Kopfersberg fuhr er ins Labor. Die Ergebnisse, so versprach der Bestäuber, könnten vielleicht schon in zwei Stunden vorliegen. Als häufiges Opfer von Laurentis Ungeduld kannte er seit Jahren dessen Blick, wenn sich die Augen verengten und die Stirn sich in Falten legte. Laurenti bat darum, daß er die Nachricht in jedem Fall über das Mobiltelefon erhielt.

Via Roma – TIMOIC

Marietta war kurz vor halb eins in der Via Roma. Sie ging die Treppen zum Büro der TIMOIC hinauf und fragte die junge Sekretärin nach Viktor Drakič. Der kam in großen Schritten aus seinem Büro, er hatte es offensichtlich eilig. Das Entree war mit einem üppigen Strauß roter Rosen und weißer Lilien geschmückt. Der Strauß verströmte einen starken süßlichen Duft. Marietta erkannte Drakič sofort. Er war es, den sie zusammen mit Elvira Fossa gesehen hatte. Sie war von dieser Bestätigung so irritiert, daß sie Mühe hatte, ihre Worte zu ordnen. Drakič stand vor ihr und schaute sie fragend an. Gerade als sie sagte, daß sie im Auftrag des Commissarios gekommen war, der überlegte, ob er seinen Dienstausweis hier hatte liegenlassen, ging die Eingangstür auf und Eva Zurbano kam in Begleitung eines nicht sehr italienisch aussehenden, aber gutgekleideten Herrn um die Fünfzig herein. Drakič schob Marietta in ein Büro, entschuldigte sich für einen Augenblick und ging hinaus. Er begrüßte den Herrn überschwenglich in hart akzentuiertem Deutsch. Drakič war offensichtlich nervös über ihre gleichzeitige Anwesenheit, dachte Marietta. Sie hatte gehört, wie er den anderen »Doktor Wolferer« nannte. Er kam eilig zurück und schloß die Tür wieder hinter sich. »Es tut mir leid, Signora, wir haben hier nichts gefunden. Geben Sie mir Ihre Telefonnummer, damit wir Sie anrufen können, wenn wir den Ausweis doch noch finden sollten.« Sie schrieb die Telefonnummer auf einen Zettel, Viktor Drakič schaute ihn nicht einmal an. Dann ging er zur Tür und öffnete sie halb. Er verharrte einen Augenblick, als lauschte er in den Flur. Als er Marietta eilig zum Ausgang führte, war der Flur leer. Nur die Blumen standen da. Von weit hinten hörte sie die Stimmen, eine freundliche Unterhaltung, in der gutgelaunt gelacht wurde.

Rossana Di Matteo rief an und teilte mit, daß sie am Tag zuvor einen weiteren Hetzartikel Decantros verhindert habe und daß Laurenti beruhigt sein könne. Decantro würde den ›Piccolo‹ Ende der Woche offiziell verlassen. Bis dahin versuche sie, ihn im Zaum zu halten, was soviel wie Innendienst bedeute. Der Einfluß seines Vaters bei einer »richtigen« Zeitung habe offensichtlich Erfolg gehabt.

»Für morgen«, sagte Rossana, »bereiten wir einen neuen Artikel vor. In dem kommst du besser weg. Aber dennoch, Proteo, mich wundert, daß man gar keine Meldungen von euch erhält, weder über den Toten von Montebello noch den des Österreichers. Auch nichts über die junge Frau vom Golfplatz. In Triest wird wie lange nicht gemordet, aber die Polizei hüllt sich in Schweigen. Habt ihr nichts, oder wißt ihr nichts? Wir fragen nach, aber wir werden immer nur vertröstet. So geht das nicht. Ihr seid der Öffentlichkeit Erklärungen und den Bericht über den Stand der Ermittlungen schuldig. Ihr könnt die Presse nicht nur dazu benutzen, daß sie veröffentlicht, was euch hilft. So ist das alles nicht gedacht!«

»Rossana, wart's ab. Es kann sein, daß dir bald der Platz im Blatt nicht mehr reicht. Alles deutet darauf hin, daß unser beschauliches Triest doch nicht so ganz der ruhige Ort ist, wie alle glauben. Wegen der Toten vom Golfplatz mußt du die Carabinieri fragen. Es ist ihr Fall. Außerdem hattest du heute den Bericht über die Illegalen.«

»Den haben wir auch von den Carabinieri, Proteo! Die Polizia Statale schweigt. Erzähl mir bitte, was mit dem Österreicher los ist.«

»Der ist tot. Das wissen wir.« Er erzählte, wie und wo der alte Kopfersberg gefunden wurde. Sie solle ruhig darüber berichten. Schaden könne dies nicht.

Noch während sie sich unterhielten, trat Lilli in sein Büro. Sie war beinahe wie eine durchschnittliche Triestinerin gekleidet, weder auffallend schlecht noch auffallend gut, für ihre Verhältnisse sogar züchtig. Und nicht einmal ihr Dekolleté war diesmal übertrieben. Laurenti gab ihr ein Zeichen, daß sie sich setzen sollte. Wenig später verabschiedete er sich von Rossana Di Matteo. Er war froh, daß von dem schreibenden Dobermann Decantro nichts mehr zu befürchten war.

»Hast was gut bei mir, Commissario!« Lilli ließ den Kaugummi platzen, der nun gar nicht zu ihrem Alter paßte.

»Ich weiß, daß es nicht deine Schuld war, Lilli. Auch keine böse Absicht, nehme ich an. Aber du hättest mich besser warnen müssen.«

»Mir hat das Bild gefallen! Ist 'ne gute Werbung für mich. Seit gestern läuft mein Geschäft wieder ganz ordentlich. Obgleich die meisten mehr fragen als bumsen.«

»Lilli«, Laurenti war nervös. »Hast du mir noch etwas anderes zu sagen? Wenn nicht ...«

»Keine Angst, Schatz, ich bin gleich wieder weg. Wollte dir nur sagen, daß irgend etwas los ist in der Stadt. Sie haben vier Kolleginnen für heute abend in die Villa bestellt.«

»Und?«

»Na ja, ich dachte, es interessiert dich!« Und wieder platzte der Kaugummi.

»Danke, Lilli. Sonst noch was?«

»Ja, vielleicht, daß mir auffiel, daß die Weiber, die aus der Villa kamen, nie Probleme hatten mit euch. Keiner wußte, woher sie stammten, aber sie hatten immer ordnungsgemäße Papiere, auch wenn sie kein Wort Italienisch sprachen.«

»Und?«

»Na ja, ich dachte, es interessiert dich!« Sie stand auf. »Du weißt ja, daß ich normalerweise nicht petze, aber der neuen Konkurrenz kann man nicht tatenlos zusehen.«

»Danke, Lilli.«

»Komm halt mal vorbei. Hast wirklich was gut bei mir.«

»Ich überleg's mir, Lilli. Ciao!«

»Ciao, Bulle! Viel Glück.«

14 Uhr – Questura

Entgegen dem Versprechen des Questore war auch der Carabinieri-Colonello zu der Sitzung erschienen. Er mußte ganz offensichtlich schon vor vierzehn Uhr eingetroffen sein, denn als Laurenti eintraf, saß er bereits am Besprechungstisch. Sie begrüßten sich knapp. Kurz darauf kamen Ettore Orlando, der Herrscher über die offene See, und Zanossi, Maggiore der Guardia di Finanza und Leiter der GICO.

»Wir brauchen«, sagte der Questore, »mehr Kooperation. Leider ist dieser Appell an Sie alle nötig – generell und erst recht in dieser Sache, die Laurenti aufgedeckt hat. Die Kollegen der Carabinieri sind mit der Toten vom

Golfplatz nicht weitergekommen, dafür hat Laurenti über sie wesentliche Erkenntnisse erhalten. Andererseits liegen den Carabinieri bei den Illegalen mehr Ergebnisse vor. Die Guardia di Finanza hatte bereits mit der Firma TIMOIC des Ermordeten Kopfersberg zu tun – und alles hängt mit allem zusammen. Ich befürchte, wir haben da in ein Wespennest gestochen. Die Ermittlungen leitet Laurenti.«

Der Polizeipräsident machte wieder einmal die typische Pause, wie jedesmal, wenn er seine letzte Aussage unterstreichen wollte.

»Aber auch ich bleibe Ihnen, meine Herren, nicht erspart. Wir haben gestern festgestellt, daß vielleicht in unseren eigenen Reihen etwas nicht so ist, wie es sein sollte. Auch darüber haben sich die Indizien verdichtet. Es ist bedauerlich, ganz besonders bedauerlich, denn es handelt sich um einen verdienten und beliebten Kollegen. Um Fossa werde ich mich persönlich kümmern. Ich werde heute abend im Büro sein und auch am Funkverkehr teilhaben.«

Der Questore wies auf die Anlage, die er neben seinem Schreibtisch hatte aufbauen lassen. Hohe Tiere wie er haben selten praktisches Gerät in der Nähe. Sie könnten es kaum bedienen.

»Ich werde Enrico Fossa am Abend zu mir rufen. Er wird bei mir bleiben, an diesem Tisch, und mit mir zusammen hören, was Sie tun, Signori. Ich gehe davon aus, daß er seine Situation erkennt und sich mir gegenüber erklärt. Das ist das Verfahren, mit dem er sein Gesicht wahren kann.«

»Und warum nehmen wir ihn nicht fest? Die Carabinieri könnten das übernehmen. Wir wären dazu befugt, und niemand würde etwas vermuten, wenn wir ihn bei uns befragen. Sie, Questore, müßten sich dann nicht um ihn kümmern und könnten den Abend mit Ihrer Familie verbringen.« Laurenti wußte, warum er den Colonello nicht ausstehen konnte. Sie würden sich nie vertragen.

»Ich habe selbstverständlich alle Möglichkeiten in Betracht gezogen. Wir verfahren so, wie ich es Ihnen bereits sagte.« Der Questore warf wieder einen seiner Pausenblicke in die Runde. »Laurenti, es wird Zeit, daß Sie uns einen vollständigen Überblick geben.«

»Danke, Questore. Das Problem, vor dem wir stehen, ist, daß wir lediglich über Indizien verfügen. Kein einziger Beweis. Aber so viele Indizien, daß wir mit Bestimmtheit sagen können, es kann sich nicht mehr um Zufall handeln. Wir werden mit unserem Vorgehen auf jeden Fall fündig werden. Wie groß unsere Trefferquote sein wird, weiß ich nicht. Doch wenn alle meine Befürchtungen zutreffen, dann haben wir einen großen Fall vor uns. Keinen kleinen, meine Herren. Erstens Bruno de Kopfersberg. Als Tatverdächtiger kommt als erstes sein Sohn in Frage. Sollte er das Tagebuch seiner Mutter kennen, das uns vorliegt, dann kann er gar nichts anderes glauben, als daß sein Vater sie umgebracht hat. ›Ich habe Angst. Er wird immer schlimmer‹, schreibt sie. Er wird den Alten noch identifizieren müssen, das haben wir uns bis zuletzt aufgehoben.

Dann: Das Tagebuch wurde bei Olga Chartow gefunden. Wir wissen nicht, woher sie es hat, aber vermutlich wurde sie umgebracht, weil sie es hatte. Mit dem Tagebuch haben wir auch Fotos von offensichtlich bessergestellten Herren in korrumpierenden Situationen erhalten. Ideales Erpressungsmaterial. Also hatten auch andere genug Anlaß, Kopfersberg aus dem Weg zu räumen.«

»Was für Material?« fragte der Carabiniere. »Was für Situationen? Reden Sie doch klar, Laurenti!«

Der lächelte. »Stellen Sie sich vor, Sie gehen zu einer Nutte, was jemand wie Sie natürlich nie tun würde. Nicht wahr, Colonello?«

»Und?«

»Und da werden Sie fotografiert, sehr einfach. Fotografiert, ohne es zu wissen. Und danach sagt jemand zu Ihnen, daß man die Fotos Ihrer Frau oder an die Presse schickt, wenn Sie nicht ... Hat's geklingelt, Colonello? Weiter: Die Wohnung Olga Chartows, die sie mit ihrem Bruder teilte, wurde durchsucht. Olga Chartow war in der Via dei Porta angestellt, dort hat sie das Tagebuch und die Fotos wahrscheinlich gestohlen. In der Villa des Bruno de Kopfersberg war man uns gegenüber nicht sehr zuvorkommend. Ich hatte grundsätzlich den Eindruck, daß man etwas verbarg. Anfangs dachte ich, daß Kopfersberg sich dort versteckt hielt, bis man ihn dann tot gefunden hat. Dann aber fielen mir viele junge Mädchen auf, alle hübsch und alle aus dem Osten. Auch einer unserer Beamten hat dies bei seinem ersten Besuch bemerkt.

Dann die Partys, die für die Anwohner eine Plage waren und bei denen die Polizei nie eingegriffen hat. Einige dieser Gäste sind laut Hotellisten auch heute abend wieder da. Immer hatte Fossa in diesen Nächten Dienst. Nach unseren schlimmsten Befürchtungen steht er in Verbindung mit der Villa und hat das Eingreifen der Polizei verhindert. Drittens wurde seine Frau, die Stadträtin, die Sie alle kennen, mit Viktor Drakič gesehen, dem Bruder von Kopfersbergs Lebensgefährtin Tatjana und Prokurist in der TIMOIC. Elvira Fossa ist stellvertretende Leiterin der Ausländerbehörde. Der Österreicher war im Import–Export tätig. Ich nehme an, leider kann ich es noch nicht beweisen, daß seine Firma auch Mädchen aus dem Osten einschleust, mit neuen Dokumenten versieht und weiterverkauft. Dazu paßt auch, daß Kopfersberg am Abend vor seinem Tod laut Auskunft der dortigen Hafenbehörde in Rimini war. Was dort los ist, dürfte jedem Anwesenden bekannt sein: Es ist ein riesengroßes Bordell, und immer wieder wurde die Verbindung Rimini, Turin, Amsterdam, Berlin und Wien festgestellt, wenn ausnahmsweise einmal eines der Mädchen ausgepackt hat. Daß Triest damit in Verbindung steht, ist besonders unangenehm. Da entwickelt sich etwas. So ruhig wie bisher wird unsere Stadt nicht bleiben. Viertens die Türkei-Hilfe: Die dafür wenig prädestinierte Firma TIMOIC hat einen Riesenauftrag an Land gezogen. Es geht um hohe Summen. An diesem Punkt hakt es noch etwas. Aber vielleicht hilft eine letzte Tatsache: Am vergangenen Samstag ist in Triest ein Mann eingetroffen, den Sie alle kennen. Unter dem Alias Romano Rossi ist Vincenzo Tremani in der Stadt...«

Der Carabiniere pfiff leise durch die Zähne.

»Er hat Kontakt zur TIMOIC, zu der Prokuristin Eva Zurbano, zu Viktor Drakič und zu Spartaco de Kopfersberg, der gestern in Triest ankam, mit seinem Motorboot, das in Montenegro registriert ist, in Bar.«

Laurenti machte eine kurze Pause. Das Erstaunen in der Runde war groß. Sie hatten einiges zu verdauen. Dann fuhr er fort.

»Noch jemand wurde mit den genannten Personen zusammen gesehen: Benedetto Rallo, Direktor der Banca Nordeste. Darüber weiß die Guardia di Finanza mehr, doch lassen Sie mich der Einfachheit halber hinzufügen, daß die TIMOIC und ihr österreichischer Ableger ATW in Wien bei dieser Bank ihre Konten führt. Alle genannten Personen haben sich gestern nachmittag getroffen.«

Laurenti machte wieder eine Pause.

»Führen wir alle diese Punkte zusammen, bekommen wir ein ziemlich klares Bild, ein Wespennest, wie der Questore es formuliert hat. Zum Schluß: Heute treffen zahlreiche Gäste ein, für die die TIMOIC Hotelzimmer gebucht hat. Fossa hat heute abend wieder Nachtdienst, den er sich sonst nur selten zugemutet hat in den letzten Jahren. Wir vermuten, daß in der Villa heute abend eine Party veranstaltet wird, an der auch wir etwas später teilnehmen sollten. Wenn alles klappt, meine Herren, dann könnte es sein, daß wir das Wespennest ausräuchern können. Ich schlage daher vor, daß wir heute nacht die Via dei Porta dichtmachen und gegen Mitternacht durchsuchen.«

»Signori«, sagte der Questore, »Sie haben es gehört. Wie ist Ihre Meinung?«

Die Kollegen brauchten einige Sekunden, um die Menge an Informationen zu verdauen.

»Laurentis Schlußfolgerung liegt nahe«, begann Ettore Orlando. »Er hat aber etwas vergessen: Am Rumpf der Ferretti, der Yacht von Kopfersberg, wurden Farbspuren gefunden. Sie stammen vom Schiff seines Sohnes, das wissen wir seit einer halben Stunde. Das beweist zwar noch nichts, denn sie lagen schon im Hafen von Zara nebeneinander. Aber immerhin.«

»Moment mal! Spartaco behauptet doch, daß er seinen Vater nicht gesehen hat seit über drei Wochen, und Zara hat er verschwiegen«, protestierte Laurenti. »Das ist doch schon was!«

»Aber dennoch beweist es wenig, Proteo«, sagte Orlando bedauernd.

»Das sind alles nur Spekulationen, die Laurenti vorbringt«, sagte der Carabinieri-Colonello in scharfem Tonfall. »Ich warne davor, die Sache zu überstürzen. Bedenken Sie den Schaden für die Stadt, wenn wir heute nacht losschlagen. Prominente Gäste wahrscheinlich, die sich nicht alles gefallen lassen! Und was passiert, wenn jetzt auch die Hilfslieferungen für die Türkei ins Gespräch kommen? Wir können uns schrecklich blamieren. Ich plädiere für diskrete Überwachung, bis wir wirklich etwas in der Hand haben!«

»Und Sie, Zanossi?« Der Questore bat den Maggiore der Guardia di Finanza um seine Meinung.

»Ich folge Laurenti«, sagte dieser, »aber die Bedenken des Colonello sind nicht von der Hand zu weisen. Ich frage mich, welche Rolle Tremani spielt. Machen wir den Einsatz davon abhängig, ob er heute abend dabei ist oder nicht. Wenn er mit der TIMOIC zu tun hat, dann müssen wir zuschlagen. Noch einmal ein solches Desaster mit den Hilfsgütern wie in Bari können wir uns nicht erlauben. Ich kann mir gut vorstellen, daß Tremani mit drinhängt. Vielleicht hat er auch Kopfersberg auf dem Gewissen. Seltsam kommt mit nur vor, daß sie so umständlich vorgegangen sind. Warum haben sie ihn nicht einfach erschossen, und basta? Die Mafia will, daß sofort bekannt wird, wenn sie jemand beseitigt hat. Als abschreckendes Beispiel.«

Laurentis Mobiltelefon klingelte.

»Entschuldigen Sie«, sagte er, »es könnte wichtig sein.« Er nahm ab, hörte angespannt zu und verkündete dann mit großer Geste: »Spartaco de Kopfersbergs Fingerabdrücke sind auf dem Tagebuch. Und die Spuren am Bootshaken stammen auch von ihm. Das ist der Beweis.«

»Aber auch das könnte in Zara passiert sein«, gab der Questore zu bedenken. »Die Verflechtung mit Tremani scheint mir bedeutsamer zu sein. Den jungen Kopfersberg können wir auch so festnehmen. Eine Durchsuchung der Villa ist damit nicht zu rechtfertigen.«

Laurenti überlegte und sagte eine ganze Weile nichts. Sie starrten ihn an und warteten. Schon wieder breiteten sich zwei große dunkle Flecken auf seinem Hemd aus. Endlich räusperte er sich und sagte: »Da ist auch noch die Bank. Als Tremani sich mit dem jungen Kopfersberg und Drakič traf, war auch Benedetto Rallo dabei, Direktor der Banca Nordeste. Sagen Sie, Zanossi, spielte die nicht auch eine Rolle bei Ihren letzten Ermittlungen gegen die TIMOIC?«

»Natürlich«, sagte Zanossi. »Die ATW, die Wiener Tochtergesellschaft, hat damals über die Banca Nordeste die Zahlungen geleistet, die später aufgeflogen sind. Wir wurden um Amtshilfe gebeten. Schmiergelder. Das war raffiniert eingefädelt, und wir haben lange gebraucht, bis wir den Wienern die Beweise liefern konnten. Die Bank war aber nicht aktiv verwickelt. Und Rallo hat einen guten Leumund.«

»Sie glauben doch nicht im Ernst«, sagte der Carabiniere spöttisch, »daß die sich ein zweites Mal der gleichen Konstruktion bedienen?«

»Warum nicht?« Laurenti hielt dem Blick stand. »Zanossi«, sagte er dann, »was würden Sie denken, wenn der Leiter der EAUI heute abend dabei wäre?«

Zanossi schaute ihn fragend an.

»Der Direktor der Behörde, die für die Türkei-Hilfe verantwortlich ist. Ein Doktor Otto Wolferer aus Wien«, half Laurenti nach.

»Interessant«, sagte Zanossi. »Mehr als interessant! Colonello, Sie können das vielleicht nicht wissen. Aber wenn jemand gute Kontakte zu Kreditinstituten hat, gibt er die so schnell nicht auf. Davor wechselt man Firmennamen, Konteninhaber, Zahlungsempfänger usw. Die Bank behält man.«

»Wenn dieser Dr. Wolferer hier ist«, unterbrach der Questore, »und offensichtlich mit all den anderen zu tun hat, dann genügt mir das. Der Verdacht, daß die Türkei-Hilfe gefährdet ist, reicht aus. Wir müssen eingreifen. Da macht auch der Untersuchungsrichter mit.«

16. Juli, 21.10 Uhr,
vor der Sacca degli Scardovi, Podelta

Knapp zehn Seemeilen östlich des Podeltas oder etwa achtzehn Kilometer vor der Küste: Die Ferretti 57 lag mit mittlerer Fahrt von zwanzig Knoten auf Kurs Nordnordost. Bruno de Kopfersberg war zufrieden. Sie waren sich in Rimini schnell einig geworden. Die Russen waren zuvorkommend, aber auch in Not, seitdem die Albaner das Geschäft mit der Prostitution in Europa dominierten und sich mit der italienischen Mafia über die Aufteilung der restlichen Geschäfte geeinigt hatten. Die Italiener blieben die Herrscher über Zigarettenschmuggel und Drogen, im Waffengeschäft waren auch die Albaner tätig. Die Prostitution aber, ob in Deutschland, Frankreich, Skandinavien oder Italien, war fast ausschließlich in den Hoheitsbereich der Albaner übergegangen. Sie waren über die alten Strukturen der europäischen Kriminalität wie die Raubtiere hergefallen und hatten mit ihrer uneingeschränkten Gewaltbereitschaft den etablierten Kartellen innerhalb weniger Jahre wesentliche Teile des Geschäfts abgenommen. »Der Wolf leckt sein eigenes Fleisch, das der Fremden frißt er« – die Konsequenzen dieses albanischen Sprichworts hatten ihre Konkurrenten oft genug kennengelernt. Derzeit herrschte ein Waffenstillstand, von dem niemand wußte, wie lange die neuen Herren sich daran halten würden. Vor allem die Russen hatten in Westeuropa Probleme: Sie behielten zwar die Côte d'Azur und Rimini, ihre Ware aber bekamen sie von den Albanern oder von Detailhändlern wie Bruno de Kopfersberg, die abseits der großen Linien unbehelligt ihr Geschäft betreiben konnten. Wie die freie Wirtschaft bietet auch die globalisierte Kriminalität Nischen, in denen neben den Konzernen kleine Spezialisten gut leben können.

Eigentlich war Bruno de Kopfersberg der Handel mit

Menschen zuwider, andererseits brachte er viel Geld. So war er zuversichtlich, daß sich sein schon jetzt nicht geringer Reichtum bald beträchtlich mehren würde. Und dann noch das riesige Geschäft mit der Türkei-Hilfe. Da konnte eigentlich nichts mehr schiefgehen.

Er war in Rimini gegen neunzehn Uhr ausgelaufen und hatte bereits dreiundvierzig Seemeilen hinter sich gebracht. Er würde jetzt noch eine Stunde am Steuer stehen, bis er Venedig und die dortigen Schiffahrtslinien passiert hatte, dann den Autopilot einschalten und unter Deck fernsehen. Gegen Mitternacht würde er in Triest einlaufen.
Er war einen Augenblick nach unten gegangen und hatte sich in der Bordküche eine Flasche Dom Pérignon aus dem Eisschrank geholt, Eiswürfel und Wasser in einen silbernen Kühler gefüllt und mit Serviette und Glas nach oben getragen. Er hatte mit schnellem Blick den Kurs überprüft, den die Yacht unverändert beibehielt, und seinen Blick über das Meer schweifen lassen, um den Schiffsverkehr zu erfassen. Es waren noch ein paar andere Yachten unterwegs. Nicht viele, man konnte sie an den Positionslichtern gut erkennen. Ein Boot, das er schon seit geraumer Zeit beobachtet hatte, schien einen parallelen Kurs zu fahren. Kopfersberg öffnete den Drahtverschluß der Flasche und ließ den Korken ins Meer zischen. Dann goß er sich ein und stellte die Flasche aufs Eis zurück. Jetzt hatte er eine gute Zigarre verdient. Er entschied sich für eine handgerollte Havanna, dieses Allzweckgerät der Regierungschefs des »dritten Wegs«. Endlich setzte er sich auf den mit weißem Leder bezogenen Steuersessel, nahm einen großen Schluck Champagner und zündete die Zigarre an. Kopfersberg war gut gelaunt.
Er dachte wieder an das Geschäft mit der Türkei-Hilfe. Sein Sohn hatte ihm vor drei Tagen in Zara, der alten Venezianerstadt an der kroatischen Küste, berichtet, daß

Dr. Otto Wolferer, der Chef der EAUI, durch Viktor Drakičs »Argument« überzeugt werden konnte. Und Tremani würde dafür sorgen, daß Teile der Waren auf dem Weg zu ihrem Bestimmungsort durch Waren in den Containern ersetzt wurden, die noch im Hafen von Bari lagerten und für den Kosovo bestimmt waren. Ja, die Mühe der letzten Jahre hatte sich endlich gelohnt. Die TIMOIC und die ATW, seine beiden Firmen, waren gut im Geschäft und würden es bleiben. Dessen war er sich sicher. Für Dienstag erwarteten sie die »Gäste« in der Villa, ihre Handelspartner. Auch Wolferer würde kommen. Danach hätte man ihn für immer in der Hand. Und mit Tremani wußte er umzugehen. Er kannte ihn schon lange. So schlau, wie er tat, war Tremani nun wirklich nicht. Kopfersberg grinste.

Nur um Olga mußten sie sich noch kümmern, sie stellte die einzige Gefahr dar, seit sie Elisas Tagebuch und die Fotos aus dem Safe gestohlen hatte, den zu schließen er vergessen hatte. Er hatte nur einmal nicht aufgepaßt. Die zehntausend Dollar, die Olga ebenfalls mitgehen ließ, waren nicht so wichtig, nicht einmal das Tagebuch. Aber die Fotos. Die brauchten sie. Olga war der Meinung, daß sie die Unterlagen verwenden konnte, um eine Gegenerpressung zu starten, sie seien ihr Lösegeld und ihr Schutz. Sie hatte gleich nach dem Diebstahl damit gedroht, zur Polizei zu gehen, wenn man sie und ihren Bruder nicht zurückkehren ließe. Und hunderttausend Dollar hatte sie zusätzlich gefordert. Sollten sie etwa mit Olga verhandeln? Viktor mußte sich um sie kümmern. Er kannte die Methoden aus dem Krieg in seiner Heimat, in dem er sich als Held bewährt hatte. Viktor sollte sich Olga und ihren Bruder vornehmen. Dann wäre die Sache aus dem Weg. Er war sicher, daß Olga nicht raffiniert genug war, die Unterlagen der Polizei zuzuspielen. Kopfersberg zog genüßlich an seiner Zigarre. Es war jetzt bald dunkel. Sie würden sie zwingen, die Unterlagen herauszugeben.

Und Spartaco? In Zara war sein Sohn ruhig geblieben. Über seine Mutter hatten sie nur kurz geredet. Natürlich verstehe er seine Zweifel, hatte ihm Bruno versichert, nachdem Spartaco das Tagebuch im Schreibtisch seiner Mutter gefunden hatte, nach so langen Jahren. Als Spartaco sich das Möbel, das Elisa einmal bei einem Antiquitätenhändler im Getto erworben hatte, nach Wien schicken ließ, hatte ein Restaurator das Geheimfach entdeckt, das auch Bruno nicht bekannt war. Spartaco war sofort nach Triest gekommen, um seinen Vater zur Rede zu stellen, weil er davon überzeugt war, daß Bruno und Eva seine Mutter aus dem Weg geräumt hatten. Es gab einen mächtigen Streit, der sich noch steigerte, als Bruno de Kopfersberg sich von Eva trennte, um mit Tatjana Drakič zu leben. Eva war es so gegangen wie zuvor seiner Mutter. Fast. Aber sie waren alle drei geschäftlich miteinander so verstrickt, daß nichts passieren konnte. Und endlich schien sich auch Spartaco wieder beruhigt zu haben. Es hatte lange genug gedauert.

Das einzige Problem in Kopfersbergs Leben war seine gegenwärtige Gefährtin. Liebte er sie? Nein. Sie war Teil des Geschäfts und nicht schlecht im Bett. Aber Liebe? Hatte er je einen Menschen in seinem Leben geliebt? Elisa etwa, oder Eva? Nein. Das machte einen nur angreifbar. Vielleicht war es auch besser, sich bald von Tatjana zu trennen. Und natürlich von ihrem Bruder. Er brauchte wirklich keinen Menschen an seiner Seite.

Die andere Yacht war bisher parallel gefahren, doch jetzt änderte sie ihren Kurs nach Nord, bei gleichbleibender Fahrt. Nach spätestens einer Seemeile müßten sie zusammentreffen, wenn beide Kurs und Tempo hielten. Kopfersberg schaute eine Weile hinüber und goß das Glas erneut voll. Der andere mußte ihn schließlich seit langem gesehen haben und reagieren. Kopfersberg verließ sich darauf, lehnte sich zurück, legte die Füße aufs Steuerpult und schloß einen Augenblick die Augen. Der laue Fahrtwind und seine Zufriedenheit lullten ihn ein. Er tat einen tiefen Zug aus seiner Zigarre und kniff die Augen so weit zusammen, daß der Horizont sich langsam auflöste. Doch plötzlich hörte er, wie die Maschine der anderen Yacht beschleunigte. Die Turbinen gaben ein kerniges Geräusch von sich, das allmählich lauter wurde. Kopfersberg vermutete, daß der andere endlich auf die Kursänderung reagierte und mit schnellerer Fahrt die drohende Kollision verhindern wollte. Bruno de Kopfersberg war beruhigt und blieb unverändert sitzen. Er tastete nach dem Champagnerkelch und leerte ihn in einem Zug. Er liebte diesen Geschmack, der das Getränk von allen anderen unterschied.

Der fremde Motorenlärm hätte eigentlich abnehmen müssen, er wurde aber lauter, kam näher. Mit einem Ruck setzte Bruno de Kopfersberg sich auf und öffnete die Augen. Er legte instinktiv die rechte Hand an den Gashebel und die linke ans Steuer, um umgehend reagieren zu können, falls etwas nicht stimmte. Dann sah er den hellen Bootskörper der Yacht schnell näher kommen. Mehr konnte er nicht erkennen, es war längst dunkel. Das Motorengeräusch ließ auf ein sehr schnelles Schiff schließen. Kopfersberg drückte den Doppel-Gashebel ein Stück nach unten, der Kühler mit dem Champagner rutschte zur Halteleiste auf der Abstellfläche. Er drehte das Steuer nach Backbord. Die Kielwelle der Ferretti wurde weißer als zuvor. Sie machte jetzt dreißig Knoten und lief erst auf Halbgas. Die zweitausendvierhundert PS der MAN-Turbine boten enorme Reserven. Auch sie waren mit der Beschleunigung sehr viel lauter geworden.

Der Fahrtwind fegte durch Kopfersbergs Haar. Er sah, daß sich der Abstand immer noch verkleinerte. Die Bugwelle der anderen Yacht schlug grell, hoch und weiß vom Bootskörper. Kopfersberg begriff, daß dieses Schiff nicht ausweichen wollte, daß es Kurs auf ihn hielt. Er drückte die Gashebel ganz durch und mußte sich wegen des Schubs, den die Ferretti entwickelte, am Steuer festhalten.

Es gab nicht viele Schiffe, die dieses Tempo mitgehen konnten, schon gar nicht auf längere Zeit. Die Tanks waren annähernd voll, auch das ging Kopfersberg durch den Kopf. Zwar liefen jetzt um die fünfhundert Liter in der Stunde durch die Einspritzpumpen des Schiffsdiesels, aber mit der verbliebenen Tankfüllung käme er viermal so weit, wie er mußte. Er blickte nach rechts und sah, wie sich der Abstand zwischen den Yachten wieder langsam vergrößerte. Er arretierte das Steuer für einen Augenblick, um den Champagnerkühler auf dem Tisch festzuklemmen, der wegen der harten Schläge des Schiffs bedrohlich wippte. Es wäre zu schade um den Dom Pérignon. Er löste die Steuerarretierung wieder und beschloß, diese Fahrt noch eine gute Weile beizubehalten. So lange, bis er sich sicher fühlte. Der Lärm der Ferretti war ohrenbetäubend. Kopfersberg hielt die Zigarre zwischen den Zähnen, der Rauch flog in die Dunkelheit hinter ihm.

Als er endlich das andere Schiff nicht mehr sah, drosselte er die Turbine um ein Drittel, und der Bug der Ferretti senkte sich. Sie machte nun fünfunddreißig Knoten, und Kopfersberg setzte sich schon wieder beruhigt auf den Steuersessel. Hätte er sich ein einziges Mal ganz umgedreht, zweihundert Meter über die Kielwelle hinausgeblickt, dann hätte er gesehen, daß er nicht in Sicherheit war. Doch Kopfersberg drehte sich nicht um. Den Motor des anderen Schiffes konnte er nicht hören, zusammen mit dem Fahrtwind überdeckte der MAN-Diesel den Lärm hinter ihm. Der andere mußte dies wissen. Nach einigen Minuten drosselte Kopfersberg die Maschine auf die alte

Geschwindigkeit. Endlich wich die Aufregung von ihm, und er schenkte sich ein weiteres Glas Champagner ein. Kopfersberg überlegte, was dieses eigenartige Manöver bedeuten sollte. Von Piraterie in der Adria hatte er noch nie gehört, und allein der Gedanke daran war absurd. Da hörte er das Bordtelefon klingeln, einer der Hörer befand sich neben dem Steuer. Er nahm ab.

»Vater?« Es war die undeutliche Stimme Spartacos, mit dem üblichen Echo der Satellitenübertragung.

»Ja«, Kopfersberg erschrak. Warum rief ihn sein Sohn über das Satellitentelefon an? »Spartaco? Bist du das?«

»Ja, Vater. Ich komm jetzt längsseits!«

Kopfersberg drehte sich endlich um und sah über seiner Kielwelle den schmalen weißen Bug der Corbelli im schwarzen Wasser schnell größer werden.

»Was ist passiert?«

»Nichts, ich will nur mit dir reden, Vater.« Seine Stimme war kaum zu verstehen.

»Was soll das, Spartaco? Wir haben alles besprochen. Ich muß nach Triest.«

»Es dauert nicht lange, Vater. Ich komme steuerbord längsseits. Stopp die Maschinen.«

Kopfersberg wußte, daß selbst die Ferretti gegen die Corbelli seines Sohnes keine Chance hatte. Aber warum, fragte er sich, hatte er Angst? Er stellte die Gashebel auf Null. Die Ferretti wurde von der Wasserverdrängung stark abgebremst und verlor schnell an Fahrt. Spartaco mußte ihm schon seit Zara gefolgt sein, sonst hätte er ihn hier draußen nicht gefunden. Er ergriff nochmals den Gashebel, doch betätigte er ihn nicht. Er durfte seine Angst nicht zeigen, aber er mußte sich wehren können. Verzweifelt schaute er sich um. Spartaco kam mit gedrosselten Motoren gleichauf, er stand backbord auf der Corbelli und schwang eine aufgerollte Leine. Der Abstand zwischen ihnen betrug noch zwei, höchstens drei Meter.

Spartaco warf die Leine mit Schwung herüber, und Kopfersberg fing sie auf. Dann warf er die Fender steuerbords aus.

»Was ist denn los, Spartaco?« fragte er, während er die Leine festmachte.

»Ich komm dich holen, Vater!« Seine Stimme war dunkel. »Ich habe lange auf diesen Augenblick gewartet.« Er war an Bord der Ferretti gesprungen und stand Bruno de Kopfersberg gegenüber. »Ich werde das mit dir machen, was du mit Mutter gemacht hast.«

Deswegen also die Angst, dachte Kopfersberg. »Mach keinen Unsinn, Spartaco! Ich habe dir schon oft gesagt, daß es ein Unfall war.«

»Beweis es!«

»Es gibt keine Beweise, Spartaco!«

»Du bist ein egoistisches Schwein, das ist der Beweis! Welche Rolle spielt es schon, ob du es mit deinen eigenen Händen getan hast? Das interessiert mich nicht. Jetzt bist du dran. Du wirst bezahlen!«

»Spartaco, verdammt, ich habe deine Mutter geliebt! Warum hätte ich ihr etwas antun sollen?«

»Du bringst mich zum Lachen! Du und lieben? Du benutzt die anderen. Das nennst du Liebe! Was hast du aus mir gemacht? Los, sag's schon!«

Spartaco stand drei Meter von seinem Vater entfernt. Seine Augen blitzten wütend, die Pupillen waren weit geöffnet. Bruno de Kopfersberg sah es.

»Hast du etwas genommen, Spartaco? Setz dich hin, beruhige dich doch endlich. Wir reden darüber!« Er machte einen Schritt nach vorne und breitete die Arme aus. Spartaco wich einen halben Schritt zur Seite.

»Gib's zu!« brüllte er.

»Was, Spartaco?«

»Du bist ein Mörder! Du richtest alle um dich herum zugrunde! Mich hast du das ganze Leben lang nur benutzt,

Mutter hast du benutzt, Eva auch, und ... und ...« Seine Stimme überschlug sich.

»Worüber beklagst du dich? Lebst du schlecht? Du hast alles, was man sich wünschen kann, Spartaco. Sei vernünftig!« Kopfersberg hatte die Arme noch immer ausgebreitet. »Laß endlich den Mist, setz dich hin und hör mir zu!« Wieder machte er einen kleinen Schritt.

»Du bist derjenige, der zuhört!« brüllte Spartaco. »Hör auf, mich herumzukommandieren. Ich habe lange gebraucht, bis ich's begriffen habe. Ich bin nichts anderes als ein Instrument für dich. Wie Mutter. Ihr Geld wolltest du, sonst nichts. Sie war dir im Weg.«

»Spartaco, beruhige dich doch. Ich brauchte Elisas Geld nicht, ich hatte selbst genug. Und wir verstanden uns gut. Ich liebte sie!« Er stand noch etwas mehr als eine Armlänge von seinem Sohn entfernt.

»Und was hast du mit mir gemacht? Was kann ich, außer betrügen und stehlen? Das mußte ich lernen. Ich hab es satt! Du konntest es noch nie ertragen, wenn etwas nicht nach deinem Willen geht. Dafür wirst du jetzt bezahlen!« Spucke, die aus Spartacos schreiendem Mund spritzte, landete im Gesicht und auf dem Hemd seines Vaters.

»Spartaco, vergiß nicht, alles, was ich erarbeitet habe, wird einmal deins!« Kopfersberg wischte sich mit dem Hemdsärmel über das Gesicht. Er wagte sich noch einen halben Schritt vor, doch Spartaco wich wieder ein wenig zur Seite. Er blieb trotz seines heftigen Zorns auf der Hut.

»Ich habe nichts zu verlieren, mein Leben ist ohnehin versaut. Und jetzt bist du dran, Vater ...«

»Aber mit was denn?« fragte der alte Kopfersberg plötzlich spöttisch. »Du hast ja nicht einmal eine Waffe.« Damit trat er einen ganzen Schritt nach vorne und riß seinen Sohn am Hemd. Spartaco konterte geschickt und versetzte seinem Vater einen harten Uppercut, der ihn an die Kabinentür warf.

»Ich brauche keine Waffe! Du wirst im Meer verrecken. Wie Mutter!« Spartacos Stimme war auf einmal ganz ruhig, kalt. Er hatte die Fäuste gehoben.

Bruno de Kopfersberg hatte endlich begriffen, daß er Spartaco unterlegen war. Er sah sich mit hastigen Blicken nach einer Waffe um. Wenn er den Bootshaken erreichte, hatte er eine Chance. Er wich langsam zur Seite. Ein Faden Blut lief ihm aus dem Mundwinkel.

»Mach keinen Scheiß, Spartaco«, sagte Kopfersberg leise und wischte sich langsam über den Mund. Er war jetzt fast an der Treppe zum Steuerdeck. »Niemand hat etwas davon!«

»Zu spät, Vater«, Spartaco kam einen Schritt näher. »Du wirst verrecken! Aber hoffe nicht, daß es schnell geht. Du wirst leiden.«

Kopfersberg sprang die Treppe hinauf und riß den Bootshaken aus der Halterung. Mit Schwung drehte er sich um und schlug blitzschnell nach Spartaco. Der Widerhaken zerriß ihm den linken Handrücken, aber Spartaco schien den Schmerz nicht zu spüren. Mit seiner Rechten war es ihm gelungen, den Bootshaken festzuhalten. Er zog ihn ruckartig zu sich. Sein Vater wurde durch die Kraft die Treppe heruntergeschleudert und schlug auf dem Deck auf. Spartaco hieb ihm den Haken über den Rücken und setzte noch einmal nach. Kopfersberg wurde schwarz vor Augen.

Er erwachte erst wieder aus seiner Ohnmacht, als er auf dem Wasser aufschlug. Seine Hände waren gefesselt, er fühlte die Metallschleife um die Handgelenke. Der Rücken schmerzte ihn, und sein Kopf dröhnte. Er sah verschwommen, daß die Ferretti sich langsam entfernte, und spürte plötzlich einen Ruck in seinen Armen. Er wollte schreien, doch er brachte kein Wort heraus. Vor sich sah er die weiße Kielwelle seines Schiffs. Die Schlinge um seine Hände hatte sich weiter zugezogen. Er versuchte das Tau zu greifen, was ihm mit Mühe gelang. Dann probierte er, sich Zentimeter um Zentimeter an die Yacht heranzuziehen, aber die enge Schlinge hatte das Blut in seinen Adern gestaut, und sein Griff war kraftlos. Wenigstens schluckte er kein Wasser, der Zug der Ferretti hob ihn weit genug über die Oberfläche, damit er Luft bekam. Er sah, wie Spartaco den Champagnerkelch hob und etwas rief, was er nicht verstand. Dann sah er, wie Spartaco den Kühler, die Flasche und den Kelch in weitem Bogen über Bord warf und mit einem großen Satz auf sein eigenes Boot sprang. Begleitet vom Gebrüll seiner Motoren, verschwand er mit einem weiten Bogen in der Dunkelheit.

Triest, 22. Juli 1999,
ab 19.15 Uhr, Questura

Enrico Fossa war erstaunt, daß der Polizeipräsident ihn zu sich rief. Er hatte wenig mit ihm zu tun, zu viele Sprossen der Hierarchieleiter lagen zwischen ihnen. Bei der Weihnachtsfeier sah er ihn am Stehpult hinter dem Mikrofon und applaudierte wie alle anderen, wenn der Chef die Leistungen seiner Beamten lobte. Sein Vorgänger hatte einst zusätzlich noch eine Neujahrsansprache gehalten. Das war stilvoller gewesen. Doch die Zeit war auch hier, wie überall, knapper geworden. Zu seinem dreißigsten Dienstjubiläum hatte ihm der Questore die Hand geschüttelt. Vor eineinhalb Jahren. Er war zu der Feier gekommen, die Fossa im Büro ausrichtete, und hatte ein paar lobende Worte gesagt. Aber an eine Beförderung war nicht mehr zu denken. Da stand zuviel im Weg. Er hatte weder Abitur noch irgendwelche Zusatzkurse besucht, mit denen er seine mangelnde Schulbildung hätte ausgleichen können. Er war und blieb ein Mann der Praxis. Er war sich für nichts zu schade, scheute sich nie, selbst ins Feld zu gehen, wie er es nannte. Dafür liebten ihn seine Leute. Aber auch die politische Karriere seiner Frau stand ihm im Weg, davon war er überzeugt, und darüber hatten sie sich oft gestritten. Auch er liebte Disziplin und Ordnung, aber Politik war nicht seine Sache.

Vielleicht gab es doch eine Überraschung. Warum hatte der Questore ihn rufen lassen? Seit wann machten die hohen Tiere Überstunden? Wie lange würde es dauern, bis er wieder auf seinem Stuhl sitzen würde? Er wurde gebraucht heute abend. Das Vorzimmer des Chefs war leer, die beiden Computer auf den Tischen der Sekretärinnen waren mit Plastikhauben abgedeckt, alles war penibel aufgeräumt. Er klopfte zaghaft an die Tür zum Allerheiligsten.

Es dauerte, bis er ein »Avanti« hörte. Ein zweites Mal zu

klopfen hätte er sich nicht getraut. Er drückte zaghaft die Türklinke und trat ein.

»Ispettore Fossa, Claudio! Questore!« Er salutierte und schlug die Hacken zusammen.

»Sera, Fossa!« Der Polizeipräsident hatte sich hinter seinem Schreibtisch erhoben und kam auf ihn zu. »Lassen Sie das!« Er gab ihm die Hand zum Gruß, und Fossas Gesichtszüge entspannten sich. »Bitte nehmen Sie Platz, Ispettore!«

Der Questore wies auf einen Stuhl am Besprechungstisch, aber Fossa wartete, bis der Chef sich selbst setzte. In der Mitte des Tisches lagen Papier und Schreibzeug.

»Ispettore«, begann der Polizeipräsident, »Sie haben eigentlich Dienst heute abend.«

»Ja.«

»Es ist kein erfreulicher Anlaß, weswegen ich Sie rufen ließ.«

»Nein?« Fossa faßte sich nervös an die Wange.

»Nein! Sie hatten immer dann Dienst, wenn in der Via dei Porta Gäste waren, Ispettore. Auch heute abend werden viele Gäste dort erwartet. Drei- bis viermal jährlich finden diese Partys statt.«

Fossa war es schlagartig heiß geworden. Er wollte die Krawatte lockern und den obersten Kragenknopf lösen, aber er zögerte und legte die Hand zurück auf den Schreibtisch.

»Jedesmal gab es Beschwerden der Nachbarn, auf die die Polizei nicht reagiert hat, Ispettore. Und jedesmal hatten Sie die Aufsicht. Haben Sie etwas dazu zu sagen?«

Fossa wußte nicht, was er mit seinen Händen tun sollte. Sie waren ihm vollständig fremd geworden. Er schwitzte, aber seine Hände waren kalt, und die Haare auf seinen Unterarmen richteten sich auf.

»Auch gut. Sie bleiben heute abend hier bei mir im Büro. Wir werden zusammen den Funkverkehr abhören.

Ich werde mich an meinen Schreibtisch setzen und arbeiten. Und Sie werden hier sitzen bleiben, Fossa. Wenn irgendwelche wichtigen Durchsagen kommen, hören wir sie uns zusammen an. Wir werden nicht gestört durch den üblichen Funkverkehr. Wir sind auf Kanal zehn.«

Der Schweiß stand Fossa auf der Stirn. Er wußte, was dies bedeutete. Die Polizei arbeitete nur dann auf Kanal zehn, wenn verschiedene Behörden involviert waren und es sich um ein Verbrechen der organisierten Kriminalität handelte. Der Kanal war mehrfach verschlüsselt und selbst für die hartgesottensten Spezialisten im anderen Lager nicht zu knacken. Fossa konnte sich nicht erinnern, wann in Triest zuletzt Kanal zehn geschaltet worden war.

»Ihr Stellvertreter sitzt bereits an Ihrem Platz. Er wird den Einsatz heute abend leiten. Ein guter Mann. Wie Sie, Fossa!« Der Questore schaute ihn eindringlich an. »Wenn Sie sich Notizen machen wollen, hier liegt Schreibzeug. Wir können uns dann später unterhalten.«

Der Polizeipräsident war aufgestanden.

»Ja«, sagte Fossa und räusperte sich, »wenn ich . . .«

Der Questore schüttelte den Kopf. »Nein, Fossa, jetzt nicht. Wir unterhalten uns später.« Dann ging er zu seinem Schreibtisch und vertiefte sich in eine Akte.

Kurz vor acht wurde es langsam lebendig auf Kanal zehn. Aus der Via dei Porta wurde das Eintreffen einzelner Wagen gemeldet, die bald bis auf die schmale Straße hinaus standen und sie versperrten. Irgendwo mußte ein Beamter sitzen, der seine Beobachtungen unbemerkt durchgab. Ob er im Engelmann-Park saß? Oder bei Nachbarn?

Fossa war übel. Große Schweißflecken auf seiner Brust ließen den weißen Stoff des Uniformhemds grau wirken. Er starrte wie blöde vor sich auf die Tischplatte, richtete mehrmals den Blick auf den Questore, der in der Akte vor sich blätterte und ihn gar nicht wahrzunehmen schien.

Dann kamen die Durchsagen allmählich flüssiger. Sie hörten, wie die italienischen Kennzeichen der Fahrzeuge überprüft wurden. Auch der Wagen von Cardotta war dabei, dem Politiker, und der des Präsidenten der Schiffahrtsvereinigung. Sogar ein Dienstfahrzeug der Hafenbehörde. Es gehörte dem für den Porto Nuovo zuständigen Kollegen Ettore Orlandos. Man hörte Orlando tief durchatmen und leise fluchen, als er die Nachricht hörte. »Laß mir was von ihm übrig, Laurenti«, knurrte er. Doch die Mehrzahl der Wagen trug ausländische Kennzeichen und war nicht zu ermitteln.

Immer wieder war Laurentis Stimme zu hören. Er sprach leise, obwohl ihn nur die Kollegen hören konnten, und fragte wiederholt die einzelnen Posten ab. Alle waren auf Position, die Polizia Statale, die Carabinieri und die Guardia di Finanza. Und auch ihre Antworten kamen zwar klar, aber mit gedämpfter Stimme durch. Sie hatten auf der Via Rossetti nur zwei Zivilfahrzeuge stehen, die anderen warteten zwei Parallelstraßen weiter. Langsam senkte sich das Tageslicht und gewann gegenüber dem Gleißen der Nachmittagssonne an Milde. Die Schatten wurden länger.

Laurenti und Sgubin, der an diesem Abend in Zivil erschienen war, wie sein Chef es von ihm verlangt hatte, fanden auf einem Nachbargrundstück gegenüber der Villa ein ideales Versteck. Sie konnten in der Auffahrt Eva Zurbano und Viktor Drakič sehen, die die Gäste begrüßten. Eva Zurbano war elegant gekleidet. Sie trug ein goldenes Kollier und einen großen, im Abendlicht glitzernden Stein an ihrer linken Hand, ein diamantbesetztes Armband am rechten Arm.

Viktor Drakičs sandfarbener Armanianzug saß perfekt. Immer wieder begleitete er einen der Gäste persönlich zur Terrasse vor der Villa, wo Spartaco de Kopfersberg ihn übernahm. Anderen wies Drakič nur mit einer flüchtigen Handbewegung den Weg.

Tremani und sein Schatten Pasquale Esposito kamen in einer der beiden schwarzen Mercedes-Limousinen, die zur Villa gehörten. Sie hatten Eva Zurbano und Viktor Drakič nur flüchtig begrüßt und waren ohne Begleitung zur Terrasse gegangen. Tremani klopfte Spartaco de Kopfersberg auf die Schulter, dann verschwanden sie hinter der Villa, wo die anderen Gäste bereits das erste Glas Champagner in der Hand hielten.

Laurenti und Sgubin saßen nahe genug, um jedes Wort zu hören und die Gäste zu sehen, deren Namen sie, soweit bekannt, flüsternd über Funk durchgaben. Und sie waren weit genug entfernt, um im Verborgenen zu bleiben.

»Es geht los! Die Party ist eröffnet. Haltet euch bereit.« Als der Questore, der den ganzen Abend in seinen Akten gelesen hatte, Laurentis Stimme erkannte, hob er den Blick von den Papieren. Fossa, der die langen Stunden über mit mattem Blick auf seinem Stuhl schmorte und nur irgendwann etwas auf ein Blatt Papier kritzelte, schaute ebenfalls hoch.

»In bocca al lupo!« sagte der Questore, der jetzt die Sprechmuschel des Funkgeräts in der Hand hielt.

»Wer war denn das?« kam es durch den Lautsprecher.

»Der Chef, du Dummkopf!«

»Crepi lupo! Danke, Questore. Es wird schon werden.«

Es war nach einundzwanzig Uhr. Seit einer halben Stunde war kein Wagen mehr gekommen. Laurenti hatte durchgegeben, daß Dr. Otto Wolferer, der »Ehrengast«, noch fehlte. Laurenti fluchte.

»Weiß jemand, wo Wolferer ist?« fragte er ins Funkgerät.

Stille.

Er wiederholte die Frage.

Immer noch keine Antwort.

»Ich fragte, ob irgend jemand Wolferer gesehen hat! Antwortet!«

Es blieb still.

»Sgubin, wer steht vor dem ›Savoya Palace‹?«

»Niemand mehr, soweit ich weiß!«

»Verflucht! Warum nicht?«

»Sie sind alle hier. Du hast sie abgezogen.«

»Verdammt! Wir brauchen jemanden in Zivil, der sofort zum ›Savoya‹ fährt und feststellt, ob Wolferer noch dort ist«, zischte Laurenti ins Funkgerät. »Wer ist am nächsten dran?«

»Wir!« Das war die Stimme des Polizeipräsidenten.

»Wer?«

»Wir, Laurenti. Hier spricht der Questore!«

»Sie?«

»Ja, ich, Laurenti, es ist um die Ecke, in fünf Minuten bin ich da.«

»Ich dachte, Sie seien mit Fossa...« Laurenti verschluckte den Satz.

»Wir melden uns gleich«, sagte der Questore und hängte ein.

Der Questore war aufgestanden, hatte das Mikrofon eingehängt und den Schalter am Funkgerät ausgeknipst. Er hatte sein Jackett von der Lehne des Stuhls genommen und das tragbare Funkgerät eingeschaltet. Ein kurzes, viertöniges Fiepsen bestätigte, daß es empfangsbereit war. Dann blickte er Fossa an und sagte kurz:

»Gehen wir!«

Fossas bisher so gequälter, finster verzweifelter Blick klarte auf. Endlich hatte der Questore wieder mit ihm gesprochen.

»Ich auch?«

»Natürlich, und zwar rasch. Wir müssen nachsehen, wo Wolferer steckt.«

Fossa hatte keine Ahnung, wer dieser Wolferer war. Aber er war froh, daß er endlich etwas zu tun bekam. Alles war besser als dieses Herumsitzen. Er zog seine Uniformjacke an und schaltete das Funkgerät an.

»Aber ich bin nicht in Zivil«, bemerkte Fossa.

»Lassen Sie Jacke und Mütze hier, dann denkt man vielleicht, Sie gehörten zur Marine.«

Es war nicht weit von der Questura zum Hotel »Savoya Palace«, dem alten Kasten an den Rive, gegenüber der Stazione Marittima. Sie waren die Treppe der Questura hinuntergeeilt, durchquerten schnellen Schrittes das Getto, flogen beinahe vorbei an den verrosteten, heruntergelassenen Metallrolläden der Antiquitätengeschäfte, gingen diagonal über die Piazza Unità d'Italia, vorbei an einer Rockband, die an diesem Abend, wie so oft in dieser Saison, den Platz beschallte. Dann standen sie am Empfangstresen des »Savoya«, in dem man den Questore von den zweiwöchentlichen Sitzungen des »Lions Club« gut kannte.

»Guten Abend, Questore«, begrüßte ihn der Concierge.

»Guten Abend, Franz. Schauen Sie bitte nach, ob Dr. Otto Wolferer noch auf seinem Zimmer ist.«

Der Concierge warf einen kurzen Blick auf das große Schlüsselfach hinter sich.

»Ja, er ist oben. Soll ich ihn anrufen?« Dienstfertig hatte er schon den Hörer in der Hand. Der Questore packte schnell über den Tresen hinweg den Arm des Concierge und drückte ihn zurück.

»Auf keinen Fall. Sagen Sie uns nur, welche Zimmernummer er hat.«

»516 und 517. Es ist eine Suite.«

»Franz«, sagte der Questore mit eindringlicher Stimme, »Wolferer darf nichts erfahren. Ist das klar? Wenn er mitbekommt, daß wir hier sind, hat Ihre letzte Stunde geschlagen. Versprechen Sie's?«

»In Ordnung, Questore! Sie können sich auf mich verlassen.«

»Haben Sie einen Zweitschlüssel?«

»Sicher, aber ...«

»Kein Aber. Geben Sie ihn schon her.«

Der Concierge verschwand in einem Glasverschlag, der als Büro diente, und öffnete eine der Schreibtischschubladen. Er kam mit dem Generalschlüssel zurück.

»Welcher Stock?«

»Fünfter!«

»Balkon?«

»Alle unsere Zimmer zum Meer haben Balkon.«

»Sind die Zimmer nebenan frei?«

»Tut mir leid, nein.«

»Und darüber oder darunter?«

»Das darüber schon.«

»Paßt der Schlüssel auch dort?«

»Natürlich!«

»Kommen Sie, Fossa.«

Die Party

Aus dem Garten drangen laute Musik und Gelächter durch den Abend. Das Tor der Villa hatte sich, begleitet von einem leisen Summen der Elektromotoren, in Bewegung gesetzt. Viktor Drakič war nicht mehr zu sehen. Eva Zurbano schaute zu, wie die Stahlflügel sich langsam schlossen. »Die Falle schnappt zu«, flüsterte Laurenti.

Er blickte Sgubin an. Sgubin blickte Laurenti an. Laurentis Kopfbewegung war eindeutig.

»Ich will da rein«, zischte er.

»Aber die Zurbano!«

»Wir müssen es riskieren.« Tief gebückt hasteten sie über die Straße.

Das Tor hatte sich halb geschlossen, als Eva Zurbano sich endlich abwandte.

Laurenti rannte als erster los, Sgubin hinter ihm her. Er stieß sich mit der Schulter am Torflügel. Kaum zwei Meter hinter dem Tor warfen sie sich ins Gebüsch und blieben beinahe bewegungslos liegen. Sgubin rieb sich die schmerzende Schulter. Eva Zurbano zögerte einen Augenblick. Irgend etwas hatte sie gehört. Sie drehte sich noch einmal um und sah, wie das Tor mit einem metallischen Ruck einrastete. Sie war beruhigt und ging weiter.

»Was hast du?« fragte Laurenti.

»Nichts. Geht gleich vorüber«, flüsterte Sgubin.

Längst war das letzte Tageslicht von der Dämmerung geschluckt, es wurde jetzt schnell dunkel.

»Haben wir endlich Nachricht von Wolferer?« fragte Laurenti leise in sein Funkgerät. Er hatte die Kopfhörer eingestöpselt und vernahm kurz darauf die Stimme des Questore.

»Er ist auf seinem Zimmer. In einigen Augenblicken wissen wir mehr.«

»Nein, bitte nicht! Gehen Sie nicht hinein. Er kommt vielleicht nur später, Questore.«

»Das hatten wir auch nicht vor, Laurenti. Fossa geht über den Balkon. Warten Sie's ab. Es dauert nicht mehr lange.«

Laurenti war entsetzt, daß Fossa durch den Questore zum Einsatz kam.

»Ich möchte verdammt noch mal wissen, was das zu bedeuten hat«, zischte er Sgubin zu.

»Keine Ahnung, Chef. Eigenartig.« Sgubin schüttelte den Kopf.

»Aber ohne Wolferer hat alles keinen Sinn! Wir brauchen ihn. Beten wir, daß er kommt.«

Soeben hatte Spartaco de Kopfersberg, auf einer der Treppen stehend, die ins Haus führten, mit zwei Gläsern geklingelt und sich an seine Gäste gerichtet.

»Liebe Freunde, cari amici! Seien Sie alle herzlich willkommen! Es ist uns heute eine ganz besondere Freude, Sie hier zu wissen. Sie alle haben dazu beigetragen, daß die TIMOIC die humanitäre Hilfe an die notleidenden Opfer des Erdbebens in der Türkei schnell und zum Nutzen der Menschen im Krisengebiet abwickeln kann. Dafür möchte ich Ihnen an dieser Stelle herzlich danken. Es wäre ganz im Sinne meines Vaters gewesen, der, wie wir Ihnen bereits einzeln mitgeteilt haben, einem tragischen Unfall zum Opfer fiel. Ich bin mir sicher, daß mein Vater stolz darauf gewesen wäre, Sie hier zu wissen und jedem von Ihnen seinen Dank für die gelungene Zusammenarbeit persönlich auszusprechen. Doch soll dies kein Abend der Trauer sein, liebe Freunde, Sie sollen sich vergnügen und entspannen. Viele von Ihnen sind ja nicht zum ersten Mal hier. Sie wissen, daß wir dafür gesorgt haben, daß keiner Ihrer Wünsche unerfüllt bleiben soll. In diesem Sinne wünsche ich Ihnen viel Vergnügen und einen schönen Abend! Danke!«

»Ganz schön hartherzig, der junge Mann«, flüsterte Laurenti, und Sgubin schnitt eine passende Grimasse. Sie hatten sich am Rand der Mauer entlanggeschlichen, bis sie vor einer Gartenlaube und hinter einem feuerroten Oleander, dessen Blüten sich mit der Dunkelheit halb geschlossen hatten, ein Versteck fanden, von dem aus sie einen guten Blick auf die Party hatten. Laurenti hatte erneut die Position der anderen abgefragt und mitgeteilt, daß es noch dauern würde. Einige der Männer in den anderen Fahrzeugen fluchten leise vor sich hin. Es war unbequem, so lange im Wagen sitzen zu müssen, um nicht die Aufmerksamkeit der Anwohner auf sich zu ziehen und das ganze Vorhaben durch einen dummen Zufall zu vermasseln. Und nicht alle Wagen waren mit Klimaanlagen ausgestattet. Die Tageshitze hatte sich im Asphalt und den Steinfassaden der Häuser verbissen. Die Luft stand in der Stadt zum Schneiden dick, es wehte nicht ein einziger Windhauch. Trotz der Dunkelheit war es nicht kühler geworden. Aber die Hitze war eine hilfreiche Verbündete. An einem solchen Abend blieb kaum jemand freiwillig zu Hause. Man war noch am Meer oder war hochgefahren in den Karst, um in einer Osmizza, einem der einfachen Landgasthöfe, in der Kühle der Hochebene hinter der Stadt zu essen, mit Blick auf einen blutroten Sonnenuntergang weit hinter Grado. Der Straßenverkehr war überschaubar, und nur wenige Passanten schauten neugierig auf die Dienstfahrzeuge.

Eva Zurbano verließ bereits um 22 Uhr die Party. Laurenti und Sgubin sahen sie die Einfahrt hinuntergehen, die Handtasche in der Hand, in der anderen den Autoschlüssel, und ein Seidentuch über den Schultern. Sie betätigte den Türöffner, und Laurenti konnte gerade noch über Funk die Kollegen auf der Straße warnen.

»Sgubin, merk dir, wo der Schalter ist«, hatte er geflüstert. Sgubin nickte.

Von draußen erhielten sie Nachricht, daß die Zurbano, nachdem sie gewartet hatte, bis das Tor wieder ins Schloß gefallen war, zu Fuß zur Via Rossetti hinunterging und dort in ein kleines, weißes BMW-Cabriolet stieg. Ein Zivilfahrzeug folgte ihr.

Laurenti und Sgubin hatten ein neues Versteck gefunden, von dem aus sie einen besseren Überblick hatten. Fünf Kellner waren anwesend, die unschwer an ihrer Kleidung zu erkennen waren. Drei von ihnen waren mit Nachschenken beschäftigt. Sie hatten offenbar Order, dafür zu sorgen, daß die Gläser voll blieben. Die Gäste waren ausschließlich Männer. In der Nähe des Buffets, das von zwei livrierten Kellnern bedient wurde, sahen sie Tatjana Drakič im Gespräch mit dem Präsidenten der Schiffahrtsvereinigung. Er war zwei Köpfe größer als sie und schaute ihr mehr ins Dekolleté als in die Augen. Immer wieder legte sie kichernd ihre rechte Hand auf seine Brust und ließ sie kurz dort verweilen. Immer wieder faßte der Präsident sie am Arm oder legte seine Hand an ihre Taille. Und immer wieder drängte sie sich mit ihrem ganzen Körper an ihn, flüsterte ihm etwas ins Ohr, worauf sie kicherten. Dann wieder unterhielten sie sich lebhaft. Ein schönes Paar.

»Ein Kleid wie ein Placebo«, sagte Laurenti.

»Was?«

»Nur so. Hab ich mal irgendwo gehört.« Er winkte ab. Dieser Mann mußte ziemlich wichtig sein, wenn sich die Gastgeberin selbst um ihn kümmerte.

Laurenti hatte Durst. Er hätte jetzt gerne ein kühles Glas Champagner getrunken, flüsterte er Sgubin ins Ohr.

»Ein Bier wäre mir lieber«, murmelte dieser. »Wer hat wohl diese grauenhafte Musik ausgewählt?«

»Tango, Sgubin! Aber du hast recht, sie paßt nicht.«

»Vor allem zu laut! Und nicht die ganze Zeit. Furchtbar.«

Durch die hochgedrehte Musik drangen immer wieder lautes Gelächter und spitze Schreie zu ihnen herüber.

»Für jeden dieser seltsamen Herren gibt es ein Mädchen, Chef. Viel haben die nicht gerade an.«

»Sag bloß, Sgubin.«

»Verflucht hübsch sind sie alle! Meinst du, die sind von hier?«

»Kaum, aber wir werden es bald wissen. Wenn nur der verdammte Questore endlich was von sich hören ließe.«

»Ich glaube nicht, daß die von hier sind, Chef.«

»Hör mal, Sgubin, auch in Triest gibt es hübsche Mädchen!«

»Deine Tochter zum Beispiel.«

»Paß auf, Sgubin! Livia ist keine Hure!«

»Entschuldige, war nicht so gemeint! Aber zwei von denen waren in der Villa, als ich am ersten Morgen herkam, um mit der Drakič zu sprechen.«

»Und?«

»Nichts und, meine ja nur.«

Es wurde schnell und viel getrunken, und die Hitze tat ganz offensichtlich ihr übriges, um die Herren der Schöpfung zu entfesseln. Am Swimmingpool hatte einer der Männer, dessen Hemd bereits offenstand, das kurze Kleidchen eines der Mädchen aufgeknöpft und ihr die Träger über die Schultern gestreift. Wenig später stand sie so, wie Gott sie erschaffen hatte, vor ihm und nestelte an seinem Gürtel herum. Er trug rotweiß gestreifte Boxershorts. Mit einem Schubs stieß er sie in den Pool und sprang hinterher. Sie lachten laut und bespritzten sich wie Kinder mit Wasser. Wenig später folgten zwei andere Pärchen, die sich offenbar animiert fühlten. Und auch der Kollege Ettore Orlandos war ganz eifrig beschäftigt. Sie hatten ihn bis vor einigen Augenblicken noch gesehen, bevor er mit seiner Begleiterin im Haus verschwand.

Sgubin konnte seinen Blick kaum vom Pool lösen.

»Schau mal, Chef!« Er hatte sich halb aufgerichtet und zeigte mit ausgestrecktem Arm zum Haus. Laurenti riß ihn zurück aufs Gras. »Ist ja schon gut. Hast du gesehen, Cardotta zeigt seinen Bauch?«

In der Tat war der Politiker fast gänzlich unbekleidet aus dem Haus getreten, begleitet von einer vollkommen nackten, üppigen Schönheit, die ihn bei weitem überragte. Cardotta hatte ihr einen Arm um die Hüften gelegt, sie ihren um seine Schultern. Er schaute ihr aufs Brustbein, als er mit ihr sprach. Cardotta fuchtelte mit dem linken Arm, zeigte auf einen Platz im Garten, der irgendwo in der Nähe der beiden Polizisten zu liegen schien, und drängte seine Aphrodite in diese Richtung. Ihre hellen Körper waren immer noch gut zu sehen, als sie längst auf die dunkle Wiese getreten waren.

»Die kommen auf uns zu!« zischte Sgubin.
»Seh ich selbst!«
»Ich glaube, die wollen in die Laube!«
»Welche Laube?«
»Hinter uns.«

Cardotta und die Große waren bereits zu nah, als daß Laurenti und Sgubin sich noch hätten verdrücken können. Cardotta lachte nicht mehr, er ging halb hinter seiner Göttin und hielt ihre beiden Brüste mit beiden Händen. Seine Stimme hörte sich heiser an. »Ja! Komm! Geh!« stöhnte er und drängte sie vor sich her.

»Mach dich klein, Sgubin, und halt die Luft an«, zischte Laurenti.

Sie drückten sich ins Gras, das Gesicht in die Hände gelegt. Laurenti schielte aus den Augenwinkeln und sah Cardotta nur drei Schritte entfernt mit seiner Göttin vorbeitrampeln. Sie waren zu beschäftigt, um die Polizisten zu bemerken. Eine Hand der Dame hatte sich in Cardottas Slip verirrt. Er grunzte genüßlich und folgte ihr wie ein Hund an der Leine. Dann verschwanden sie in der Laube.

»Weg hier«, Laurenti hatte einen neuen Busch im Visier, hinter den sie sich schlugen.

»Hätte nie gedacht«, flüsterte Sgubin nach einer Weile, »daß Herren wie Cardotta sich so in aller Öffentlichkeit benehmen!«

»Ehrlich gesagt, ich auch nicht.« Laurenti zeigte zum Pool. »Aber er befindet sich in guter Gesellschaft. Schau, dort!«

Tatjana Drakič half soeben dem Präsidenten der Schiffahrtsvereinigung aus den warmen Beinkleidern. Sie sahen, daß er sich in einem Liegestuhl ausgestreckt hatte, sahen seinen Kopf und seine Brust, dann wurde er durch den Rand des Schwimmbads verdeckt, und dann wieder seine Beine vom Knie an, die er Tatjana entgegenstreckte.

Sie zog an den Hosen. Münzen fielen aus einer der Taschen, der Mann winkte lachend ab. Kurz darauf verschwand Tatjanas Kopf hinter dem Beckenrand.

»Schweine unter sich!« Sgubin fuhr sich über die Stirn.

»Wo ist eigentlich Tremani? Und sein Gorilla?« fragte Laurenti und zog ihn wieder in die Gegenwart.

»Das habe ich mich auch schon gefragt. Wahrscheinlich sind sie im Haus.«

»Hm. Rausgegangen sind sie jedenfalls nicht.«

»Laurenti?« Endlich hörten sie die Stimme des Questore.

»Ja?«

»Wolferer ist auf dem Weg.«

»Wo war er die ganze Zeit?«

»Er kommt jetzt, Laurenti. In ein paar Minuten ist er bei euch.«

»War er im Hotel?«

»Ja!«

Die Einsilbigkeit des Questore verwunderte ihn.

»Ist alles in Ordnung?«

»Bis später! Ich bin in zehn Minuten wieder im Büro.«

»Aber Wolferer weiß nichts?«

»Keine Sorge, Laurenti.«

Laurenti hatte den Posten noch einmal eingebleut, sich ruhig zu verhalten, damit Wolferer sie nicht sah, sollte er endlich eintreffen. »Bald geht es los«, flüsterte er.

Kurze Zeit später fuhr ein Taxi in die Via dei Porta und hielt hinter dem letzten der geparkten Wagen.

Wolferer wurde von zwei jungen Frauen begleitet, die ähnlich gekleidet waren wie ihre Kolleginnen im Garten der Villa, bevor das Geplansche im Pool begann. Sie hatten am Tor geklingelt und mußten einige Augenblicke warten, bis Drakič öffnete. Wieder schloß sich das Stahltor mit dem üblichen Klack. Drakič gab den Mädchen ein Zeichen, worauf sie im Haus verschwanden. Dann führte er Wolferer zum Buffet. Im Licht sah man Wolferer an, daß er sehr entspannt war und ein bißchen matt. Die ersten zwei Gläser stürzte er in einem Zug hinunter, dann nahm er sich einen Teller und ließ sich Langustenschwänze darauf häufen. Drakič war ihm nicht von der Seite gewichen, und auch der junge Kopfersberg hatte sich zu ihnen gesellt. Sie prosteten sich zu und lächelten. Dann verschwand Drakič im Haus. Als er arrogant lächelnd zurückkam, hob er das Glas, nickte erst Wolferer zu und dann Spartaco.

»Ich bin mir sicher, wir werden noch viel zusammenarbeiten, Herr Dr. Wolferer«, sagte Drakič und klopfte ihm fast aufdringlich auf die Schulter. »Es ist schön, daß Sie unser Gast sind. Das ist die Grundlage für viele weitere fruchtbringende Geschäfte!«

»Wir werden sehen, Herr Drakič«, antwortete Wolferer abwehrend.

»Aber sicher, mein Freund, wir werden sehen!«

»Es ist soweit! Kommt rein!« lautete der Befehl, den Laurenti ins Funkgerät sprach. »Sgubin macht das Tor auf.« Sgubin rannte los. »Bring das Megaphon mit«, zischte Laurenti hinter ihm her.

Über Funk hörte er das blecherne Zuschlagen einer Wagentür, und dann folgten kaum verständliche, kurze Anweisungen.

23.20 Uhr

Nichts lief wie geplant. Die Carabinieri hatten die Einfahrt und die Via Rossetti übernommen, die Beamten der Polizia Statale und der Guardia di Finanza sollten die Villa stürmen. Vor der Einfahrt waren die Männer in den kugelsicheren Westen postiert. Sie hatten sich in einem toten

Winkel außerhalb der Reichweite der Überwachungskamera verborgen. Zunächst hatte Sgubin den Toröffner erst nach einigem Suchen gefunden. Es dauerte. Schließlich waren vier maskierte Polizisten über die Mauer geklettert und in den Garten hinuntergesprungen. Dann erst war das Geräusch der Elektromotoren zu hören, und der linke Torflügel ging mit einem leisen Schmatzen aus dem Schloß. »Er hat doch gesehen, wo der Schalter ist, als Eva Zurbano ihn betätigte«, fluchte Laurenti. Er hatte sich darauf verlassen, daß alles klappte, und war wie ein Flaneur von seinem Versteck im Garten zur Terrasse geschlendert. Er schien niemandem aufzufallen.

Sgubin stürmte mit einem Megaphon hinter den Bewaffneten in ihren Panzerwesten her. Er rannte zu Laurenti, der kochte, weil alles so lange gedauert hatte, und ein Stück von den Gästen entfernt wartete.

Und hinter den ersten Männern schlich sich Decantro, der Journalist, herein.

Etwa fünfzig, sechzig Köpfe drehten sich zu Laurenti, als der seine Durchsage begann. Ganz plötzlich war es still geworden. Die Badenden waren aus dem Pool geklettert, standen triefend und nackt der Polizei gegenüber. Irgend jemand hatte die Musik abgestellt. Transportable Halogenscheinwerfer überstrahlten das Grundstück. Hinter Laurenti standen breitbeinig zwei Beamte mit kugelsicheren Westen, die Maschinenpistolen im Anschlag.

»Polizia statale! Bleiben Sie stehen, wo Sie sind. Das Gelände ist umstellt. Ein Fluchtversuch ist aussichtslos. Bitte machen Sie keine Schwierigkeiten. Hier spricht die Polizei!«

Es war dennoch Bewegung in die Gruppe gekommen. Mehr aus Verwunderung und Unruhe, weniger aus dem Willen zum Widerstand.

Laurenti hatte darum gebeten, daß Männer und Frauen

sich getrennt aufstellten, was unter Murren auch geschah. Die Männergruppe erinnerte Laurenti an eine Bande verlegener Jugendlicher, die sie vor vielen Jahren einmal nachts in einer Badeanstalt erwischt hatten. Zwei der Gäste hielten sich mit ihren Händen bedeckt und suchten mit unsteten Blicken nach Kleidung, hatten aber nicht den Mut, sich zu bewegen. Der Präsident der Schiffahrtsvereinigung versuchte vergeblich, seine Hose über den nassen Hintern zu ziehen, und hüpfte so lange auf einem Bein herum, bis er schließlich auf die Steinplatten fiel. Laurenti konnte sich bei seinem Anblick ein Grinsen nicht verkneifen. Es war ein zu komisches Bild, die Honoratioren einmal in oder ohne Unterhosen vor sich zu haben.

Die Mädchen standen eng beieinander und griffen aus einem Haufen Kleider, den eine von ihnen zusammengeklaubt hatte, das nächstbeste Stück Stoff. Die Blicke der Beamten hielten sie fest im Visier.

Tatjana Drakič hatte ihr tief ausgeschnittenes Kleid schon wieder übergeworfen und sich durch die Gäste gezwängt, bis sie sich vor Laurenti aufgebaut hatte. Sie bebte am ganzen Leib. Laurenti schaute sie mit ironischem Blick an, während sie ihn mit stechenden, wütenden Augen fixierte.

»Sagen Sie mir, was das hier soll! Sie stören eine private Gesellschaft«, fuhr sie ihn an.

Laurenti mußte über diesen Auftritt lächeln.

»Kann ich mir gut vorstellen! Nette Gesellschaft übrigens, Signora. Complimenti! Hier ist ein Durchsuchungsbefehl«, sagte er gleichgültig, doch die schöne Frau schien nicht besonders interessiert zu sein. Laurenti winkte einer Beamtin, die Tatjana Drakič blitzschnell eine kühle und enge Handfessel um die Handgelenke legte. Es hatte lediglich zweimal leise geklickt. Tatjana Drakič wollte noch etwas sagen, doch Laurenti hatte der Polizistin einen Wink gegeben, sie abzuführen.

»Figlio di puttana«, zischte sie und spuckte ihm ins Gesicht. Laurenti blieb ungerührt und wischte sich mit dem Ärmel seines Hemdes ab. Er versuchte, in der Menge, die ihn unruhig und ängstlich anstarrte, Tremani, den jungen Kopfersberg und Viktor Drakič zu finden. Wo zum Teufel waren sie geblieben? Er sah nur Decantro, der ihm zuwinkte und sich auf den Weg zum Ausgang machte.

Plötzlich kam Emilio Cardotta, in einem weißen Slip, der unmöglich der seinige sein konnte, mit ausgestreckter Hand und einer Haltung, als trüge er Frack und Fliege, auf Laurenti zu.

»Commissario, guten Abend! Starker Auftritt, Kompliment. Aber wofür das alles? Nun, Sie werden es mir sicher morgen erzählen. Ich war soeben im Aufbruch, also rufen Sie mich an, Laurenti!« Er gab ihm einen Klaps auf die Schulter und wollte sich gerade davonmachen. Laurenti hatte ihm weder die Hand gereicht noch die Absicht, ihn ziehen zu lassen.

»Es tut mir leid, Dottore«, sagte Laurenti zu ihm. »Im Moment darf hier niemand weg. Auch Sie nicht.«

Zwei Polizeibeamte stellten sich auf sein Zeichen Cardotta in den Weg.

Dem Politiker verschlug es tatsächlich für einen Augenblick die Sprache. Dann murmelte er ein paar unverständliche Worte und schaute dabei auf seine Armbanduhr. Sein Teint hatte sich dunkel verfärbt.

»Und wie lange soll das dauern?« fragte er mit gepreßter Stimme.

»Bis wir fertig sind, Dottore. Und übrigens: in dem Aufzug sollten Sie nicht auf die Straße treten. Sie kennt doch jeder. Stellen Sie sich vor . . .« Laurenti hatte sich bereits abgewandt, doch dann wandte er sich noch einmal zu Cardotta um. »Haben Sie Kopfersberg gesehen? Und Drakič?«

»Die sind nach oben gegangen, als Sie reinkamen.« Und dann, als hätte er es sich doch anders überlegt, wies er mit ausgestrecktem Arm in eine dunkle Ecke des Gartens.

Drei Uniformierte liefen los.

Es war so still geworden, daß Laurenti ohne Megaphon sprechen konnte.

»Und wo ist Tremani?« fragte er.

Niemand antwortete.

»Vincenzo Tremani aus Lecce. Und Pasquale Esposito? Hat sie jemand gesehen?«

Es blieb still.

»Na gut, wir werden sie finden. Halten Sie bitte alle Ihre Papiere bereit«, sagte Laurenti. »Je weniger Schwierigkeiten Sie machen, desto schneller sind wir hier fertig. Die Herren dürfen sich jetzt die Hosen anziehen.«

Es würde eine lange Nacht werden. Das verlassene Buffet sah auf einmal trostlos aus. Die fünf livrierten Kellner und der Küchenchef hatten sich als eigene Gruppe aufgestellt. Sie fühlten sich sicher und unbeteiligt. Keiner hätte gedacht, daß es noch so spannend werden würde.

Einer der drei Polizisten, die nach Spartaco de Kopfersberg und Viktor Drakič suchten, kam zurück und sprach leise mit Laurenti.

»Porcaputtana!« Laurenti griff zum Funkgerät, als er die Stimme des Questore hörte.

»Was ist los, Laurenti?«

Aber er antwortete nicht, sondern fluchte statt dessen vor sich hin. Außerdem hatte er schon zum zweiten Mal in wenigen Tagen wieder Lust auf eine Zigarette.

Keiner hatte je daran gedacht, die andere Seite des Grundstücks unter die Lupe zu nehmen. Man war der Ansicht gewesen, daß es nur eine Einfahrt gab, keinen zweiten Ausgang, und die hohe Mauer das Grundstück komplett umschloß. Als sie am Nachmittag über den Lageplänen brüteten, hatten sie nichts anderes verzeichnet gefunden. Niemand war auf die Idee gekommen, sich persönlich vor Ort davon zu überzeugen. Es wäre die Sache des Einsatzleiters der Polizia Statale gewesen. Aber der war aus guten Gründen nicht eingeweiht, sondern saß beim Questore im Trockenen.

»Was ist los, Laurenti?« Er hörte wieder die Stimme seines Herrn.

»Später«, antwortete Laurenti. »Eine beschissene kleine Panne.« Dann drehte er den Ton ab und gab den Befehl, die Polizia Marittima und die Capitaneria zu warnen: Weder zu Fuß oder schwimmend noch per Auto, Schiff oder Flugzeug dürften die beiden die Stadt verlassen.

Viktor Drakič hatte Laurenti sofort gesehen, als der sich aus seinem Versteck gelöst hatte. Er gab Spartaco ein Zeichen, und beide ließen den verblüfften Ehrengast aus Wien mitten im Satz stehen. Schlagartig waren sie verschwunden. Nur Tatjana sahen sie nicht, und suchen konnten sie sie nicht mehr. Drakič würde später einen Weg finden müssen, um seiner Schwester beizustehen. Er würde sie rausholen. Er und Spartaco hatten am Nachmittag alle Gefahren besprochen, die ihnen in Triest widerfahren konnten. Probleme, die Tremani ihnen machen konnte, Eva Zurbano oder eben die Polizei. Spartaco de Kopfersberg hatte darauf bestanden, in dieser Hinsicht war er ganz sein Vater.

Drakič hatte für alle Fälle einen Wagen in der Via Redi geparkt. Durch die versteckte Tür in der Mauer, die der alte Kopfersberg vor Jahren ohne Genehmigung durchbrechen ließ, konnten sie das Grundstück auf der Rückseite unbemerkt verlassen.

Der schwarze Mercedes war die Via Redi hinuntergeschossen und hatte ohne zu bremsen die Via Rossetti überquert. Er hatte einen roten Fiat am Heck gestreift, während zwei andere Fahrzeuge, die mit Vollbremsung gerade noch einen Zusammenprall verhindern konnten, sich ineinander verkeilten und den dunkelblauen Alfa Romeo der Carabinieri blockierten, der als letzter Wagen vor der Kreuzung postiert war. Die Carabinieri gaben es über Funk durch, verfolgen konnten sie den schwarzen Mercedes nicht. Andere mußten die Suche übernehmen.

Der Mercedes hinterließ eine lange Bremsspur auf der Mole und schob mit dem Restschwung krachend einen Müllcontainer zur Seite. Spartaco de Kopfersberg und Viktor Drakič kletterten über die Barriere zu den Anlegern, die nachts abgeschlossen war. Mit der Corbelli müßten sie es schaffen. Sie wären schneller außerhalb des italienischen Hoheitsgebietes, als irgendein Schiff der Guardia Costiera oder der Polizia Marittima es verhindern könnte. Eines allein hätte ohnehin keine Chance. Und auf dem nachtschwarzen Meer würde man sie nicht mehr finden.

Die Corbelli war rasch losgemacht, die vier Motoren sprangen spuckend und wimmernd beim ersten Druck auf den Anlasserknopf an. Nach wenigen Sekunden waren sie frei. Spartaco de Kopfersberg fuhr das Schiff ohne Beleuchtung aus dem Bereich der Anleger. Auf der Terrasse des Yachtclubs schauten ein paar Gäste zu ihnen herüber, die sich über den Lärm wunderten. Sie sahen, wie die Corbelli schnell das offene Hafenbecken erreichte. Dort drückte Kopfersberg die Gashebel mit einem Ruck zum Anschlag hinunter. Die Motoren machten einen entsetzlichen Lärm. Viktor Drakič hatte der Schub von den Beinen geholt. Er landete mit einem schmerzhaften Aufprall am Heck des Schiffs, hielt sich fluchend an einem der Edelstahlgriffe fest und versuchte sich wieder aufzurichten. Ein Scheinwerfer wurde von der Küstenwache auf das schwarze Meer gerichtet, doch traf er die Corbelli erst, als sie schon weit draußen war. Sie schoß mit siebzig Knoten über die ruhige See. Von der Mole der Guardia Costiera legte ein Schiff ab, und auch bei der Polizia Marittima im Porto Vecchio blitzten die Blaulichter zweier Boote über das Wasser zum Yachtclub. Zu spät.

Viktor Drakič hatte sich mit der Kraft seiner Arme zurück ins Cockpit gezogen und stand wieder neben Spartaco. Er blickte angestrengt in die Dunkelheit, wo er die hüpfenden Bordlichter zweier vor Anker liegender Frachter ausmachte. Ihre Schiffswände unterschieden sich kaum von Meer und Himmel.

Spartaco zog die Corbelli nach backbord, und Drakičs Fäuste schlossen sich eisern um den Haltegriff. Hart prallte das Boot auf den kleinen Wellen auf. Mit dem rechten Bein versuchte Drakič die enorme Fliehkraft des Kurswechsels auszugleichen. Schon kurz nach Muggia kämen sie in slowenisches Hoheitsgebiet. Das war Kopfersbergs Ziel. Dann würde er aufs offene Meer hinaussteuern und kurz darauf die kroatische Grenze passieren, und dann begannen die internationalen Gewässer.

Der ohrenbetäubende Lärm der Motoren war jetzt gleichmäßig. Der junge Kopfersberg stand mit wehendem Haar triumphierend am Steuer. Er hatte sich nur leicht auf die Kante des Pilotensessels gesetzt. Er warf einen Blick zu Drakič hinüber und grinste. Drakič blieb ernst.

»Das wäre geschafft«, brüllte Kopfersberg stolz durch den Motorenlärm. »Gegen dieses Schiff kommt keiner an.«

»Paß auf, Spartaco«, schrie Drakič zurück. »Man sieht rein gar nichts. Hast du keinen Scheinwerfer?«

»Willst du, daß sie uns sehen? Wir haben freie Fahrt!«

Backbord strahlten die Lichter von Muggia über die Bucht. Sie erkannten plötzlich die Kontur eines weiteren Frachters, der bisher von den anderen verdeckt geblieben war. Er war verdammt nah und die Brücke hell erleuchtet. Kopfersberg mußte den Kurs abrupt korrigieren und zog die Corbelli sehr scharf nach backbord.

Es war bereits zu spät, als sie plötzlich den dunklen Schatten der Diga Luigi Rizzo, des vorgelagerten Deichs, der die Bucht von Muggia und den Porto Nuovo von Triest vor Stürmen schützte, erkannten, wie er sich dunkel über das schwarze Wasser hob. Als Spartaco die Positionslichter sah, riß er das Steuer wieder herum, nach steuerbord, und gleich wieder zurück. Aber das Tempo war zu hoch, sie schossen unaufhaltsam auf den Deich zu. Drakič klammerte sich an einem der Haltegriffe fest, die Knöchel traten weiß aus dem Handrücken. Doch der Schlag einer Welle riß ihn aus dem Boot.

Es war ein kurzer dumpfer Knall. Ein greller Lichtblitz folgte, und aus der Sicht der näher kommenden Polizeiboote schien es, als brannten die schwarzen Steine des Deichs. An einer Stelle brannten sie etwas heller.

Triest, 23. Juli 1999

Questura – 8 Uhr

»Wer hat dieses Foto zu verantworten?« Der Questore hatte wortlos gewartet, bis die vier Vorgesetzten der Ordnungskräfte versammelt waren, und begann ohne Begrüßung. Er warf den »Piccolo« wütend auf den Tisch.

Diese Konferenz hatten sie noch in der Nacht angesetzt. Viel Schlaf war Laurenti nicht geblieben. Auch die Kollegen sahen müde aus. Die Vernehmungen hatten sie um drei Uhr abgebrochen. An diesem Morgen sollten die Ergebnisse zusammengetragen werden, bevor die Verhöre fortgesetzt wurden.

»Wer von euch hat die Presse informiert?« Der Questore tobte und hatte einen zornroten Kopf. Selbst seine Hände zitterten. »Es war absolute Geheimhaltung vereinbart! Also?«

Schweigen am Tisch. Abgewandte Blicke. Nur Laurenti schaute ihn seelenruhig an. Er verspürte wenig Lust, sich nach allem wie einen Schuljungen behandeln zu lassen. Er hatte sich die Zeitung schon vor sieben Uhr am Kiosk geholt, sie noch auf der Straße aufgeschlagen und war so fröhlich pfeifend nach Hause zurückgekehrt, daß Laura ihn irritiert ansah und mahnte, leiser zu sein, weil die Kinder noch schliefen. Laurenti hatte nur mit seinem schelmischen Grinsen geantwortet und blieb ungebrochen fröhlich. Er legte ihr die Zeitung auf den Tisch, küßte sie flüchtig und ging ins Büro.

Es war das letzte Werk Decantros in Triest und im ›Piccolo‹. »Korruption in großem Stil«, lautete die Titelzeile auf Seite 1. »Während der Durchsuchung einer Villa voller ausländischer Huren geriet auch die städtische Prominenz unter Verdacht.« Und ein großartiges Foto schmückte den

Artikel: wie Cardotta in der knappen weißen Unterhose, die ihm nicht gehörte, vor Laurenti und den Uniformierten stand. Laurenti hatte sich auf die Schenkel geklopft. Der Artikel war weniger polemisch, als man es von Decantro kannte, schilderte klar und sachlich die Razzia und die Verdachtsmomente. Das gab ihm eine zusätzliche Schärfe. Ganz sicher hatte ihn Rossana Di Matteo redigiert, bevor er in Druck ging. Bei einer solchen Story mußte man sie schließlich in jedem Fall konsultieren. Nur der Schlußsatz war eindeutig von Decantro. »Ob damit der Prostitution in Triest ein Ende gesetzt wurde, muß bezweifelt werden – zumindest aber war dies ein herber Schlag!«

»Ich finde den Artikel gar nicht so schlecht«, sagte Laurenti heiter in das versammelte Schweigen hinein. »Auch wenn er von Decantro kommt.«

Der Questore polterte los, noch bevor Laurenti den Mund schließen konnte. »Sind Sie wahnsinnig? Eine Katastrophe ist das, Laurenti! Ich weiß zwar, daß diese Informationen unmöglich von Ihnen gekommen sind, nach Ihrem Krach mit Decantro. Aber was glauben Sie wohl, was das bewirkt? Das wird ein Hurrikan in der Stadt und ein Tornado außerhalb. Denken Sie nur an die Türkei-Hilfe! Jetzt schon wieder! Die Kosovo-Geschichte hatte man gerade vergessen.«

»Das habe ich doch gleich gesagt«, mischte sich der Carabinieri-Colonello ein. Er reckte sein Kinn und bleckte die Zähne. »Sie erinnern sich!«

»Seien Sie still!« brüllte der Questore. »Der Präfekt rief schon vor sieben Uhr an, der Bürgermeister kurz darauf. Und alle Parteivorsitzenden von allen Parteien und so weiter! Wir müssen uns auf das ganze nationale und internationale Fernsehen gefaßt machen. Und stellen Sie sich bloß vor, was mit Cardotta passiert. Vielleicht hat er gar nichts damit zu tun, ist unschuldig. Dann, meine Herren, fällt alles auf die Polizei zurück!«

»Questore«, wandte Laurenti ein und zwang sich zu Ernsthaftigkeit, »keiner ist unschuldig, den wir in der Villa aufgetrieben haben! Auch Cardotta nicht! Das schwöre ich Ihnen.«

»Und was ist mit dem Geheimnisverrat, Laurenti?« Der Polizeipräsident war aufgestanden, hatte sein Jackett ausgezogen und stützte sich mit beiden Händen auf den Tisch. »Das ist noch viel schlimmer. Vergessen Sie das nicht! Ich will wissen, wer das war. Und ich bekomme es heraus, darauf können Sie sich verlassen. Alle!« Er setzte sich, schwieg einen Moment und fuhr dann fort: »Kommen wir zur letzten Nacht zurück. Laurenti fängt an!«

Laurenti räusperte sich und wartete einen Augenblick, bevor er anfing.

»Abgesehen davon, daß mich das Wort Verrat in diesen Tagen kaum mehr überrascht, das Folgende: Es war eine verfluchte, verrostete, dreckige kleine Stahltür!« Er streckte beide Hände nach vorne und ließ sie geräuschvoll auf die Tischplatte fallen. »Zur Via Redi hinaus. Und wir waren alle zusammen zu blöde, von ihrer Existenz zu wissen!«

Wieder herrschte betretenes Schweigen am Tisch. Nicht einmal der Questore sagte etwas. Der Carabinieri-Colonello schaute diesmal angestrengt ein Loch in die Wand, und Zanossi, der Maggiore der Guardia di Finanza, kritzelte verlegen auf einem Blatt Papier. Ettore Orlando schwieg sich aus. Alle hatten versagt, jeder an einer anderen Stelle.

»Tremani«, fuhr Laurenti fort, »ist in Ronchi dei Legionari um 20 Uhr 57 gestartet. Es scheint, daß er nur sehr kurz in der Villa war. Auch er muß sich durch diese Tür davongeschlichen haben. Zum Haupttor ging er zumindest nicht hinaus. Warum aber war er dann überhaupt da? Ich kann mir nicht helfen, auch das riecht faul. Ich frage mich, ob er Lunte gerochen hat?«

Wieder herrschte langes Schweigen. Dann räusperte sich Zanossi.

»Das kann nicht sein. Sie checkten bereits am späten Nachmittag im Hotel aus. Von der Via dei Porta fuhren sie direkt zum Flughafen. Sie mußten auch noch auf die Starterlaubnis warten. Keine schnelle Flucht! Nein, das war schon vorher geplant. Das war kein Tip. Der hätte ohnehin nur von uns kommen können, von niemand anderem. Von einem von uns, so wie wir hier sitzen.«

Der Questore zog ein Taschentuch heraus und wischte sich den Schweiß aus dem Gesicht. »Nicht auch das noch!«

Wieder Schweigen.

»Es irritiert mich, daß Tremani nicht zum Haupteingang hinausgegangen ist«, sagte Laurenti. »Warum haben sie die kleine Tür genommen? Das ist doch merkwürdig.«

»Andererseits«, sagte der Questore schon etwas ruhiger, »würde es auch wieder zu Tremani passen. Er wollte vielleicht deswegen nicht vorne raus, weil er dann den anderen Gästen begegnet wäre ...«

»Aber dann frage ich mich, weshalb er überhaupt gekommen ist, wenn er keinem von diesen Typen begegnen wollte«, sagte Orlando.

»Zanossi hat den Verdacht des Verrats zwar nicht ausgesprochen, aber er liegt jetzt in der Luft, meine Herren!« Der Questore schaute wieder einmal jeden einzelnen eindringlich an, bevor er weitersprach. »Ich hoffe für uns alle, daß wir im Laufe der Ermittlungen noch eine andere Lösung finden. Wir müssen ohnehin damit rechnen, daß der Präfekt uns eine Untersuchungskommission auf den Hals hetzt. Er hat heute früh furchtbar getobt, und ich bin für zwölf Uhr einbestellt. Aber, Orlando, schon daß Ihr Kollege auf der Party war, zeigt doch, daß wir nicht nur ein Leck durch Fossa hatten ...«

»Entschuldigen Sie, Questore!« unterbrach ihn Orlando. »Ich habe ihn gestern nacht auseinandergenommen, zerlegt. Er hatte die Finger mit im Spiel. Bei der Abwicklung im neuen Hafen und vor allem, weil er der TIMOIC schriftlich attestiert hatte, daß sie über die Anleger verfügen konnten, noch bevor das Geschäft mit der Europabehörde besiegelt war. Aber er war ganz sicher nicht über unsere Pläne informiert. Sonst wäre er gestern abend wohl kaum in die Via dei Porta gegangen.«

Der Questore überging den Einwand. »Lassen Sie uns zunächst einmal mit dem Ablauf gestern abend weitermachen, damit wir wissen, woran wir sind. Laurenti, fahren Sie fort.«

»Eva Zurbano fuhr von der Villa zu Benedetto Rallo nach Hause, der natürlich nicht gekommen war. Sie hätte es wohl kaum geduldet, wenn er dahin gegangen wäre. Man hatte ihn vermutlich gar nicht erst eingeladen. Die Zurbano hat bei der Vernehmung heute nacht ausgesagt, daß sie zwar von dem Geschäft mit den Mädchen wußte, aber nicht damit einverstanden war. Mit diesem Teil, sagte sie, habe sie nichts zu tun gehabt. Das sei vorwiegend die Sache von Drakič gewesen. Auch der alte Kopfersberg soll anfangs nicht begeistert gewesen sein, aber das Geld hatte ihn schließlich überzeugt. Ferner hat die Zurbano ausgesagt, daß Tremani bereits am Nachmittag gesagt hatte, man habe ihn nach Lecce zurückgerufen und er müsse noch am Abend abreisen. Er habe lediglich Wolferer kennenlernen wollen, der eben erst viel später kam. Das hat, sagte die Zurbano, Spartaco de Kopfersberg so eingefädelt. Er wollte Wolferer für sich alleine. Tremani habe den anderen Ausgang gewählt, weil die Via dei Porta durch die anderen Wagen blockiert war.«

»Das hört sich plausibel an«, sagte der Questore, die kurze Pause nutzend, die Laurenti gelassen hatte. »Gehen wir also davon aus, daß dies die Wahrheit ist. Wie geht's weiter, Laurenti? Was sagten Sie gestern nacht über die Pässe der Mädchen?«

»Alle falsch! Die Familie Fossa hat das Maul nicht vollgekriegt, und beide ließen sich von der Villa schmieren. Im Amt haben sie jetzt ordentlich zu tun. Sie müssen jedes Dokument überprüfen, das in den letzten drei Jahren ausgestellt wurde. Sie rechnen damit, daß das Monate dauert. Signora Fossa hat zwar alles abgestritten, aber sie wird bald weich werden. Die Beweise sind erdrückend.«

»Was wissen wir von Rallo?« fragte der Questore.

»Meine Leute sind seit heute früh in der Bank. Der Durchsuchungsbefehl lag um fünf Uhr vor. Wenn Rallo in die Sache verstrickt ist, kriegen wir ihn.« Zanossi hatte noch weniger geschlafen als seine Kollegen. Er war die Anhaltspunkte noch einmal durchgegangen und hatte sie schriftlich zusammengefaßt. Dann hatte er sich auf die Suche nach dem Untersuchungsrichter gemacht und den Fall begründet. Es mußte gehandelt werden, bevor irgendwelche Akten verschwanden. Die Beamten der Guardia di Finanza durchsuchten daraufhin zuerst Rallos Wohnung und fuhren dann mit ihm zur Bank.

»Wenn wir den Anfang des Fadens finden, dann reißt der ganze Teppich auf. Das ist immer so. Egal ob Geldwäsche, Schmiergelder oder Betrug. Und wenn es eine Verbindung zu Tremani gibt, dann finden wir sie. Vielleicht gelingt uns in Triest, was die in Rom nicht schaffen.«

»Ich glaube nicht mehr daran, daß wir hier noch irgend etwas Besonderes schaffen.« Die schlechte Laune des Polizeipräsidenten hatte sich unüberhörbar wiedereingestellt. »Hat man endlich Drakič gefunden, Orlando?«

Der Seebär richtete sich geräuschvoll in seinem viel zu engen Stuhl auf und blitzte den Questore böse an. »Nein.« Er faltete die riesigen Hände mit den schwarzen Härchen auf Handrücken und Fingern. Dann schwieg er.

»Haben Sie alles abgesucht?«

Orlando drehte die Handflächen nach oben, schaute sie an, hob sie dann und ließ sie auf den Tisch fallen. »Spartaco de Kopfersberg war vermutlich sofort tot, als die Corbelli auf dem Deich aufschlug. Und nach dem Feuer ist nur noch eine Urnenbestattung möglich. Von Drakič fehlt jede Spur. Die Gäste des Yachtclubs haben eindeutig zwei Personen auf dem Boot ausgemacht, als es auslief. Wir gehen davon aus, daß Drakič abgesprungen ist oder rausgeschleudert wurde. Er hat mit Sicherheit überlebt. Sonst hätten wir ihn schon lange gefunden. Kein Zweifel!«

»Verdammte Scheiße«, sagte der Questore und schwieg.

Alle schauten ihn an. Er hatte noch nie zuvor »Scheiße« gesagt.

»Und was war mit Fossa?« fragte Laurenti schließlich.

Acht Augen ruhten auf dem Questore.

Abends im Hotel »Savoya Palace«

Enrico Fossa wollte glänzen. Enrico Fossa wußte, daß er sich besonders engagieren mußte. Vier Fenster gehörten zu Wolferers Räumen. Der Questore hatte gehofft, vom Balkon im sechsten Stock einen Blick in Wolferers Suite werfen zu können, aber sie sahen nichts, auch wenn sie sich so weit wie möglich über das Geländer beugten. Es war schnell klar, daß man Wolferer nur dann unbemerkt beobachten konnte, wenn einer von ihnen vom Balkon im sechsten Stock auf den darunterliegenden kletterte. Fossa war stark und durchtrainiert. Er hatte sich trotz aller Bedenken des Questore nicht abhalten lassen. Rasch hatte er sich die Schuhe abgestreift, das Funkgerät um den Hals gehängt und war auf dem darunterliegenden Balkon gelandet, wie geplant. Es war nur ein kurzer dumpfer Schlag gewesen, den sein Aufsprung auslöste. Der Questore hatte sich dennoch erschrocken. Fossa gab kurz darauf ein Zeichen, daß Wolferer im zweiten Zimmer sei. Fossa stieg über das Geländer des Balkons und tastete sich, den Rükken zur Fassade gekehrt, in vorsichtigen kleinen Schritten über den kleinen Mauervorsprung, der zum nächsten Balkon führte. Dann rutschte er ab. Aber Fossa hatte sich halten können. Er hing am Geländer des Nachbarbalkons. Ganz langsam zog er sich wieder hinauf. Und endlich hörte der Questore seine Stimme aus dem Funkgerät.

Fossa hatte Wolferer mit den Mädchen gesehen. Weil gegenüber dem »Savoya Palace« sich nur noch das offene Meer befand, gab es keine zugezogenen Vorhänge. Sie waren zu zweit mit Wolferer beschäftigt. Der hohe Beamte lag unten, schweißüberströmt und mit einem seligen Gesichtsausdruck, die Augen halb geschlossen. Die blonde Dame, die ihn mit wippenden Brüsten ritt, machte einen desinteressierten Eindruck. Wolferer hielt sie an den Hüften fest. Ein anderes Mädchen kam aus dem Bad und bediente sich aus der Champagnerflasche. Plötzlich hatte sie eine kleine Kamera in der Hand und drückte mehrmals auf den Auslöser. Die schöne Blonde hatte den Kopf lasziv zurückgeworfen und eine von Wolferers Händen an ihre Brüste geführt. Auf dem Foto mußte er auch ohne Blitzlicht gut zu erkennen sein. Die Fotografin steckte die Kamera in ihre Handtasche und zog sich an. Nun erhob sich auch die andere, Wolferer konnte sie nicht mehr zurückhalten. Er stand auf und verschwand im Bad. Nach einigen Minuten kam er heraus und zog sich ebenfalls an. Die beiden Mädchen warteten gelangweilt. Fossa hatte mit gepreßter Stimme über Funk dem Questore haarklein jedes Detail berichtet. Er hoffte, mit seinem Einsatz den Kopf aus der Schlinge ziehen zu können.

Fossas Arbeit war getan, er wollte nicht mehr warten. Er war auf das Balkongeländer gestiegen und wollte sich am darüberliegenden Balkon hochziehen. Aber er war zehn Zentimeter zu klein. Wenn er sprang, dachte er, müßte es klappen.

Fossa war zwei Stockwerke tief gestürzt und auf einen ausladenden Balkon der Beletage geknallt. Ein Tisch hatte seinen Fall etwas gedämpft. Der Questore war das Treppenhaus hinuntergelaufen, war dank des Generalschlüssels schnell im richtigen Zimmer gewesen und hatte sich neben Fossa gekniet. Fossa gelang ein Lächeln, als er ihn erkannte.

»Es geht schon«, stöhnte er.

»Einen Krankenwagen«, bellte der Questore ins Funkgerät, »und zwar schnell!« Dann nahm er ein Kissen von den Hotelbetten und schob es Fossa unter den Kopf.

Es dauerte, bis endlich die Sanitäter kamen. Der Questore beugte sich immer wieder über das Balkongeländer, als könnte er damit das Eintreffen des Krankenwagens beschleunigen. Nach einer Viertelstunde sah er Wolferer mit den Damen in ein Taxi steigen, dann erst kam Hilfe für Fossa.

»Fossa wird's überleben, es hätte schlimmer kommen können. Fünf gebrochene Rippen, das Schlüsselbein ebenfalls, und eine schwere Gehirnerschütterung. Er ist Gott sei Dank hart im Nehmen.« Während der Questore diese Geschichte erzählte, blieb sein Blick auf die Tischplatte geheftet.

Routinearbeit

Seit elf Uhr wurde Dr. Otto Wolferer verhört. Sie saßen in einem kahlen Raum mit einem langen Tisch und sechs Stühlen. Auf der Mitte des Tisches standen Mikrofone und ein Aufnahmegerät. Sie waren im Coroneo, dem Justizpalast mit den Zellen für die Untersuchungshäftlinge. Wolferer hatte verlangt, daß der österreichische Konsul gerufen wurde. Der allerdings hatte sich geweigert, als er Genaueres erfahren hatte, und lediglich einen Anwalt des Konsulats geschickt. Außer Laurenti waren eine vereidigte Übersetzerin sowie Zanossi anwesend. Der Maggiore der Guardia di Finanza wartete gelangweilt darauf, daß das Verhör irgendwann an dem Punkt ankam, an dem es auch für ihn interessant würde. Geld.

Bisher waren sie nicht viel weiter gekommen als zu schwammigen Erklärungen Wolferers, daß er sich selbst von der ordnungsgemäßen Abwicklung der Hilfslieferungen für die Türkei hatte überzeugen wollen und hereingelegt wurde. Er sei ein gewissenhafter Arbeiter, hatte er gesagt, die armen Menschen dort bräuchten schleunigst Unterstützung. Gewiß, es sei dumm gewesen, sich bewirten zu lassen, wie er es formulierte. Aber es sei rechtlich nicht haltbar, hier festgehalten zu werden. Er sei selbst Jurist und kenne seine Rechte. Und er drohte mit diplomatischen Schwierigkeiten.

»Dottore, ich möchte, daß Sie sich diese Fotos ansehen!« Laurenti schob sie über den Tisch.

»Wo haben Sie die her?« Wolferer zuckte zusammen und holte tief Luft. »Das ist Verletzung der Privatsphäre.«

»Ganz recht, Dottore. Wir haben den Film in der Villa Kopfersberg gefunden, Dottore.«

Der Anwalt blätterte die Fotos einzeln durch, und die Übersetzerin machte auf ihrem etwas abgerückten Sitzplatz einen langen Hals.

»Mein Mandant hat das Recht, zu erfahren, woher diese Fotos kommen.«

»Das weiß niemand besser als er selbst! Man wollte Sie erpressen. Danken Sie Gott, daß wir sie haben! Es hätte ein langer Weg des Leidens für Sie werden können. Noch länger als der, den Sie jetzt vor sich haben«, fiel Zanossi ein. »Dottore, Sie haben mit diesen Leuten Geschäfte gemacht. Sie haben Geld dafür bekommen, damit Sie den Auftrag an die TIMOIC vergaben. Sie sollten die Wahrheit sagen. Wir werden es ohnehin erfahren. Mit diesen Fotos wollte man

Sie erpressen und künftig nicht mehr bezahlen. Man hat Sie betrogen, Dottore. Wenn man das Betrug nennen kann. Wer waren also Ihre Partner, und von wem bekamen Sie das Geld?«

»Ich will einen Anwalt!«

»Der sitzt hier, Dottore! Aber Sie können auch einen anderen nehmen.«

»Ich sage nichts mehr.« Wolferer war aschfahl und saß wie gelähmt auf seinem Stuhl. Als man ihn in seine Zelle zurückbrachte, mußten zwei Beamte ihn stützen.

Laurenti hatte keine Lust, Tatjana Drakič selbst zu vernehmen. Er erinnerte sich an den Appell zur Zusammenarbeit, den der Questore zum Abschluß der vormittäglichen Sitzung erneuert hatte, und rief den Colonello der Carabinieri an.

»Colonello«, sagte er, »Olga Chartow ist Ihr Fall. Damit hat doch alles angefangen. Können wir nicht mal unsere kleinen Mißverständnisse vergessen?«

»Von mir aus, Laurenti«, knurrte der Colonello mißtrauisch. »Was gibt's?«

»Ich wollte Sie fragen, ob Sie nicht als erster Tatjana Drakič vernehmen wollten. Es wäre nur richtig und auch fair, Ihnen den Vortritt zu lassen. Außerdem glaube ich, daß sie vor Ihnen mehr Respekt hat, ich hatte bereits zuviel mit ihr zu tun. Ich glaube, Sie könnten die Auflösung deutlich beschleunigen, Colonello. Sie würden mir einen großen Gefallen ...« Laurenti biß sich auf die Zunge. »Ich meine, Sie könnten wesentlich dazu beitragen, daß wir den Fall schnell erledigen.«

»Wann schicken Sie mir die Akten?«

»Die sind schon auf dem Weg, Colonello! Ich danke Ihnen. Wir hören dann voneinander. Alles Gute!« Laurenti legte auf, bevor der oberste Carabiniere es sich noch anders überlegen konnte.

Der Hai ist tot

Proteo hatte am Abend seine Mutter zum Bahnhof gebracht. Sie war schlecht gelaunt und machte ihm Vorwürfe, daß sie ihn überhaupt nicht zu sehen bekommen hatte. Es sei doch immer so, wenn sie nach Triest käme. Irgendwann gab Proteo es auf, sich ständig zu entschuldigen und Erklärungen abzugeben. Wenn eine Mutter ihren Sohn haben wollte, dann war alles andere auf der Welt zweitrangig. Laurenti war erleichtert, als sie endlich in ihrem Abteil saß und der Koffer im Gepäckfach verstaut war. Er küßte sie zum Abschied brav auf die Wangen, und neben aller Erleichterung war er ein bißchen wehmütig, als der Zug sich in Bewegung setzte.

»Der Hai ist tot«, lautete die Headline im ›Piccolo‹. »In der vergangenen Nacht verfing er sich im Schleppnetz eines der Fischkutter im Golf und richtete in seiner verzweifelten Wut großen Schaden an. Einer der Seeleute kam knapp mit dem Leben davon, als er von einem plötzlichen Ruck an dem Netz, das sie einholten, über Bord geschleudert wurde. Er ließ jedoch das Tau nicht los und konnte von seinen Kollegen wieder hochgezogen werden, bevor er noch in die Nähe des Mauls der Bestie geriet. Nach langem Kampf, bei dem die Besatzung von der Mannschaft eines anderen Kutters unterstützt wurde, landete man den Fisch an. Ein gezielter Harpunenschuß hatte ihn getötet.«

Jetzt erst, während er in der Bar auf Decantro wartete, konnte Laurenti die Zeitung zu Ende lesen. Am Vormittag hatte ihn nur ein einziger Artikel interessiert.

»Entschuldigen Sie bitte die Verspätung«, begrüßte ihn Decantro. »Ich mußte noch auf mein Zeugnis warten.«

»Und sind Sie damit zufrieden?« fragte Laurenti.

»Es geht so, aber meine Artikel sprechen ja für sich.«

»Wann fahren Sie ab?«

»In drei Stunden. Übermorgen fange ich beim ›Corriere‹ an.«

Die Sache war Laurenti drei Stunden, bevor sie in die Via dei Porta aufgebrochen waren, eingefallen. Er war sehr aufgeregt und wägte unablässig die Risiken ab. Schließlich sprang er über seinen Schatten und rief Decantro an. Noch während er wählte, war er unsicher, ob er nicht doch besser auflegen sollte. Der Journalist war über die Maßen erstaunt, Laurenti zu hören, stimmte dann aber doch zu, sich mit ihm zu treffen, als der von einer geheimen Sache sprach. Laurenti hatte seinen staubigen Wagen vom Parkplatz geholt und eine Querstraße hinter dem ›Piccolo‹ gewartet. Es war besser, daß sie sich nicht in einer Bar träfen, wo sie vielleicht jemand erkennen würde. Nach einer Viertelstunde war Decantro auf dem laufenden. »Bringen Sie vor allem Ihren Fotoapparat mit«, mahnte Laurenti, »und wenn irgend etwas von unserem Treffen bekannt wird, reiß ich Ihnen den Arsch auf. Es würde Ihnen sowieso keiner glauben, daß ich mich mit Ihnen getroffen habe, Decantro. Wenn Sie reden, werde ich Sie verklagen und viel Lärm darum machen. Das ist die Chance für Sie, solch eine Geschichte bekommen Sie kein zweites Mal! Denken Sie dran.« Decantro hatte unsicher gelächelt, aber es war klar, daß er begriffen hatte. Und Decantro hatte seine Aufgabe gut erfüllt. Dennoch war er Laurenti nicht sympathischer geworden. Daß er sich hier mit ihm traf, geschah nur aus Anstand. Decantro hatte darum gebeten, mit ihm zur Aussöhnung einen Kaffee zu trinken.

»Wie ging es weiter?« fragte er und rührte mit dem Löffel in der Tasse.

»Jetzt wartet fast nur noch der Papierkram«, sagte Laurenti. »Überschaubar ... Der Questore konnte dem Präfekten klarmachen, daß es so schlecht doch nicht gelaufen ist. Die Untersuchungskommission bleibt uns erspart. Fossa liegt unter Bewachung im Krankenhaus, seine Frau steht unter Hausarrest. Beide sind suspendiert. Eva Zurbano hat ebenfalls Hausarrest, und Benedetto Rallo sitzt. Die Kollegen von der Guardia di Finanza hoffen noch immer, daß sie eine Verbindung zu Tremani finden. Die Mädchen werden in zwei Tagen abgeschoben. Wenn sie nichts kapiert haben, sind sie bald wieder im Westen. Und von Viktor Drakič fehlt jede Spur.«

»Und der Präsident der Schiffahrtsvereinigung? Und war da nicht noch einer von der Capitaneria?« fragte Decantro.

»Ja. Die sitzen beide.«

»Was wird ihnen vorgeworfen?«

»Hören Sie, Decantro! Das können Sie sich doch denken! Ich muß jetzt gehen.«

»Ich hoffe, wir sehen uns einmal wieder, Commissario«, sagte Decantro und gab ihm die Hand.

»Das hoffe ich nicht, Decantro«, antwortete Laurenti. »Dennoch alles Gute!« Er ließ ihn stehen und wischte sich auf der Straße die rechte Hand an der Hose ab.

Zumindest statistisch gesehen müßte es für die Polizei in Triest, insbesondere für Proteo Laurenti, jetzt viel ruhiger werden. Sehr ruhig. Statistisch gesehen hatte er sein Jahrespensum an Kriminalfällen bereits übererfüllt. Man war schließlich in Triest und nicht in Mailand oder Neapel. Allein die nächtlichen Kontrollen im Borgo Teresiano mußten fortgeführt werden, aber auch die ließen sich wohl mit wenig mehr als der üblichen Routine bewältigen.

Laurenti wollte endlich wieder schwimmen gehen. Der Sommer stand in seiner vollen Größe über dem Golf von Triest. Der Dom von Pirano schillerte weit im Süden im Sonnenlicht, und die Inseln der Lagune von Grado im Westen muteten an, als hüpften sie über dem gleißenden Meer. Die Wassertemperatur betrug fünfundzwanzig Grad, und der Hai war tot. Nur die Ventilatoren im Hof rasselten nachts unvermindert weiter. An einem Abend in vier Wochen sollte die vermaledeite Wahl zur Miss Triest auf der Piazza dell'Unità d'Italia stattfinden. Vielleicht konnte er Livia doch noch davon abbringen, daran teilzunehmen. Große Chancen rechnete er sich nicht aus. Die Frauen in der Familie waren schrecklich stur und hatten noch nie auf die Polizei gehört.

»Ein brillanter Roman mit einer unvergesslichen Heldin wie Peter Høegs Smilla.«

Martin Cruz Smith

In Miami werden drei schwangere Frauen auf bestialische Weise ermordet. Was zunächst wie die Tat eines Geistesgestörten aussieht, entpuppt sich nach und nach als ein düsteres Rätsel, das Detective Jimmy Paz immer tiefer in ein Labyrinth aus schwarzer Magie und Schamanismus führt. Doch was hat die junge Frau damit zu tun, die alleine mit einem kleinen schwarzen Mädchen lebt und keine Vergangenheit zu haben scheint? Was weiß sie vom Mörder – und wer ist sie wirklich?

Aus dem Amerikanischen von Sylvia Morawetz
Ca. 496 Seiten. Gebunden. ISBN 3-552-05312-3

Zsolnay Verlag

www.zsolnay.at

Henning Mankell im dtv

»Groß ist die Zahl der Leser, die ganze Nächte mit Mankell
verloren – bzw. gewonnen – haben.«
Martin Ebel im ›Rheinischen Merkur‹

Mörder ohne Gesicht
Roman
Übers. v. Barbara Sirges und Paul Berf
ISBN 3-423-20232-7

Wallanders erster Fall

Auf einem abgelegenen Bauernhof ist ein altes Ehepaar ermordet worden. »Ausländer, Ausländer!« waren die letzten Worte der sterbenden Frau …

Hunde von Riga
Roman
Übers. v. Barbara Sirges und Paul Berf
ISBN 3-423-20294-7

Wallanders zweiter Fall

In Osteuropa gerät Wallander in ein Komplott unsichtbarer Mächte, in dem er fast sein Leben läßt.

Die weiße Löwin
Roman
Übers. v. Erik Gloßmann
ISBN 3-423-20150-9

Wallanders dritter Fall

Was mit dem Verschwinden einer jungen Frau beginnt, führt Wallander rasch auf die Spur einer südafrikanischen Geheimorganisation.

Der Mann, der lächelte
Roman
Übers. v. Erik Gloßmann
ISBN 3-423-20590-3

Wallanders vierter Fall

»Ich fürchte mich vor dem Nebel, dachte er. Dabei sollte ich eher den Mann fürchten, den ich eben auf Schloß Farnholm besucht habe.« – »In diesem raffinierten Thriller stimmt einfach alles.« (Brigitte)

Die falsche Fährte
Roman
Übers. v. Wolfgang Butt
ISBN 3-423-20420-6

Wallanders fünfter Fall

Der Selbstmord eines jungen Mädchens ist der Auftakt zu einer dramatischen Jagd nach einem Serienkiller.

Die fünfte Frau
Roman
Übers. v. Wolfgang Butt
ISBN 3-423-20366-8

Wallanders sechster Fall

Die Opfer dieser grausamen Mordserie waren allesamt harmlose Bürger. »Faszinierend und unglaublich spannend.« (Brigitte)

Bitte besuchen Sie uns im Internet: www.dtv.de

Henning Mankell im dtv

»Das ist starke (Kriminal-)Literatur.«
Elmar Krekeler in der ›Welt‹

Mittsommermord
Roman
Übers. v. Wolfgang Butt
ISBN 3-423-20520-2

Wallanders siebter Fall

Drei junge Leute feiern zusammen Mittsommer. Danach sind sie spurlos verschwunden.

Die Brandmauer
Roman
Übers. v. Wolfgang Butt
ISBN 3-423-20661-6

Wallanders achter Fall

Hacker haben es auf die Datennetze der Weltbank abgesehen... »Ein großartiger Mankell – einer der besten.« (Michael Kluger in der ›Frankfurter Neuen Presse‹)

Wallanders erster Fall
und andere Erzählungen
Übers. v. Wolfgang Butt
ISBN 3-423-20700-0

Vier Erzählungen und ein kurzer Roman aus den Anfängen eines Top-Kommissars. »Für alle Fans von spannender und unterhaltsamer Literatur ein absolutes Muss!« (Cosmopolitan)

Der Chronist der Winde
Roman
Übers. v. Verena Reichel
ISBN 3-423-12964-6

Die bezaubernd-traurige Geschichte von Nelio, dem Straßenkind – dem Kleinen Prinzen Afrikas.

Die rote Antilope
Roman
Übers. v. Verena Reichel
ISBN 3-423-13075-X

Die Geschichte eines schwarzen Kindes, das sich in Schweden nach seiner Heimat zu Tode sehnte.

Die Rückkehr des Tanzlehrers
Roman
Übers. v. Wolfgang Butt
ISBN 3-423-20750-7

(ab Oktober 2004)

Wer fordert einen toten Mann zum Tango auf? Stefan Lindmann, 37, steht vor einem Rätsel: Sein ehemaliger Kollege Herbert Molin ist ermordet worden. Am Tatort werden blutige Fußspuren gefunden, die wie Tangoschritte aussehen... Der Welt-Bestseller jetzt im Taschenbuch.

Bitte besuchen Sie uns im Internet: www.dtv.de